Friederich Kayser

Ägypten einst und jetzt

weitsuechtig

Friederich Kayser

Ägypten einst und jetzt

ISBN/EAN: 9783943850635

Auflage: 1

Erscheinungsjahr: 2013

Erscheinungsort: Bremen, Deutschland

weitsuechtig

Ägypten

einst und jetzt.

Von

Dr. Friederich Kayser.

Mit 85 in den Text gedruckten Holzschnitten, 15 Vollbildern, einer Karte und einem Titelbild in Farbendruck.

Freiburg im Breisgau.
Herder'sche Verlagshandlung.
1884.
Zweigniederlassungen in Straßburg, München und St. Louis, Mo.

Buchdruckerei der Herder'schen Verlagshandlung in Freiburg.

Vorwort.

An Interesse für Ägypten, das Heimatland der ältesten Kultur der Welt, fehlt es heute nicht mehr. Die Litteratur über seine alte Geschichte, ohnehin schon reich, ist noch in fortwährendem Anwachsen begriffen. Anregung zum Studium der altägyptischen Kultur bot mir eine in den Jahren 1876—1877 unternommene Nilreise, über die ich in der zweiten Vereinsschrift der Görres-Gesellschaft für 1878 Bericht erstattete. Sehr gerne kam ich dem Wunsche des verehrten Herrn Verlegers nach, die Resultate meiner Beobachtungen und fortgesetzten eingehenden Studien in der „Illustrierten Bibliothek für Länder- und Völkerkunde" niederzulegen.

Die Darstellung respektive Erörterung einzelner Partieen der Kultur des alten Ägypten bietet manche Schwierigkeiten. Besonders bezüglich der altägyptischen Religion respektive Theologie gilt in den bisherigen Darstellungen so ziemlich der Satz: tot capita tot sensus. Damit nun der Leser sich ein Urteil über meine Auffassung bilden kann, hielt ich es in diesem und anderen Punkten für nötig, die Quellen selbst in den anerkannt besten Übertragungen reden zu lassen und sie zu citieren. Vielen wird es ja auch Interesse gewähren, die ältesten historischen Dokumente auf diese Weise einigermaßen kennen zu lernen.

Das Kapitel über die altägyptische Theologie ist eine Umarbeitung und Erweiterung einer von mir im Mainzer „Katholik" (Dezemberheft 1882) veröffentlichten Studie.

In der bekanntlich sehr unsichern Chronologie hielt ich mich mit sehr seltenen Ausnahmen an Brugsch.

Bezüglich der Erörterungen über die Kultur des neuen Ägypten, die ich auf besondern Wunsch des Herrn Verlegers beifügte, kam mir wohl der Aufenthalt im Lande selbst, der mich zudem mit sehr vielen Männern von bedeutender Stellung und kompetentem Urteile zusammenführte, nicht unwesentlich zu statten. Daß ich in dieser Partie der Darstellung die betreffenden Schäden rücksichtslos aufdeckte, wird jeder, der selbst das Land mit offenen Augen durchwanderte, billigen.

Manchen ist auch vielleicht das letzte Kapitel über das Christentum in Ägypten nicht unwillkommen. Die islamitisch-arabische Kultur ist dort offenbar in rapidem Zerfalle begriffen und kann auf die Dauer nur von der abendländisch-christlichen abgelöst werden. Das muß jedem klar sein, der aufmerksamen Blickes die neueren und neuesten Ereignisse am Nil verfolgt.

Wer sich eingehender über die Zustände der Kopten unterrichten will, findet in einer Reihe von Artikeln, die ich in den „Historisch-politischen Blättern" (Jahrgang 1880) veröffentlichte, nähern Aufschluß.

Als ich die Anfrage des verehrten Herrn Verlegers erhielt, war ich bereits im vatikanischen Archive zu Rom mit der Vorbereitung einer größern historischen Arbeit, die inhaltlich der vorliegenden durchaus fremd ist, beschäftigt. Trotzdem hat mir die Beschäftigung mit dem Lande, an das mich die schönsten Erinnerungen fesseln, reichen Genuß gewährt. Mögen denn die Resultate dieser Beschäftigung, die ich in diesen Blättern niederlegte, wohlwollende Leser und Beurteiler finden!

Wallborf in Baden, im Dezember 1883.

Dr. Friederich Kayser.

Inhalt.

I. Der Nil, das Nilland und die älteste Kultur.

a. Der Nil. Nilquellen, Nilschwelle und Nillauf.

Zauber seines Namens. — Vermutungen der Alten über seinen Ursprung. Resultat der neueren Forschungen. — Der Nil Schöpfer Ägyptens und sein Erhalter durch die Nilschwelle. — Fabelhafte und richtige Erklärungen der letztern, ihre Regelmäßigkeit und deren Bedeutung für Ägypten. — Der Lauf des Nils und dessen eigentümliche Erscheinungen. S. 1—5.

b. Das Nilland.

Ausdehnung Ägyptens in alter und neuer Zeit. — Verschiedene Benennungen des Landes. — Seine Monotonie, aber auch landschaftlichen Schönheiten: malerische Lage einiger Städte und Thäler, Katarakt. — Beleuchtungseffekte. — Wüste. — Nilschlamm. — Bewässerung. — Möris-See. — Josephs-Kanal. — Nilarme von Rosette und Damiette. — Kanal des Seti. — Mahmudijeh-Kanal. — Schöpf- und Ziehbrunnen. — Säen und Ernten am Nil. — Klima. — Fruchtarten. — Bäume. — Nutzen der Palme. — Tierwelt Ägyptens. — Nutzen des Kamels. — Die Oasen Ägyptens. S. 5—19.

c. Der Nil und die älteste Kultur.

Die Ägypter das älteste Kulturvolk in der Geschichte. — Einfluß des Nil auf die Kultur, die Charaktereigentümlichkeiten, besonders auch auf Wissenschaft und Kunst der alten Ägypter. S. 19—22.

II. Das Nilvolk im Altertum.

1. Sein Ursprung und Charakter.

Herkunft aus Asien. — Die Retu, Fellahs und Kopten. — Die Berber und Bisharim, die Neger. — Die semitischen Einwanderer und die Hyksos. — Die Beduinen. — Körperliche und geistige Eigenschaften der alten Retu. S. 23—26.

Inhalt.

2. Die ägyptische Religion.

a. Glaubenslehre. Wichtigkeit und Schwierigkeit der Erforschung. — Falsche Auffassungen und unrichtige Untersuchungsweisen. — Verschiedenheit der modernen Auffassungen. — Name Gottes. — Einheit Gottes. — Begriff desselben in den urkundlichen Texten alter Zeit. — Die polytheistisch lautenden Texte. — Erklärung der spätern Vielgötterei als Entartung des ursprünglichen Monotheismus. — Der Gott Ra. — Die Sonne sein Symbol. — In älterer Zeit entschieden kein Pantheismus. — Später Sieg der Symbole über den Gedanken. — Reaktionen gegen den Polytheismus in der ägyptischen Geschichte. — Esoterische Lehre. — Geheimlehre der Priester. — Inhalt derselben. — Verfall des Volksglaubens. — Reste der Uroffenbarung in der ägyptischen Religion. — Schöpfung. — Sündenfall und Erbsünde. — Die Lehren über den Tod und das Jenseits. — Das Totenbuch. — Das Gericht. — Lohn und Strafe. — Glückseligkeit im Jenseits. — Keine Seelenwanderung. — Auferstehung des Leibes. — Schicksal der Ungerechten. 26—43.

b. Sittenlehre. Grundlage derselben der Gehorsam gegen Gott, die Eltern und Obrigkeit. — Pflicht der Gottesverehrung, besonders aber der Nächstenliebe. — Hohe und erhabene Anforderungen. — Vortrefflichkeit dieser Sittenlehre; sie ist erhabener als die aller anderen Völker des Altertums, erreicht aber die Höhe der christlichen Moral nicht. — In später Zeit materialistische Richtung. S. 44—47.

c. Kultus. Tempel schon in alter Zeit. — Größe und Herrlichkeit derselben. — Einrichtung und Ausschmückung. — Priester und Gottesdienst. — Teilnahme des Volkes daran. — Prozessionen und Wallfahrten. — Totendienst. — Opferhandlung. S. 47—51.

3. Die Pharaonen, ihre Regierung und Verwaltung, Geschichte der Pharaonen.

a. Das Amt des Pharao. Regierung und Verwaltung des Landes. — Regierungsform. — Der Pharao. — Seine Weihe, Insignien und Symbole seiner Würde. — Einflußreiche Stellung der Priester. — Pharaonenwohnung. — Hofstaat. — Grabstätte. — Erblichkeit des Thrones. — Weibliche Erbfolge. — Einteilung des Landes zum Zwecke der Verwaltung. — Der Adel. — Auch persönliche Tüchtigkeit berechtigt zu den höchsten Würden. — Verwaltung. — Gerechtigkeitspflege und Gesetze. — Steuerwesen. — Heerwesen. — Bedeutung des Pharao. S. 51—56.

b. Geschichte Ägyptens unter den Pharaonen. S. 57—62.

4. Wissenschaft, Poesie und Kunst.

a. Wissenschaft. Alter und Berühmtheit der ägyptischen Wissenschaft. — Wißbegierde der alten Ägypter. — Altägyptische Sprache. — Alter und Charakter derselben. — Entzifferung und Lesung der Hieroglyphen. — Verdienste der Kirche um das Koptische. — Vergleich der ägyptischen mit anderen Sprachen. — Hervorragende Stellung der Schriftkundigen in Ägypten. — Die ältesten Schriften und Bücher der Ägypter und die älteste Bibliothek. — Ihre mathematischen und astronomischen Kenntnisse. — Jahresberechnung. — Astrologie. — Die medizinischen Wissenschaften. — Philosophie und Gelehrte. S. 62—69.

Inhalt.

b. Poesie. Charakter der ägyptischen Dichtung und Alter derselben. — Hymnus auf Pharao Thutmes III. — Gedicht des Pentaur auf Ramses II. — Altägyptische Kritik eines poetischen Machwerks. — Toten=Klagegesänge. — Romandichtung. — Verfall der ägyptischen Poesie. S. 70—74.

c. Kunst. Bisheriges unrichtiges Urteil über die ägyptische Kunst. — Bedeutende Höhe derselben. — Die Architektur: Pyramiden. Name, Ursprung, Zweck, Form und Zahl derselben. — Die Chufu=Pyramide. — Ihre Dimensionen. — Bauweise. — Periode der Pyramiden. — Vortrefflichkeit der Technik. — Schönheit, Erhabenheit und edler Eindruck derselben. — Die ägyptischen Gräber. — Quadersteingräber und Felsen= gräber. — Bei Pyramiden und Gräbern Nachahmung der Natur. — Entwicklung der Säule zur Zeit des mittlern Reichs (XII. Dynastie). — Tempelbauten und Obe= lisken des alten und mittlern Reichs. — Die Ornamentik. — Inschriften. — Andere Ornamente. — Die Bildhauerkunst. — Der Sphinx. — Der Kanon. — Innerhalb desselben große Vollendung. — Höchste Vollkommenheit, wo der Kanon nicht hemmt. — Muster solcher ältesten Skulpturarbeiten. — Götterfiguren. — Reliefbilder. — Charakteristik. — Reliefs von Beni=Hassan und Sakkarah. — Schönheit derselben — Polychromie und Malerei. — Plastik des mittlern Reichs. — Kunstperiode der Hyksos= zeit. — Sphinxe von Bulaq. — Goldschmiedekunst. — Kunst des neuen Reichs. — Charakter derselben. — Blüte. — Architektur: Königsgräber von Theben. — Tempel. — Säulenordnung. — Zusammenhang dieser Tempelbauten mit denen der früheren Perioden. — Tempel von Karnak. — Dimensionen und Schönheit. — Tempel von Ipsambul. — Das Ramesseum. — Pracht dieser Bauten. — Nützlichkeitsbauten. — Verfall der ägyptischen Architektur. — Skulptur und Malerei des neuen Reichs. — Tüchtigkeit der Technik und Komposition. — Farbenmischung. — Saitische Kunst oder ägyptische Renaissance. — Verfall. S. 74—101.

5. Fürst und Volk, Volksklassen, Volkswirtschaft: Ackerbau, Handel, Hand= werk. Familie und gesellschaftliches Leben.

a. Fürst und Volk. Kein despotischer Druck. — Der Pharaonen Sorge für das Volk. — Beschränkung der Pharaonenmacht durch Religion und Gesetze. S. 101—103.

b. Volksklassen. Die Korporationen nicht Kasten. — Die Priester. — Der Adel. — Die anderen Stände. S. 103—105.

c. Volkswirtschaft: öffentliche Arbeiten, Ackerbau, Handel und Handwerk. Öffent= liche Arbeiten: Pyramiden, Tempel, Möris=See, Kanäle, Brunnen, Bergwerke und Stein= brüche. — Ackerbau und Bodeneigentums=Verhältnisse in Ägypten. — Privateigentum in alter Zeit. — Spätere Verhältnisse. — Domäne. — Art des Ackerbaues. — Fleiß und Tüchtigkeit der Bauern. — Handel. Frühe Blüte und Ausdehnung desselben. — Ein= und Ausfuhrartikel. — Handelsflotten. — Sklaven im alten Ägypten. — Hand= werk. — Arbeitende Klasse. — Blüte des ägyptischen Handwerks: Schiffbau, Werk= zeuge, Jagdgeräte, Blitzableiter u. s. w. — Lage der arbeitenden Klasse. S. 105—113.

d. Religiosität der Ägypter. Familie. Geselliges und Privatleben. Religiöser Sinn der Ägypter. — Tempel. — Feste. — Wallfahrten. — Gebete. — Opfer. — Totenkult. — Innere religiöse Gesinnung. — Die Ehe monogamisch. — Würdige Stellung der Frau. — Familienglück. — Erziehung und Unterricht. — Geselligkeit. — Luxus und Eitelkeit der Frauen. — Trachten der Frauen und Männer. — Ge= sellige Spiele. — Musik. — Gesang. — Tanz. — Theater. — Einbalsamierung

und Begräbnis. — Trauer. — Die Gräber und ihre Plünderungen. — Schluß.
S. 113—131.

III. Das heutige Ägypten.

1. Geschichtlicher Überblick vom Altertum bis auf die Neuzeit.

Alexander d. Gr. und die Ptolemäer. — Die Römerherrschaft. — Arabisch=
islamitische Eroberung. — Die Statthalter und die ägyptischen Kalifen. — Die Ma=
meluckensultane. — Türkenherrschaft. — Bonaparte und die französische Expedition.
— Mohammed Ali und seine Dynastie. S. 132—139.

2. Das heutige Volk Ägyptens.

Die Kopten Nachkommen der alten Ägypter. — Charakteristik der Kopten. —
Die Fellahs. — Ihre Herkunft, Lage und Zahl. — Die Beduinen. — Lebensweise
und Charakter. — Alter derselben. — Die bedeutenderen ägyptischen Stämme. —
Die Berber, ihre Geschichte, ihre Wohnsitze und heutigen Verhältnisse. — Semitische
Reste, Nachkommen der Hyksos im Delta. — Die Zigeuner Ägyptens Reste der alten
Bermekiden. S. 139—149.

3. Die Religion.

Charakteristik des Islam. — Seine Glaubenslehre. — Verderblicher Einfluß
derselben auf die Kultur der Ägypter. — Die Sittenlehren des Corân. — Mangel
eines durchgreifenden Einflusses auf die Gesittung. — Bedenkliche Schwächen der
islamitischen Moral. — Der Islam befördert das leere Formenwesen und den Aber=
glauben. — Die Zikrs, Derwische, Heilige, Afrits, Amulette. — Ursprung mancher
abergläubischer Gebräuche aus altägyptischer Zeit. — Intoleranz. — Der Islam ein
Feind wahrer Kultur. 149—163.

4. Regierung und Verwaltung.

Geschichtlicher Überblick.

Islamitische Regierungsform: der Despotismus. — Verhältnis der arabischen
Regenten zu den Christen Ägyptens. — Verhältnismäßig gute Regierung und Ver=
waltung zur Zeit der Abbasiden. — Die Statthalter Mamûn und Tulûn. — Die
fatimidischen Kalifen Muizz und Aziz. — Pflege von Kunst und Wissenschaft. — Die
Eyyubiden. — Seit 1250 die Mameluckensultane. — Beginn des Verfalles Ägyptens;
vollständiger Ruin seit 1517 unter den Mameluckenbeys. — Dynastie Mohammed
Alis. — Sogenannte Reformen. — Regierungsapparat. — Verwaltung. — Cha=
rakteristik des Beamtenstandes. — Finanzlage Ägyptens. — Steuern. — Fiskus und
Daira. — Corvée. — Gerichtswesen. — Mohammed Alis Gesetzgebung. — Par=
lament. — Versteckter Despotismus. — Keine Rücksicht auf das Wohl des Volkes und
Landes. — Wirken der Fürsten der Dynastie Mohammed Alis. S. 163—173.

5. Wissenschaft, Poesie und Kunst.

a. Wissenschaft. Allgemeiner Impuls durch den Islam; in Ägypten besonders
durch Mamûn und den Kalifen Hatim Biamrillah und durch Aziz. — Azhar=Moschee
und Schulen. — Baldiger Verfall der Wissenschaft seit der Zeit der Kreuzzüge. —

Inhalt.

Azhar-Universität: ihre Einrichtung und Bedeutung. — Volksschulen nach dem System der gegenwärtigen Dynastie. S. 173—177.

b. Poesie. S. 178.

c. Kunst. Charakteristik derselben. — Blüte in Ägypten. — Mangel der Plastik und Malerei. — Grundcharakter der arabischen Bauten. — Moscheen. — Amru-moschee in Kairo. — Säulen. — Spitzbogen. — Inneres einer Moschee. — Muster der frühesten Epoche arabischer Baukunst: Moschee Ibn Tulûn. — Ihre Ornamentik. — Blüteperiode arabischer Architektur: Arabesken und Stalaktiten. — Bauwerke: besonders die Kalifengräber und die Hassan-Moschee. — Profane Baukunst: Häuser und Paläste. — Kunsthandwerk: Möbel, Luxusschnitzerei, Metallarbeiten, Corân-Ornamentierungen. — Verfall arabischer Kunst seit 1517. — Kritisches Urteil über die arabische Architektur. — Zerfall der Bauwerke eine Folge islamitischer Indolenz und der unsoliden Konstruktion. S. 178—189.

6. Volkscharakter. Sociale Verhältnisse. Geselliges Leben. Familie.

Fürst und Volk. — Volkscharakter. — Streitsucht und Friedfertigkeit. — Roheit gegen Tiere. — Gutmütigkeit. — Wohlthätigkeit. — Gastfreundschaft. — Stände: die Landleute und Handwerker. Der Klerus. Die Paschas und hohen Militärs. — Zunftartige Organisation der arbeitenden Klassen. — Stand ihrer Arbeiten — Bazare. — Geselliges Leben: schroffe Scheidung der höheren und niederen Volksklassen. — Gesellige Zusammenkünfte der Vornehmen. — Volksunterhaltungen religiöser und weltlicher Art. — Beschneidung. — Hochzeit. — Muledfeste. — Muled-en-nebbi und Doseh. — Feuerwerke. — Fantasia. — Musikinstrumente. — Tanz. — Weltliche Feste: Schim-en-nessim. — Sittliche Roheit des Volkes, befördert durch den Islam. — Familie. — Erziehung des Weibes. — Werbung. — Ehe. Stellung der Frau. — Ehescheidung. — Mangel häuslichen Familienlebens. — Sklaverei. — Begräbnis. S. 189—205.

7. Geschichte des Christentums in Ägypten.

Einführung desselben. — Anknüpfungspunkte in der ägyptischen Religion. — Alexandriens Katechetenschule. — Wissenschaftliche Opposition. — Verfolgungen der römischen Kaiser. — Das Mönchtum in Ägypten. — Ausbreitung des Christentums. — Dogmatische Streitigkeiten. — Arabisch-islamitische Eroberung. — Heutige Spuren des Christentums. — Verfolgungen der Kopten durch die moslemischen Herrscher. — Gegenwärtiger Stand des Christentums in Ägypten. S. 205—223.

Anmerkungen S. 225—237.

Verzeichnis der Illustrationen.

Titelbild in Farbendruck: Die Pyramiden von Gizeh aus K. Werners „Nilbildern".

Seite

Am Ufer des Bahr el abyad (Vollbild) . . . 2
Nilmesser 3
Die Nilkatarakte bei Assuan (Vollbild) . . . 7
Schadûf 10
Lotosblume 11
Papyrus 12
Dattelpalmen (Vollbild) 12
Nilkrokodile und Krokodilwächter 14
Flösselhecht 15
Vögel vom „weißen" und „blauen" Flusse: Pe-
  likan, Ibis, Marabu 17
„Heiliger" Käfer 18
Gott Ptah 30
Gott Ammon 31
Die Triade: Osiris — Horus — Isis 34
Stier Apis 36
Totengericht 42
Der Feuersee oder Reinigungsort im Jenseits . 43
Der Tempel von Edfu 48
Opferpriester 50
Heilige Barke (Vollbild) 50
Kopfschmuck der Pharaonengattin 52
Schreiber, die Abgaben verzeichnend 54
Granitstatue Ramses' II. (Vollbild) 58
Ägyptischer Streitwagen 60
Ägyptisches Fußvolk 61
Pyramide 75
Knickpyramide von Daschur 76
Stufenpyramide von Sakkarah 77
Das Innere der Großen Pyramide 79
Drei Mastaba von Gizeh 80
Oberes Zimmer, Schacht und Gruft 80
Durchschnitt eines Grabes zu Abydos 81
Eingang zu Felsengräbern von Beni-Hassan . 81
Säulenkapitäl von Beni-Hassan 82
Der Obelisk von On (Heliopolis) 83
Proben von Deckenverzierungen 84. 85
Der Sphinx und die Große Pyramide (Vollbild) 85
Porträtstatuen des Prinzen Rahotep und seiner
  Gemahlin Nefert 86
Der Schech-el-beled 87
Götter mit Tierköpfen 88
Tierstück. Relief 89
Ägyptisches Armband 91
Lotossäulen von Theben 92
Säule von Tenderah mit Hathormaske . . . 93
Kannelierte Säule von Medinet-Habu 93
Perspektivische Ansicht des großen Tempelhypo-
  styles von Karnak (Vollbild) 94
Felsentempel von Ipsambul (Vorderansicht) . 95

Seite

Halle des Felsentempels von Ipsambul . . . 96
Der Kiosk auf der Insel Philä (Vollbild) . . 97
Skulptur und Malerei aus dem Tempel zu Abu-
  dos; Niederlage der Cheta im Kampfe mit
  Ramses II. (Vollbild) 98
Porträt der Königin Tii 100
Ägyptischer Lehnstuhl 109
Glasbläser 110
Töpfer 111
Ägyptische Vogeljagd mit Stöcken 112
Kinderspielzeug 118
Ballspiel 118
Damengesellschaft 119
Die Händewaschung bei der Mahlzeit . . . 119
Spiegel 121
Fächer 121
Eine Ägypterin der jetzigen Zeit 122
Altägyptische Musikinstrumente 123
Harfenspieler, Malerei von Beni-Hassan . . . 124
Ein Sänger, von Flöte und Harfe begleitet . 125
Mumienbehälter 127
Mumien-Sarkophag 128
Mumienkopf 128
Feierlicher Leichenzug 129
Kleopatra 133
Die Pompejussäule in Alexandrien 134
Nadel der Kleopatra (Vollbild) 134
Kopte, Kopte, Fellah, Beduine 140
Fellahfrau mit ihren Kindern 141
Fellah-Dorf 144
Biskarim 146
Ein Nubier in Ägypten 148
Muselmann im Gebet 153. 154
Zikr der tanzenden Derwische in der Moschee
  El-Azhar zu Kairo (Vollbild) 156
Ansicht von Kairo (Vollbild) 164
Moschee Ibn Tulûn (Kairo) in ihrem Verfalle 180
Inneres der Moschee El-Moyed in Kairo . . 181
Schriftornament 182
Die sogenannten Kalifengräber bei Kairo . . 183
Ornament 184
Stalaktitengewölbe 184
Straße in Kairo (Vollbild) 185
Inneres des Schlosses Gezireh (Vollbild) . . 186
Schriftornament (kufische Schrift) 186
Ein Eselsjunge in Kairo 190
Der Baum der seligsten Jungfrau 207
Inneres einer koptischen Kirche (Vollbild) . . 217
Karte. Am Schluß.

*

I.

Der Nil, das Nilland und die älteste Kultur.

a. Der Nil.

Nilquellen, Nilschwelle, Nillauf.

Kein Flußname der Welt fesselt Phantasie und Neugierde in gleichem
Grade, wie der des Nil. Welch geheimnisvoller Zauber umwebt den alten
Strom und seine unentdeckten Quellen! „Er ist freilich nicht älter als
die anderen Weltströme, aber älter in der Kulturgeschichte und darum
älter in der Menschenphantasie, als irgend sonst ein Strom oder Ding.
Denn die ältesten Kulturhistorien entwickelten sich an diesen Nilwassern:
von ihnen und ihrem befruchtenden Schlamme waren sie mit Naturnot=
wendigkeit abhängig. Der erste Mensch, aus Erde geschaffen, und eine
älteste Menschengeschichte, hervorgegangen und bedingt von Erdenschlamm,
den zwischen Felsen und Wüsten ein Weltstrom mit sich führt, — welch
wunderbare Analogie und Symbolik!"

Wunderbar und geheimnisvoll erschien der Nil[1] schon seinen ältesten
Anwohnern. Uns liegen seine „Wunder" erklärt vor, auch der Schleier
seiner „Geheimnisse" ist für uns so ziemlich gelüftet, seitdem die Frage
nach seinem Ursprunge im wesentlichen gelöst ist. Die alten Ägypter,
jene geschichtlich ersten Nilanwohner, glaubten des segenspendenden Flusses
geheimnisvolle Quellen im Jenseits, im Totenreiche suchen zu müssen.
Eine andere, ebenfalls uralte Vorstellung verlegte seinen Ursprung an des
alten Ägypterreichs südliche Grenze, wo der Nil aus den sogenannten
Kataraktenfelsen bei dem alten Sun, jetzt Assuan, in die Ebene hinab
strömt. Zur Zeit des Vaters der Geschichte, Herodot, aber wußte man
im Nillande bereits, daß der Strom aus dem tiefen Süden komme und
durch Nubien seinen Lauf nehme, ehe er das eigentliche Ägypten berührt.
Doch erst im zweiten Jahrhundert nach Christus machte der größte Geo=
graph des Altertums, Ptolemäus, die durch die Forschungen unserer Tage
als annähernd richtig erwiesene Angabe, daß die Nilquellen unter dem
Breitengrade von Madagaskar (Μενоυθιάς ηˊσоς) zweien Seen entströmen,

so daß zwei Quellflüsse sich zum Nilstrome vereinigen [2]. Dank den un=
ermüdlichen Forschungsreisen im äquatorialen Afrika wissen wir nämlich
heute, daß der Nil aus zwei Armen, dem „Bahr el azrek" und dem
„Bahr el abyad", dem „blauen", eigentlich „trüben", und dem „weißen",
eigentlich „klaren" Flusse, bei Chartûm in Äthiopien zusammenfließt, von
denen jener in den Hochgebirgen Abessiniens entspringt, dieser aber dem
aus zahlreichen südlicheren Zuflüssen gespeisten Ukerewe= und dem Mwutan=
See entströmt. Genau genommen wäre eigentlich nur von letzterem, dem
sogenannten Weißen Nile, als Quellflusse zu reden, während der Blaue Nil
als Nebenfluß zu bezeichnen ist.

Dieser Nilstrom nun ist ein einziger Fluß, der auf dem Erdenrund
nicht seinesgleichen hat: einzig vor allem dadurch, daß er des durchflossenen
Landes Erzeuger und Ernährer ist; denn ohne ihn würde Ägypten noch
heute eine unfruchtbare Wüste sein. Der Nil hat die langgestreckte Oase, als
welche Ägypten sich darstellt, der arabischen Wüste rechts und der liby=
schen links abgerungen, und er verteidigt das Land noch heute gegen diese
beiden Feinde. Und dieses Werk vollbrachte und vollbringt er durch seine
Überschwemmungen.

Alljährlich, seit uralten Zeiten, beginnt im Juni der Nil zu steigen,
tritt allmählich über seine Ufer hinaus, erreicht zu Anfang des Oktober seine
höchste Höhe (zu Herodots Zeit 16 Ellen über dem gewöhnlichen Niveau)
und läßt, indem er nun langsam wieder sinkt, allüberall, wo er gewesen,
eine Masse auf seinem Laufe aus den abessinischen Bergen mitgeschwemmten
Schlammes zurück, mit dem er sehr spärlich die nubische Landschaft, über=
aus reichlich aber die Ebene unterhalb des Katarakts von Assuan bedeckt.
Aus diesem Materiale schuf er einst Ägypten, und mit ihm baut er all=
jährlich neues, fruchtbares Erdreich an. So hat er im Laufe der Jahr=
tausende einen Kulturboden geschaffen, der oberhalb des sogenannten
Deltalandes nie die Breite von 2 deutschen Meilen überschreitet, an einigen
Stellen, wie zwischen Abu Hammed und Edfu, nur zwischen 500—1000 m
breit ist, aber mehr als 120 Meilen Länge mißt. Treffend nannte daher
schon der alte Herodot Ägypten ein Geschenk des Nil, ein Wort, das noch
heute seine Geltung hat. Würde der Strom aufhören, seine Wasser den
Fluren Ägyptens zuzusenden, so wäre es um letztere geschehen und ret=
tungslos würde das Nilland in den Zustand des Todes und der Erstar=
rung zurücksinken, aus dem es einst hervorging.

Worin diese — nebenbei bemerkt — mit erstaunlicher Regelmäßigkeit
und Gleichförmigkeit alljährlich sich einstellenden Nilanschwellungen ihren
Grund haben, war den alten Ägyptern unbekannt. Sie hatten nur fabel=
hafte Erklärungen dafür, und fabelhaft ist auch die alte Sage, die noch
heute im Munde des Nilvolkes lebt, daß in einer der Juninächte durch
die Hand der Gottheit ein Tropfen in den Nil gesenkt wird, der das An=

2

Am Ufer des Bahr el abyad (Weißer Nil).

schwellen des Stromes bewirkt. Diese Nacht, in der die Nilschwelle beginnt, wird noch heute als „Nacht des Tropfens" gefeiert. Von den griechischen Gelehrten, die, wie Thales, Hekatäus der Ältere, Theopomp und Herodot, sich mit der Lösung dieser Frage beschäftigten, kam der letztere der Wahrheit am nächsten. Aber freilich das ahnte er nicht, daß gerade die Erklärung, die er als die irrigste bezeichnete, nach mehr als zwanzig Jahrhunderten als die einzig richtige sich erweisen würde: die nämlich, daß die Regengüsse im äquatorialen Afrika die Ursache der Nilüberschwemmungen sind [3]. „Wenn nämlich in des Niles Quellländern die Schreckenszeit der Dürre ihr Ende erreicht, wenn bei einer nur von gluthauchenden Winden durchzogenen Luft sich in immer dichteren Massen die Wolken am Himmel zusammenschichten, wenn dann in schauererregendem Aufruhre der Elemente, beim Heulen des Sturmes und Toben des Donners aus allen Ecken und Enden der finstern Himmelsdecke die Feuer der Blitze herniederzucken und aus den sich nun öffnenden Wolken das Wasser in

solchen Massen herabströmt, als sollte durch Feuer und Wasser die Erde vernichtet werden, dann beginnt das allmähliche Anschwellen des Weißen Nil. Dann haben sich auch bereits die Tropenregen auf Habesch herabgesenkt und auch der trübe Nil strömt herbei." Dann verbreitet sich das Anschwellen immer weiter den Fluß

Fig. 1. Nilmesser.

hinab, bis es im Juni im eigentlichen Ägypten bemerkbar wird; dann kündigt heute, wie vor Jahrtausenden, der Nilmesser (Fig. 1) auf der Insel Elefantine [4] am ersten Katarakt das Ereignis der beginnenden Nilschwelle an; dann feiern noch heute die Nilanwohner ihre Feste; dann sangen einst die alten Ägypter ihren Nilhymnus:

Anbetung dir, o Nil!
Verborg'ner, der du bringst, was dunkel ist, ans Licht;
Der du die von dem Sonnengotte erschaff'ne Fluren
Mit Wasser überziehst, —
Um zu nähren die gesamte Tierwelt! —
Du bist es, der das Land tränkt überall, —
Ein Pfad des Himmels du in deinem Kommen!
Anbetung dir! —

Mit Recht preist auch der heutige Ägypter diesen wohlthätigen Strom, da er ihn „abu-el-baraqua", den Vater des Segens, nennt. Von ihm und seinem Anschwellen, vom höhern oder geringern Grade des letztern hängt in der That Blüte oder Verderben der Kultur des Landes, Wohl oder Wehe seiner Bewohner ab. Eine Elle über der erforderlichen Höhe der Nilschwelle [5], und in furchtbarer Weise werden die Äcker des Delta verwüstet und anderwärts die Herbstkulturen unmöglich gemacht; nur zwei Ellen weniger — und Dürre und Hungersnot brechen über Oberägypten herein. So empfindlich ist, ähnlich der Temperatur des Blutes im mensch= lichen Organismus, das Pulsmaß, das die Lebensadern dieses Landes reguliert. „Auch andere Gewässer haben ihre Überflutung [6], aber dieser hydraulische Mechanismus des Nilstroms wiederholt sich nicht ein zweites Mal auf der Erde." So ist der Nil ein einziger Fluß in seinem Ver= hältnisse zum durchströmten Lande — Erzeuger und Erhalter zugleich.

Aber auch sonst steht der Nil einzig da unter den Strömen des Erd= balles. Das zeigt sich zunächst in seinem Laufe. Aus den Hochgebirgen Abessiniens und den ferneren Äquatorialhöhen niedersteigend, tritt er in die nubische Landschaft, überwindet eine Anzahl von sich quer vorschieben= den Felsenreihen, sogenannten Katarakten, den letzten bei Assuan, und durchläuft nun ohne Hindernis zwischen der libyschen Bergkette zur Linken und der arabischen zur Rechten das eigentliche Ägypten, bis er kurz vor dem alten Memphis, nahe beim heutigen Kairo, sich einst in sieben Arme spaltete. Heute umfassen noch zwei Arme das sogenannte Delta und führen den Strom dem Mittelmeere zu. In diesem untern Laufe ist der Nil meist weniger breit als in manchen seiner höheren südlicheren Partieen [7]. Das hat seinen Grund in der ebenfalls einzigen Erscheinung, daß der Strom, nachdem ihm unter dem 17.° 38' nördl. Breite der Atbara zugeströmt ist, nun etwa 14 Breitengrade durchläuft, ohne irgend welchen Nebenfluß aufzunehmen; so aber findet er keinen Ersatz für den Abgang der Wassermenge, den er durch die in jenen Graden sehr starke Verdun= stung, durch Infiltration in den überaus durstigen Wüstensandboden und durch den Abfluß in die zur Bewässerung des Landes angelegten künst= lichen Kanäle erleidet.

Bedenkt man nun noch, daß Oberägypten fast gar keinen Regen kennt, so begreift man, daß der Nil nur langsam und träge sich seinem Ausflusse nähert, und daß er ganz versiegen, verdunsten und versanden müßte, wenn er nicht alljährlich durch die Nilschwelle neuen Zuwachs erhielte. Und nun versteht man auch die ebenfalls einzige Erscheinung, daß der Nil fast nie ohne Flut= oder Ebbe=Bewegung ist. Denn die Zeit, wo er nicht steigt oder fällt, ist sehr knapp bemessen, da er vor dem Monat Mai nicht seinen niedrigsten Wasserstand erreicht und bereits im folgenden Monate wieder anzuschwellen beginnt. Seine äußere Erscheinung trägt auch deutlich diese

Unruhe zur Schau: obwohl ich monatelang den Strom befahren, nie sah ich die wohl von Dichtern gepriesene und von Malern dargestellte schöne blaue Farbe desselben. Die mag nur dem klaren Nile eigen sein, der ja an dem Schlammtransporte keinen Anteil hat. Sonst aber erscheint der Nil gelblich-braun gefärbt.

b. Das Nilland.

Wir bezeichnen noch heute mit dem Namen „Ägypten" im engern Sinne dasselbe Gebiet, das man zur Pharaonenzeit so nannte. Es ist der Teil des Nilthales, der den ersten Katarakt (von Assuan) im Rücken, die arabische Bergkette zur Rechten, zur Linken die libysche hat. Er zieht sich zwischen dem 24.° und 31½° nördl. Breite in einer Querausdehnung von ½ bis 4 deutschen Meilen (das unkultivierte Wüstenterrain zwischen jenen Bergketten eingerechnet) bis Kairo hin und stößt in dem zu 40 deutschen Meilen erweiterten Delta an das Mittelmeer. Freilich haben schon einige der alten Pharaonen die Grenze ihres Gebietes weit über Assuan nach Süden in Nubien hinein zurückgeschoben, und auch heute untersteht dem Scepter des Chedive fast das ganze Stromgebiet des Nil bis zum 2.° nördl. Breite: ganz Nubien, der ägyptische Sudan, ferner an den Ufern des Roten Meeres die Provinzen Suakim und Massaua, dann nach Süden die Damakil-Küste und ein Teil des Somali-Landes, einige Landschaften an der Grenze Abessiniens, das Sultanat Darfor und die Äquatorialprovinzen bis zum Mwutan-See. Und dennoch — reden wir von Ägypten als Kulturstaat, so verstehen wir darunter noch immer, wie vor Jahrtausenden, das Land unterhalb Assuan. Das hat seinen Grund darin, daß noch heute, wie damals, fast der ganze große Länderkompler südlich von diesem Gebiete völlig brachliegendes Terrain ist. So kommt es, daß Ägypten, ein Land von beinahe ⅔ der Größe des europäischen Rußland, nämlich von etwa 60 000 ☐M., nur ein Kultur-Areal nicht einmal von der Größe des heutigen Belgien, nämlich 554 ☐M., besitzt. An diesem Nilschwemmlande ist die nubische Landschaft oberhalb des Kataraktes von Assuan nur mit 25 von seinen 215 Längenmeilen beteiligt.

Geologisch wird der oben ausgesprochene Satz des Herodot, daß der Nil der Erzeuger Ägyptens sei, bestätigt durch die Thatsache, daß das ganze vom Nil abgesetzte Schwemmland ein ganz fremdartiges Element in der sonstigen Bodenbeschaffenheit Nordafrikas bildet. Der Untergrund jenes Schwemmlandes ist auch völlig unfruchtbar.

Im Delta ist Kalksandstein und fester Kalkstein der Untergrund. Von Kairo aus nach Süden ist der Nil von Höhenzügen eingeschlossen und von Wüsten. Die beiderseitigen Nilränder bis oberhalb Edfu bestehen aus Nummulitenkalk (Nummuliten sind kleine versteinerte Schnecken, die sich als charatteristisches Merkmal in demselben befinden). Südlich von Edfu ist das Gestein aus Mergel, Kalk und Sand gebildet; dann folgt von Silsileh aus der mittlern Kreideformation angehörender Sandstein, der auch noch ganz Nubien beherrscht. Bei Assuan aber schiebt sich ein Querzug von Granit vor, der das eigentliche Ägypten von Nubien trennt.

Der arabische Gebirgszug auf dem rechten Nilufer ist von vielen Querthälern durchschnitten. So erklärt sich leicht der Umstand, daß zur Zeit der Pharaonen sowohl die Kriege als der Handel die Richtung nach Osten und Asien nahmen. Noch heute ist die uralte Handelsstraße von Theben nach Kosseir am Roten Meere der wichtigste Karawanenweg für den Handelsverkehr zwischen Inner-Afrika, ägyptisch Sudan, Nubien und dem Roten Meere, Asien u. s. w.

Im Gegensatze dazu bildet der libysche Gebirgszug auf dem linken Nilufer eine fast ununterbrochene Hochebene, die stufenförmig ansteigt und gegen die Oasen der libyschen Wüste hin sehr schroff abfällt.

Die Griechen nannten das ihnen bekannte Nilland Αἴγυπτος, die Hebräer und daher die Heilige Schrift Mizraim. Das Pharaonenvolk selbst gab seinem Lande sehr bezeichnend den Namen Kemi, d. i. Land der schwarzen (Nil-) Erde, und, hat Brugsch recht, ist der griechische Name Aigyptos aus dem hieroglyphischen Haka-ptah, das ein Name für den Nilfluß war[8], entstanden, so hat man dem Lande treffend den Namen seines Erzeugers gegeben. Noch heute nennen Kopten und Türken nach diesem Namen das Land: Gypt oder Gipt; die Araber aber schließen sich ihren semitischen Stammesgenossen an und bezeichnen es mit Masr.

Dies Land nun ist schön, ja in mancher Beziehung zauberisch schön. Legt man freilich den Maßstab europäischer und amerikanischer Landschaften an, die ihre Schönheit wesentlich durch Bäume und Berge erhalten, dann ist der oft gehörte Tadel nicht unberechtigt, daß Ägypten arm an landschaftlichen Reizen ist. Denn bedeutendere Berg-Höhen und -Züge und üppige Baumkultur trifft man erst beim Eintritt in die nubische Landschaft. Über dem Nilthal unterhalb Assuan aber liegt eine gewisse Monotonie. Langsam und trübe schleicht der alte Nil zwischen den beiden durchgehends niedrigen Bergketten dahin, die meist in fernen Bogen die Ebene beiderseits umziehen. Und diese Monotonie wird eigentlich durch nichts unterbrochen; denn die allerdings landschaftlich überaus dekorative Palme findet sich selten oder nie zu Wäldern vereint, und ebenso ist's mit der herrlichen, üppigen Sykomore.

Ausnahmen von dieser Regel giebt's allerdings. Niemand wird an jenen Stellen, wo, wie bei Gebel-el-Terr, Gebel Abu-Foda oder Silsileh, das Gebirge nahe an den Fluß tritt, entschieden romantische Landschaftsschönheit vermissen.

Verläßt man aber nur eine kurze Strecke weit den Nil und wendet

Die Nilkatarakte bei Assuan.

sich landeinwärts, so wird man oft genug staunen über herrliche, wild und
pittoresk zwischen die Gebirgszüge hineingesenkte Thäler. Wen hätte nicht
der Anblick der Thäler von Speos Artemidos oder des Assasif ergriffen!

Und malerisch schön liegen auch einige der Nilstädte. In lebhafter
Erinnerung ist mir vor allem das prächtige Panorama von Siut geblieben,
und noch mehr das überaus großartige Bild von Theben. In weitem,
dunkelblauen Bogen begrenzen letzteres die arabischen Berghügel im Osten;
in langen Säulenreihen zeigen sich die Monumente von Luxor und Karnak;
im Westen säumt die hier hohe Wand der libyschen Gebirge die Ruinenflur
ein und mitten hindurch zieht, wie ein Silberband, der alte Nil, an dessen
Ufern einsame Palmen träumerisch ihre Häupter wiegen.

Ein Landschaftsbild aber weist der ägyptische Nil auf, um das die
übrige Welt ihn beneiden darf, denn Großartigeres, Erhabeneres und
Schöneres zugleich giebt es nicht unter der Sonne, als das Kataraktengebiet zwischen Elefantine und Philä.

Schon von Silsileh aufwärts erscheinen die Gebirgszüge auf beiden
Nilufern näher und vielgestaltiger, schroffer und höher; das Kolorit der
Felsen wird dunkler: es sind schwarze, vulkanische Felsmassen, die wild
übereinandergetürmt erscheinen und zwischen denen sich der goldgelbe Wüstenflugsand, Feuerströmen gleich, ins Nilthal ergießt. Bei Assuan beginnt
dann der Katarakt, der sich bereits lange vorher dem südwärts Segelnden
durch wildes Rauschen und Tosen der herabstürzenden Wasser bemerkbar
macht. Auf einer Strecke von zehn Kilometern ragen dunkelglänzende,
hohe Felsenmassen an den Ufern, aus dem Wasser empor; in mächtigen
Stromschnellen stürzt der Nil durch unzählige Felsen-Risse und - Spalten
und - Sträßchen, die er sich gebrochen, hinab, so daß das rasende und
tosende Element in weißen Massen zischend emporspritzt. Das ist majestätisch und furchtbar zugleich! Beleuchtet aber nun allabendlich, wie ich
es in den Februartagen des Jahres 1877 sah, die sinkende Sonne das
ganze, weite Felsen- und Wasser-Chaos von Rosengranit und Silberschaum,
so daß diese Blöcke noch rosiger erscheinen, als die Natur sie geschaffen —
dann glänzt es wie ein Meer von Purpurwellen und Purpurbergen, und
wo die Felskuppen sich nähern, da winden sich, wie hastige, silberglänzende,
zischende Schlangen, die Nilwasser tosend hindurch und hinab. Ja! wunderbare Schönheit und ergreifender Ernst paaren sich, um dies Kataraktenpanorama dem, der es einmal gesehen, unvergeßlich zu machen: hier redet
der Schöpfer in seinem Werke zugleich von seiner Macht und Kraft und
von seiner erhabenen Herrlichkeit! — Und tritt man nun aus diesem
Labyrinth von Felsen und Strömen nach Süden hinaus, so liegt vor
den erstaunten Blicken, wie ein Idyll, das lieblichste Eiland: Philä, „das
schönste Bild auf Gottes weiter Erde", wie Brugsch es nannte. Aus
eigener Erfahrung und mit vollster Überzeugung setze ich den Satz hier:

her, daß der landschaftliche Reiz des Katarakts von Assuan und seiner Umgebung a l l e i n die lange Nilreise herrlich lohnt!

Indessen — wie gesagt — alles das sind Ausnahmen: landschaftliche Schönheit tritt in Ägypten nur hie und da, im ganzen selten auf; aber außerdem hat das ägyptische Nilthal seine besonderen, r e g e l m ä ß i g e n Schönheiten und Reize. Einen unbeschreiblich schönen Eindruck macht all= überall der wunderbare Kontrast des üppigen Fruchtbodens zur angrenzen= den Wüste: an vielen Stellen ist dieser Eindruck geradezu überwältigend. Wer die Chufu=Pyramide erstiegen, wird nie den Blick von dieser Höhe herab vergessen: auf der einen Seite das Nilthal in üppigem, herrlichem Grün von Baum und Flur, auf der andern die libysche Wüste, farblos, grenzenlos, lautlos hingelagert; — dort schwellendes Leben, hier starrer Tod. „Es spricht es keine Zunge aus, es malt es kein Claude Lorrain, wie diese Niederung von Licht und Äther, von Ruhe und Schweigen um= flossen ist." Dieser Kontrast aber ändert sich, Flur und Wüste wechseln die Rollen, wenn die Sonnenscheibe zum Horizont hinabsinkt: matt und tot erscheint dann das eben noch lachende, frische Grün des Kulturbodens, während die untergehende Sonne ihre ganze, nur in jenen südlichen Strichen mögliche Farbenglut der eben noch farblosen Wüste mitgeteilt zu haben scheint, die nun in allen Tönen vom zartesten Violett bis zum tiefsten Purpurrot leuchtet [9].

Und noch eine andere Schönheit weisen die Nilufer auf. Wie es einst ein großartiger Anblick gewesen sein muß, unmittelbar am Flusse die maje= stätischen, herrlichen Städte Memphis und das „hundertthorige" Theben und andere sich erheben zu sehen, so geben jetzt ihre kolossalen, imponieren= den und dabei überaus schönen Trümmer der Nillandschaft einen eigen= tümlichen Reiz: mag die Mittagssonne sie mit glitzerndem Lichte übergießen oder die Abendsonne sie vergolden — malerisch schön erheben sich die Ruinen des Doppeltempels von Kom=Ombos, großartig zeigt sich der Tempel von Edfu, aber die ganze Fülle von Romantik liegt auf dem Ruinenfelde von Theben.

Und nun haben wir noch gar nicht geredet von den Nächten am Nil — und doch genießt der Ägypter, wenn der Sonnenball unter den Wüsten= rand hinabgetaucht, allabendlich das herrlichste Schauspiel. Es folgt dann die ägyptische Mondnacht nach überaus kurzer Dämmerung: die Sterne pflegen dann so zu funkeln, der Mond so zu glänzen, das ganze Firma= ment so zu leuchten, wie wir Kinder nördlicher Zone selbst in den klarsten Winternächten es nie, nicht einmal annähernd, zu sehen Gelegenheit haben. Hier am Nil, oder nie, begreift man des königlichen Sängers Wort: „Die Himmel erzählen die Herrlichkeit Gottes, und das Firmament verkündet seiner Hände Werk!"

Und diese Lichteffekte gewinnen noch unendlich an Reiz, wenn man sie

in der Wüste schaut. Überhaupt — wer die landläufige Vorstellung von
der Wüste hat, die nur Schreckhaftes, Ödes, Totes in ihr sieht, der hat
nie einen Sonnen=Aufgang oder =Untergang in der Wüste erlebt, der hat
nie Herz und Sinne sich erweitern gefühlt beim Anblick der weiten, grenzen=
losen Wüste; der hat es nie empfunden, wie ernst und wohlthuend zugleich
dies Bild des Schweigens und der Ruhe auf unsere Phantasie wirkt; der
hat sie nie eingesogen die Wüstenluft, so rein und erfrischend, wie die,
„die der erste Mensch am ersten Schöpfungsmorgen atmete". „Wo alle die
lieblichen Reize der Natur fehlten, da hat Gott seinen süßesten, zartesten
Hauch auf die Wildnis ausgeströmt, der dem Auge Klarheit, Stärke dem
Körper und friedlichste, freudigste Heiterkeit dem Geiste verleiht."

So stellt sich den Blicken das ägyptische Nilthal dar. — Wie nun
fast alles, was der Nil spendet, so ist auch sein Schlamm einzig in seiner
Zusammensetzung: er ist für den Boden das beste Düngmittel [10]. Ebenso
wichtig wie die Fruchtbodenbildung ist aber natürlich auch die durch die
Nilschwelle bewirkte Bewässerung derselben, die sowohl Regen und Tau,
als auch Quellwasser zu ersetzen vermag, von dem allem Oberägypten
nichts weiß.

Diese Nilbewässerung nun stellt man sich in der Regel irrig vor.
Die Überschwemmung erreicht nämlich nicht direkt alle Kulturgründe: die
höhergelegenen gar nicht und auch die in den Niederungen bei weitem
nicht alle. Um letztere alle an der Bewässerung teilnehmen zu lassen,
schufen schon die alten Ägypter Kanäle. Zu dem Zwecke entstand der so=
genannte Möris=See, richtiger Meri=See, den der Pharao Amenhemat III.
etwa 23 Jahrhunderte vor Christus im Fanum geschaffen, um das Über=
schwemmungswasser zu sammeln und von hier aus auf die Äcker zu ver=
teilen; ferner der sogenannte Josephs=Kanal, der 45 Meilen lang war
und in den Meri=See mündete, und zu gleichem Zwecke dienten die beiden
von Menschenhänden geschaffenen Nilarme, der von Rosette und der von
Damiette, durch die der Nil jetzt seine Wasser ins Meer sendet. Schon zu
Setis I. Zeit, also etwa 13 Jahrhunderte vor Christus, bestand ein Kanal,
der den Nil mit dem Roten Meere verband und ebenso für die Schiffahrt
wie für die Bodenbewässerung verwendbar war. Ptolemäus Philadelphus
ließ ihn vollenden und der arabische Eroberer Amr wiederherstellen. Strabo
berichtet, daß das Kanalnetz so vortrefflich organisiert war, daß das ganze
Land genügend bewässert werden konnte, selbst wenn die Nilüberschwem=
mung eine geringe war. In Oberägypten befindet sich noch heute der
Josephs=Kanal im Gebrauch, sowie die Kanäle von Sawaki und Bagurah.

In Unterägypten baute Mohammed Ali, dessen Dynastie sich überhaupt
des unter der Mameluckenherrschaft sehr vernachlässigten Kanalbaues wieder
annahm, den bereits im Mittelalter und noch 1777 erwähnten Kanal von
Fuah wieder aus: es ist der sogenannte Mahmudijeh=Kanal. An diesen

und die beiden Nilarme schließt sich, wie ein Blick auf die Karte zeigt, ein ganzes Netz von Kanälen, die zum Zwecke der Bewässerung das Delta durchziehen.

Um die höhergelegenen Äcker zu bewässern, hatte man stets am Nil dieselben Vorrichtungen, deren man sich noch heute bedient; seltener gebraucht man die mangelhaft konstruierten Wasserräder (arab. Sakie), meist sieht man die Bauern selbst die Zieh= oder Schöpfbrunnen (arab. Schadûf) handhaben; in Binsenkörben, die mit Nilschlamm verdichtet sind, heben sie das Wasser auf die höhergelegenen Äcker, wobei sie ein Hebel in Form eines oben befestigten schwanken Rohres unterstützt, den sie hinab= ziehen, um den Korb mit Wasser daran zu befestigen (Fig. 2).

Fig. 2. Schadûf. (Nach Perrot und Chipiez.)

Diese so bewässerten Kulturen sind überaus fruchtbar, desto frucht= barer, je höher man den Fluß hinauffährt. Man streut in den noch vom Nilwasser feuchten Boden oder in den nassen Nilschlamm die Saat; so that man es auch schon in alter Zeit. Nach 3—4 Monaten folgt dann die Ernte. Ägypten war schon im Altertume die Fruchtkammer Griechenlands und Roms und ist es heute noch für England und Frankreich.

Begünstigt wird diese Fruchtbarkeit durch ein ungemein glückliches Klima. Das war schon im Altertume bekannt[11]. Hat Unterägypten fast dasselbe Klima, wie Südeuropa, so ändert sich das bedeutend in Ober= ägypten. Hier ist die Temperatur bei fast völligem Mangel an Nieder= schlägen bedeutend höher und gleichmäßiger[12]. Man unterscheidet nur zwei Jahreszeiten: die heiße, April bis November, und die kühle vom Dezember bis März.

Bereits in der Pharaonenzeit baute man am Nil Weizen, Hafer, Gerste, Durrah, auch den jetzt dort fehlenden Spelt, ferner Lupinen, Bohnen (Vicia faba), Erbsen (wahrscheinlich Pisum abyssinicum), dann Linsen und mehrere Arten Ricinus. Stark kultiviert wurden auch die Cichorie und der heiliggehaltene Porré (Allium porrum). Nach Herodot waren Zwiebel und Knoblauch sehr beliebt und die Wassermelone lernten bereits die Juden am Nile kennen.

Jetzt sind dort unsere Felderbse und die Kichererbse (Cicer arietinum), welch letztere im gedörrten Zustande im Proviante der Wüstenreisenden niemals fehlt, allgemein verbereitet. Manche Kenner des alten Ägypten, wie Maspero, behaupten, daß die Baumwollenkultur schon zur Pharaonen-

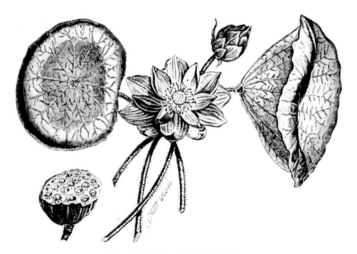

Fig. 3. Lotosblume. (Nach Ebers, Ägypten.)

zeit bestanden hat. Allerdings wird eine Art der Baumwollenstaude (Gossypium punctatum) in Abessinien noch heute wild gefunden; aber die jetzt sehr bedeutend am Nil kultivierte Art ist asiatischen Ursprungs. Außerdem blüht heute dort besonders der Bau des Mais, des Durrah, sowie des Reis und des Zuckerrohres, das die Kalifen einführten. Auch baut die jetzige muselmännische Bevölkerung Tabak, Hanf und Mohn, Melonen und Klee. Dagegen ist die unter den Pharaonen so fleißig betriebene Weinkultur [13] fast völlig erloschen; der jetzt am Nil herrschende Islam duldet sie nicht.

Zwei einst im ägyptischen Nilthal sehr gemeine Pflanzen sieht man heute dort sehr selten; wir meinen die unserer Seerose nahe verwandte Lotosblume (Nymphaea lotos; Fig. 3), die in Oberägypten, besonders der Thebais, und die Papyrusstaude (Fig. 4), die im Delta heimisch war und das erste Schreibmaterial, sowie dessen bleibenden Namen lieferte.

Von Bäumen sind die ältesten und bekanntesten am Nil die Akazien (Acacia nilotica), Sykomoren (Ficus sycomorus), Feigen (Ficus carica), die Tamarinde (Tamarindus indica) und die Tamariske (Tamarix orientalis), der Suntbaum, der Lorbeer und zwei Palmenarten, in Oberägypten

die Dumpalme, in Unterägypten die Dattelpalme. Alle diese Bäume sieht man noch heute im Nilthal neben dem dort und in Palästina heimischen Christusdornbaum (Rhamnus spinae Christi). Sehr häufig findet man auch den in allen Mittelmeerländern vorkommenden Johannisbrotbaum (Ceratonia siliqua) und die von Amerita eingeführte Bananenstaude, deren Frucht einen außerordentlich feinen aromatischen Geschmack hat. Erst unter der jetzigen Dynastie wurde die Lebbach-Akazie aus Ostindien eingeführt und war der einzige Baum, der sich von vielen hundert Arten, die man zu akklimatisieren suchte, in Ägypten Bürgerrecht erwarb. Steckt man nur einen beliebigen Ast desselben in den Boden, so wächst er in unglaublich kurzer Zeit zu einem überaus schattenreichen, und darum für das Nilland sehr wohlthuenden Baum heran.

Der ägyptische Baum par excellence aber ist die Dattelpalme, um deren Pflege sich besonders die Araber große Verdienste am Nile erworben haben. Nur wenige Menschen haben eine Ahnung von der Fülle kostbarer Eigenschaften und unersetzlicher Hilfsquellen, die dieser wunderbare Baum liefert [14]. Die eigentümliche Zierde

Fig. 4. Papyrus. (Nach Ebers, Ägypten.)

der Nillandschaft — wächst er ebensowohl am Nil, wie in der Wüste. Betrachtet man zwar auch am Nil das Getreide als solideste Basis der Ernährung, so kommt doch auch hier für viele die Frucht der Dattelpalme mehr in Betracht, als jenes; das gilt, wie ich mich selbst überzeugte, voll und ganz für Nubien und selbstverständlich für die Beduinenägypter. Der Baum ist von unschätzbarem Werte. Der Stamm liefert die Pfosten der Häuser, die Säulen und Pfeiler, die Gerüste zu den Ziehbrunnen, die Bretter zu den

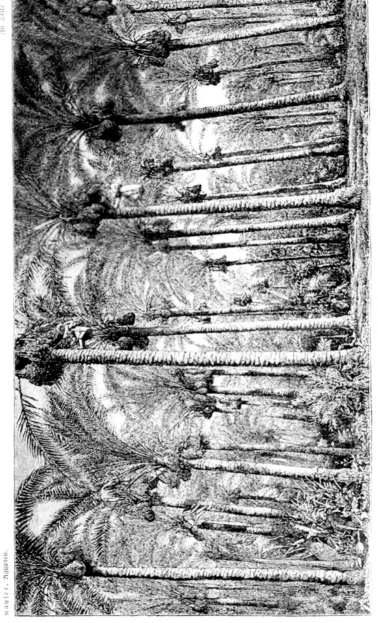

Dattelpalmen.

Thüren. Die Blätter bieten ihre Mittelrippen als Wanderstäbe, die Adern ihrer Fieder zu Sandalen und Korbgeflechten, ihre breiten Ansätze als Brennholz, das Fasergewebe zur Verfertigung von Stricken dar. Das Herz der Krone liefert zur Zeit der Blüte süßen Most und starken Wein — doch das Köstlichste giebt die Palme in ihrer Frucht, die, frisch oder getrocknet oder gepreßt und in weichem Zustande in Ziegenfellen eingenäht und aufbewahrt, eine ebenso nahrhafte als wohlschmeckende Speise bietet. Und dieser Nutzen wird noch dadurch erheblich vermehrt, daß die Dattel auch dem unentbehrlichsten Tiere Ägyptens, dem Kamel, zur Nahrung dient. Solch ein einziges, wunderbares Ding ist die Palme, die „gekrönte Fürstin der Bäume". Was Wunder, wenn sie ein charakteristisches Merkmal der ägyptischen Landschaft geworden, und wenn der Ägypter in der Fremde Heimweh nach ihr empfindet, wie der Schweizer nach den Bergen; ähnlich jenem ersten spanischen Ommaijadenherrscher, der eine Palme aus seiner Heimat kommen und in seinen Garten zu Cordova pflanzen ließ und dann seiner Sehnsucht nach den heimatlichen Bäumen in den schönen, vom Grafen v. Schack meisterhaft übersetzten Versen Ausdruck verlieh:

Du, o Palme, bist ein Fremdling,
So, wie ich, in diesem Lande;
Bist ein Fremdling hier im Westen,
Fern von deinem Heimatstrande.
Weine drum! Allein die stumme —
Wie vermöchte sie zu weinen?
Nein! sie weiß von keinem Gram,
Keinem Kummer, gleich dem meinen.
Aber — könnte sie empfinden,
O, sie würde sich mit Thränen
Nach des Ostens Palmenhainen
Und des Euphrat Wellen sehnen.

Von der Flora wenden wir uns der Fauna Ägyptens zu. Schon die alten Ägypter hatten Rinder, Ziegen, Hunde, Katzen und besonders Esel. Der Esel ist im Nillande, was bei uns das Reitpferd und der Wagen, denn diese giebt's nur in Alexandrien und Kairo, sonst aber nirgends; oft auch ersetzt er den Lastkarren. Bekannt ist, daß er am Nile, in der Nähe seiner Heimat ein ganz anderes Naturell zeigt, als bei uns: es wird schwer, in ihm den Bruder unseres störrigen und trägen Grautieres zu erkennen; der ägyptische Hausesel ist wie die in Habesch wild vorkommende Stammart von aller Eselei völlig frei, er ist lebhaft, schnellfüßig, lenksam und klug.

Man hat es merkwürdig gefunden, daß auf den alten Denkmälern weder Kamele noch Schafe vorkommen, die doch nun seit Jahrhunderten den Nilanwohnern so unentbehrlich sind. Man hat daraus den Schluß ziehen wollen, daß die Ägypter zur Pharaonenzeit diese Tiere noch nicht kannten. Da aber nachweislich Völker, die mit ihnen in Handelsverbindung traten, sich derselben bedienten[15], so ist höchstens der Schluß berechtigt, daß man in jenen Zeiten sie sich noch nicht nutzbar gemacht hatte. Übri=

Fig. 5. Nilkrokodile und Krokodilwächter.

gens wies neuerdings Dümichen nach, daß wenigstens seit dem 14. Jahr=hundert v. Chr. das Kamel am Nil zum Lasttragen gebraucht wurde.

Von zwei Tieren, die einst am Nil sehr zahlreich waren, ist jetzt das eine im eigentlichen Ägypten ganz verschwunden und das andere wird immer seltener: das Nilpferd hat sich bis jenseits des 18.° n. Br. zurück=

gezogen und das Krokodil (Fig. 5) wird seit Einführung der Dampfschiffahrt auf dem Nil nur sehr selten unterhalb des ersten Kataraktes gesehen. Das Schwein war schon den alten Ägyptern verhaßt und ist es heute noch den islamitischen. Das Pferd kam an den Nil aus Asien; wir finden es schon zur thebanischen Zeit, etwa 17 Jahrhunderte v. Chr. Sehr dienlich ist dem Ägypter der erst spät aus Indien eingeführte Büffel, den man sehr oft bis über den Kopf oder doch bis ans Maul im Nile stehen sieht. Zur Feldarbeit und zum Drehen der Wasserräder ist er vorzüglich geeignet, sein Fleisch aber ist hart und unschmackhaft.

Von Haustieren sind noch Katze und Hund zu erwähnen; jene wird ebenso geliebt und gepflegt, wie dieser vernachlässigt wird. Die Vorliebe für die Katze stammt wohl aus der Zeit der alten Ägypter, denen die jetzt noch in Nubien wild lebende Falbkatze (Felis maniculata), die Stammart unserer Hauskatze, ein heiliges Tier war. Die Hunde laufen zu Tausenden herrenlos in den Straßen umher und sind mit den Geiern die unentbehrlichen und einzigen Reiniger der Straßen. Sie sollen sehr eifer-

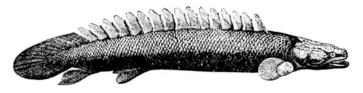

Fig. 6. Flösselhecht. (Nach Ebers, Ägypten.)

süchtig auf ihre Zusammengehörigkeit zu ihrem Quartier sein und keinen Eindringling in demselben dulden. Übrigens schleicht der Hund, in den Städten wenigstens, oft äußerlich krank, stets misantropisch umher, während der Dorfhund schon mehr als Haustier behandelt wird.

Schon die alten Ägypter waren tüchtige Fischer und Fischkenner, wie die Grabgemälde in Sakkarah beweisen, und jetzt kennt man am Nil etwa 80 Arten von Fischen, unter denen die Welse besonders zahlreich sind. Von letzteren ist besonders eine Art für Ägypten charakteristisch, nämlich der Aalwels oder Charmut (Clarias anguillaris), der dort in jedem Süßwasser, sei es Fluß oder Kanal oder Sumpf, in Menge vorkommt. Auch der elektrische Zitterwels findet sich. Die meisten anderen Fische kommen auch in südeuropäischen Gewässern vor. Ein ganz einziges Interesse aber beansprucht der Bischir (Polypterus bischir), ein Flösselhecht (Fig. 6), der zu den wenigen Überbleibseln der in früheren Erdperioden artenreichen Ordnung der Schmelzschupper oder Ganoiden gehört. Er hat seine eigentliche Heimat im Stromgebiet des Weißen Nil und kommt von dort zur Zeit der Überschwemmung bis nach Unterägypten, wo er wegen seines sehr schmackhaften Fleisches nach der Flut in den schlammigen Nilkanälen viel ge= fangen wird.

Von Reptilien hat Ägypten nur wenige charakteristische Formen. Aus der Ordnung der Schlangen giebt es deren gegen 20, darunter die in der Hieroglyphenschrift verwendete Hornviper (Cerastes), dann die ägyptische Brillenschlange (Naja-Haje) und die Echis — alle drei Arten sind giftig.

Von Schildkröten kommen vor: die Nilschildkröte (Trionyx aegyp- tiaca) und eine kleine Landschildkröte (Testudo marginata).

Von Vögeln kannte man zur Zeit der Pharaonen den „heiligen" Ibis, die Pelikane, Marabu und Flamingo [16].

Der Flamingo (Phoenicopterus antiquus) findet sich sehr häufig in ungeheuren Flügen im Delta. Der heilige Ibis war wohl ein halb= zahmer Vogel (von der Art Ibis aethiopica), der in den Tempeln ge= fangen gehalten wurde. Der Pelikan (Pelecanus onocrotalus und crispus; Fig. 7) findet sich in Menge am Nil. Ferner sieht man oft den Schmutz= geier (Percnopterus aegyptiacus) und eine Art Ohreulen. Die beiden letzteren, sowie der gleich zu erwähnende Krokodilwächter kommen schon in Tempelinschriften vor. Auf Wandgemälden sieht man auch den Strauß (Struthio camelus) und einen mumifizierten Wanderfalken (Falco peregri- noides) abgebildet. Der Krokodilwächter (Hyas aegyptia; Fig. 5) ist ein Vogel von der Größe unserer Drossel und gehört zur Ordnung der Stelzvögel. Er gehört noch heute zu den charakteristischen Vögeln der Nillandschaft. Vom Panzer des Krokodils liest er die daran haftenden Egel und andere Wassertierchen ab. Auch schlüpft er in den Rachen des Ungeheuers, um die zwischen den Zähnen desselben steckengebliebenen Fleischstückchen wegzu= picken. Ebenfalls charakteristisch für Ägypten ist der Kuhreiher (Ardea Ibis), der die Nähe der Kühe liebt und sich wohl ihnen auf den Rücken setzt. Sonst sind noch erwähnenswert: das Wüstenhuhn (Pterocles exu- stus, in Oberägypten auch Pt. coronatus), ferner ein niedliches Steinhuhn (Ammo perdrix Heyi) in den Kataraktengebirgen von Assuan, dann auf den höheren Bergstöcken das Rothuhn, an der ägyptischen Nordküste die Zwergtrappe (Otis tetrax), im Westen die ebenso schöne als scheue Kragen- trappe (Otis hubara), die allgemein vorkommende Nilgans und der in den Niederungen der libyschen Wüste selten, im ägyptischen Suban aber häufig sich zeigende Strauß. Von Schwimmvögeln dürfen wir nicht über= gehen: das prachtvolle Sultanshuhn (Porphyrio smaragdonotus) und die reizende Goldschnepfe (Rhynchea capensis). Die Familie der Ziegen= melker ist in Ägypten durch eine besondere Art, Caprimulgus aegyptius, vertreten; die der Segler durch die im Gebiete der Dumpalme zahlreichen Zwergsegler (Cypselus parvus). Von den Bienenfressern ist Standvogel am Nil der Merops aegyptius. Endlich sei noch des im Delta sich findenden Kuckucks (Centropus aegyptius) Erwähnung gethan.

Als Haustiere hatte man in alter Zeit die Ente, die Gans und das Huhn, jetzt vorwiegend die Taube, eine Abart der ägyptischen Felsentaube (Columba livia var. glauconotus).

Fig. 7. Vögel vom „weißen" und „blauen" Nil: Pelikan, heiliger Ibis, Marabu.

Von Käfern war den alten Nilanwohnern der Pillenwälzer (Ateuchus sacer; Fig. 8) als Symbol der Unendlichkeit und Ewigkeit, der schöpferischen Kraft und des Lichts heilig. Besonders zahlreich zeigen sich nach den Überschwemmungen die Wasserkäfer.

Die Bienenzucht, einst am Nil berühmt, ist jetzt ganz unbedeutend. Indem wir noch erwähnen, daß es am Nil noch heute, wie zur Pharaonenzeit, manche Landplagen giebt, besonders die gemeinen Fliegen, von deren Anzahl und Lästigkeit in Ägypten man sich anderswo gar keinen Begriff macht, die Stechmücken, die rastlosen Störer der Nachtruhe des Menschen, ferner die Heuschrecken, Skorpione u. a. — übergehen wir die in Ägypten nicht besonders bemerkenswerten Schmetterlinge.

Fig. 8. „Heiliger" Käfer
(Atenchus sacer).

Von jagdbaren und Wüstentieren verdienen Erwähnung: der auf den Gebirgen zwischen Nil und Rotem Meere sich ziemlich oft in Rudeln zeigende arabische Steinbock (Ibex Beden), das vereinzelt auftretende Mähnenschaf (Ovis tragelaphus), die im Nilthal allgemein vorkommende Dorkasgazelle (Antilope Dorcas), die nur hie und da sich findende Genetkatze (Viverra Genetta). Im untern Nilthal treten als Raubtiere auf: die verschiedenen Fuchs- und Schakalformen und ebenso allgemein die gestreifte Hyäne (Hyaena striata), aber selten das Stachelschwein (Hystrix cristata). Schließlich nennen wir noch den ägyptischen Hasen (Lepus aegyptius).

Einem der genannten Tiere aber müssen wir noch einige Worte insbesondere widmen, nämlich dem unpoetischen und doch so vielbesungenen „Schiffe der Wüste", dem Kamel oder richtiger Dromedar. Es figuriert mit Recht im arabischen Sprichworte unter den drei nützlichsten und nötigsten Dingen, als welche das Wasser, die Dattel und das Kamel bezeichnet werden. Ist auch das Tier in seinen besten Jahren, falls es nicht zum Lasttragen gebraucht wird, nicht unschön zu nennen, so stellt sich doch das gewöhnliche Lastkamel als häßlich von Figur dar; versehen mit „ungeheurem Schafskopf" (Goltz), der mit Ramsnase, Hasenscharte, breiten, gelblichen Zähnen und langem Halse auf dem unschön geformten Leibe aufsitzt, gewährt es keinen angenehmen Anblick, und „Gott der Herr selbst hat sich," wie der Araber sagt, „nach der Schöpfung über dieses sein Geschöpf höchlichst verwundert". Aber es giebt kein Tier, das praktischer gebaut und besser geeigenschaftet wäre. Es scheint ganz und gar zum Marschieren, zum Lasttragen und Entbehren geschaffen. Die schwieligen Ballen unter den Füßen befähigen es, im Wüstensande zu marschieren. Es schreitet langsam, legt aber trotzdem verhältnismäßig rasch seine Route zurück, fällt sehr selten und hält mit seinem Instinkte stets die Richtung ein. Das Tier trägt Lasten bis zu 10 Centner Schwere, dient aber auch einer ganzen Familie als Reittier. Erstaunlich ist die Genügsamkeit des Kamels. Das Futter sucht es sich selber und ist mit allem zufrieden, auch mit dem, was andere Tiere verschmähen. Es genügt ihm Stroh, Wüstenkräuter und Disteln, die es mit der scharfen Zunge abweidet. Wasser kann es bekanntlich tagelang entbehren. So ist es kein Wunder, daß dies Bild von Ausdauer und Entbehrung dem Nil- wie dem Wüstenägypter teuer ist. Der Beduine schätzt seinen Reichtum nach Kamelen, nach Kamelreitern berechnet man die Macht eines Stammes. Kamele bilden die Mitgift der Braut. Auf des Kameles Rücken wird der Tote zur letzten Ruhe getragen. Dankbar nennt es der Beduine „fahl“, das „Recke“ und „Held“ bedeutet, und in der Fremde hat er Heimweh nach dem Kamele, wie nach der Wüste, gleich der Beduinin Meisun, Gemahlin des Kalifen Muawijeh, die dieser einst klagen hörte:

> Lieber trabe ein Kamel meiner Sänfte nach,
> Als daß das schönste Saumroß mich trag'! . . .
> Nach der heimischen Wüste sehnt sich mein Herz,
> Und kein Fürstenpalast lindert je meinen Schmerz.

Zum Schlusse unserer Schilderung des Nillandes werfen wir noch einen kurzen Blick auf die ägyptischen Oasen, deren es eine ganze Reihe giebt, von denen aber nur fünf bedeutender sind. Mit Uahe (arab. Wah), aus dem die Griechen Ὄασις (eigentlich Ὄασης) machten, bezeichneten die alten Ägypter eine bewohnte Station; jetzt nennt man so kulturfähige Stellen in der Wüste. Wie es kommt, daß mitten in der unfruchtbaren Wüste solche kulturfähige Stellen sich finden, das erklärte man sich in der Pharaonenzeit daraus, daß einst ein Arm des Nils dort geflossen sei. Heute wissen wir, daß diese Oasen wegen ihrer tiefen Lage perennierende Quellen haben. In altägyptischer Zeit nun war man sehr geschickt im Anlegen von Brunnen [17], konnte also diese „Oasen“ leicht bebauen. Diese Kunst war seit der arabischen Eroberung bis in die Neuzeit ganz verloren gegangen. Die berühmteste der Oasen ist Siwa, die Oase des Jupiter Ammon; die größte ist Chargeh; das sogenannte Fayûm, das Land der Rosen, ein Querthal des libyschen Gebirges, wurde von den alten Ägyptern und wird heute noch künstlich bewässert; die anderen Oasen gelten als ungesund und wurden zur Zeit der römischen Kaiser als Verbannungsorte benutzt. Die Bodenkultur ist wesentlich dieselbe, wie im Nilthale, nur daß im Fayûm die Rosen und in Siwa der Ölbaum besonders gedeihen, während man diese Kulturen am Nile selten sieht.

c. Der Nil und die älteste Kultur.

Wir haben bisher den Nil, das Nilland und dessen Bodenkultur besprochen, aber noch gar nicht der alten Nilanwohner gedacht. Diese, ihre Herkunft und Religion, ihr Staatsleben und ihre Sitten werden Gegenstand der nun folgenden Erörterungen sein. — Soviel aber sei schon hier bemerkt, daß die alten Ägypter das älteste historisch nachweisbare Kulturvolk waren, d. h. auf einer gewissen und, wie wir sehen werden, sehr bedeutenden Höhe der Geistesbildung und Gesittung standen.

Ehe wir noch von Assyrern und Babyloniern hören, ehe noch die Israeliten in der Geschichte auftreten, blühte bereits an den Ufern des Nil ein
Staat ersten Ranges. Daß diese ägyptische Kultur so früh eintrat und
gerade so sich gestaltete, wie sie uns die Geschichte zeigt, darauf ist ohne
Zweifel — so merkwürdig das auch lauten mag — gerade der Nil von
entscheidendem Einflusse gewesen. — Voraussetzung aller Volksgesittung ist
die Seßhaftigkeit. Daß aber diese Seßhaftigkeit uns zuerst am Nil begegnet, das muß dem als selbstverständlich erscheinen, der weiß, welche
Vorteile dieser Strom vor allen anderen Flüssen des Erdballs denen bot,
die sich dauernd an seinen Ufern niederließen. Er bot ihnen — das
zeigten unsere bisherigen Ausführungen zur Genüge — einen wunderbar
ergiebigen und nicht schwer zu bebauenden Boden. Und gerade die Beschaffenheit des Stromes und seines Verhältnisses zu dem Boden verlangte
fortwährende Beobachtung und Sorge — daher sofortige Ansiedelung. So
kam es, daß, während sonst die Völker jahrhundertelang ein unstätes No-
madenleben führten, bis sie seßhaft wurden, während die Griechen noch
Wilde waren, die von Jagd, Fischfang und Raub lebten, die Ägypter
bereits ein geordnetes Gemeinwesen am Nil hatten. Wann dieses Seß-
haftwerden begann, das wissen wir nicht und werden es nie wissen. Aber
überaus alt muß jene erste Kultur, die die Geschichte kennt, sein. Denn
zur Zeit des ältesten der bekannten Pharaonen, des Menes (also nach
Lepsius um 3892 vor unserer Zeitrechnung), war das Gemeinwesen am
Nil schon fertig; jeder ist an seiner Stelle, jeder spielt seine Rolle mit
einer Vollendung, die uns späte Zuschauer mit höchster Bewunderung erfüllt.

Der Nil bot aber seinen Anwohnern auch außer seinem Boden noch
vieles. Aus dem Schlamme seiner Wasser bauten einst und bauen noch
jetzt die Ägypter ihre Behausungen, die einst, wie heute, durchgängig einfache Lehmhütten waren. Aus Nilschlamm lassen sich Herd und Haus-
geräte verfertigen; aus Nilschlamm bestehen jene trefflichen Krüge zur
Konservierung, Filtrierung und Kühlung des Nilwassers (arab. „Kullen"
genannt), nötig und nützlich in des Pharao wie des Chediven Palaste,
in des Altägypters wie des Fellachen Hütte. Das Nilwasser aber ist das
beste Trinkwasser, das mit vollem Rechte — ich kann es aus Erfahrung
bezeugen — von Champollion „der Champagner unter den Wassern"
genannt wurde, eine unschätzbare Wohlthat in einem Lande, das kaum
Regen und gar keine Quellen hat und der glühenden, dörrenden Sonne
unaufhörlich ausgesetzt ist. Einen Trunk aus dem Nil nennt daher der
Beduine „eine der herrlichsten Glücksgaben unter der Sonne". Und nun
führte der Nil in seinen Fluten auch noch die schmackhaftesten Fische —
eine köstliche Speise für seine Anwohner. So begreifen wir, daß die alten
Ägypter, dankbar für solche Wohlthaten, die Erinnerung an den segenspendenden Fluß in ihren Namen verwoben und sich „Leute der schwarzen, d. i.

Nilerde", nannten [15]. Aber — wir müssen noch einen bedeutenden Schritt weitergehen: nicht nur, daß jene alten Nilanwohner dem Nil es verdankten, daß sie ein Kulturvolk wurden, nein! sogar auf ihre charakteristischen Eigenschaften hat der Fluß unleugbaren Einfluß gehabt. Es ist ja eine bekannte Erscheinung, daß die Natur eines Landes auch auf die geistige Beschaffenheit seiner Bewohner mehr oder minder einwirkt. „Nun ist aber kein Land der Welt in so hohem Grade abhängig von einem Flusse, der es gemodelt, wie Ägypten, kein Fluß so exceptionell in seiner physischen Beschaffenheit, wie der Nil, daher auch keine Rasse von so ausgeprägter Eigenart, wie das Volk der Ägypter."

Zunächst ist es eine ebenso falsche als verbreitete Ansicht, als seien die letzteren auf jener fruchtbaren Erde, an jenem herrlichen Strome, unter jenem reinen, lachenden Himmel ein Volk trauriger Weltweisen, lebendiger Mumien gewesen. Zu dieser Meinung wurde man zweifelsohne durch die zahlreichen und großartigen Gräberbauten in düsteren Felsen, in der öden, todesstarren Wüste veranlaßt. — Keineswegs aber entspricht diese Ansicht der Wirklichkeit, die uns in den Denkmälern am Nil in Bild und Schrift entgegentritt. Im Gegenteil — jenes Volk war heiter und lebenslustig, ganz entsprechend der leben- und segenspendenden Art des Flusses, den lachenden Gefilden, die er schuf, und dem heitern Himmel, der sich über diesen wölbte. Wenn indes Brugsch [19] nur diese heitere Seite des ägyptischen Volkscharakters hervorhebt, so müssen wir doch auch betonen, daß, wie beim einzelnen Menschen sich mit einem heitern Temperamente ein tiefer Ernst der Gesinnung paaren kann, so auch bei dem heitern Ägyptervolke im Hintergrunde tiefernste Gedanken und Ideen ruhten, wie das die Denkmäler — Pyramiden und Gräber — beweisen; lag ja auch im Hintergrunde der heiteren Nilfluren die ernste Wüste.

Sollte es ferner Zufall sein, daß wir bei den alten Nilanwohnern, die jährlich in des Stromes Steigen und Fallen ein Bild der Regelmäßigkeit und Ordnung einziger Art sahen, einen wunderbar ausgeprägten Sinn für Regelmäßigkeit und hergebrachte Ordnung finden? [20]

Und früh gewöhnten sich jene, die täglich das ihnen geheimnisvolle, wunderbare Wirken des Stromes beobachteten, an ein Walten höherer Macht zu glauben, und das veranlaßte und beförderte die Religiosität, die der alten Ägypter Leben und Wirken in allen seinen Einzelheiten durchdrang.

Und nun machen wir auch noch den letzten Schritt in unseren Folgerungen: es waren selbst Staatswesen und Geistesleben, Kunst und Wissenschaft durch den Nilstrom bedingt.

Die alljährlich einbrechenden Fluten verwischten die Ackergrenzen — daher bildete sich ein Bewußtsein von der Heiligkeit des Besitzes und das Bedürfnis nach Gesetzen und Obrigkeit aus; es entstanden die ersten Gesetze, die erste Verwaltung, das erste Staatswesen am Nil. Weiterhin mußten der Stromesschwelle Eintritt, höchster Stand und Verlauf im Interesse der Ackerwirtschaft bestimmt werden; als Beobachtungsmittel dienten die Sterne in ihrer Stetigkeit und Regelmäßigkeit — es entstand die Astronomie. Die Grenzen der Äcker mußten vermessen werden — man erfand die Geometrie. Zum Kauf und Verkauf des Getreides bedurfte man Maß und Gewicht — das veranlaßte die Mathematik. Der Strom war das geeignetste Mittel zur Versendung der Frucht — so begünstigte er Handel und Gewerbe. Für die Bewässerung der Äcker konnte der Nil nur nutzbar gemacht werden durch Kanalisierung, und durch Dämme allein konnten Häuser und Orte gegen seine Überschwemmung geschützt werden — so trieb man Wasser= und Landbaukunst. Diese beginnende Architektur aber stellte sich bald in den Dienst der Religion, und so entstanden jene Riesen= und Prachtwerke, die wir in ihren Resten noch heute am Nile bewundern. Und zu diesen Bauten bot der Nil selbst das beste und schönste Material in seinem Granit, den man auf Palmstämmen den Strom herabführte — so wurden Schiffahrt und Schiffsbaukunst angeregt.

Endlich aber — durch alles dies wurde das geistige Leben des Nil= volkes mächtig geweckt und gefördert; kein Wunder also, daß seine Wissen= schaft im Altertume allgemein verbreiteten Ruhm errang, und daß selbst das hochgebildete Volk der Griechen noch in später Zeit in den Schulen ägyptischer Weisheit seine Kenntnisse sich holte [21].

Freilich — dafür hatte der Himmel gesorgt, daß die Vergünstigung der Natur in würdige Hände fallen sollte. Nur so konnten sich an die Wunder des Stromes ebenso hohe Wunder der Kultur anreihen; ein reich begabtes Volk nahm am Nile seinen Wohnsitz.

II.

Das Nilvolk im Altertum.

1. Sein Ursprung und Charakter.

Das Volk, das so providentiell am „nilotischen Bewässerungs- und
Befruchtungsapparate" sich niederließ, nannte sich selbst die Retu. Daß
sie aus Asien, der Wiege des Menschengeschlechtes, stammen, darüber ist
heute auch die Wissenschaft nicht mehr im Zweifel [22]. Darauf weisen ebenso
sicher naturwissenschaftliche Beobachtungen an den alten Mumien, wie die
Resultate sprachvergleichender Studien hin. Nach diesen wie nach jenen
müssen die Ägypter der aus Asien stammenden kaukasischen Rasse und der
indogermanischen Völkerfamilie zugezählt werden. Das gleiche Resultat
ergiebt die Vergleichung der in Ägypten erhaltenen Monumente, der Statuen und Reliefs mit dem europäischen und westasiatischen Volkstypus [23].
Der Zweig dieser Völkerfamilie, der an den Nil zog, die Retu, gehört zu
den Hamiten, die in drei Gruppen, als Altägypter, Berber und Ostafri-
kaner, die Gegenden Nordafrikas bis zum Sudan, und Ostafrikas bis zum
Äquator einnahmen. Von ihnen wohnten die Altägypter oder Retu vom
Mittelmeere bis etwa zum Katarakt von Assuan, und hier, im alten Pharaonenreiche im engern Sinne, dem heutigen „eigentlichen" Ägypten, haben
jene sich bis auf den heutigen Tag trotz vieler Einwanderungen und Ver-
mischungen in den Fellachen und Kopten, im wesentlichen wenig verändert, erhalten. Die Einwohnerzahl Ägyptens war in der Pharaonenzeit
jedenfalls größer als heute. Diodor spricht von 6—7 Millionen Einwohnern, Josephus sogar von 7½ Millionen (ohne Alexandrien) [24], während nach der neuesten Zählung das eigentliche Ägypten etwa 5½ Millionen Einwohner zählt.

In der Gegend um den Katarakt, am nubischen Nile und von da
bis zum Roten Meere saßen damals und sitzen noch heute Berberstämme,
von den Altägyptern Temhu genannt, von den Römern aber als Blemmyer
bezeichnet, sonst auch barábra, von den Arabern bedscha und heute teilweise ebenfalls noch barábra und teilweise nach jenem arabischen Worte
bischarim genannt [25]. Diese barábra, Berber, sind den Altägyptern noch

heute so ähnlich, daß die Ähnlichkeit ihrer Gesichtszüge mit denen der alten Monumenten-Physiognomieen dem Reisenden sofort auffällt.

Höher den Nil hinauf wohnten damals, wie noch heute, Stämme reinsten Negerblutes [26]: damals wie heute das unglückliche Objekt der Eroberungsgelüste der Beherrscher des Nillandes.

Im Norden von allen diesen, im sogenannten Nildelta, hatten sich schon sehr frühe Phönizier, die Engländer des Altertums, angesiedelt, die später den stammverwandten semitischen Eroberern, die auf lange Zeit unter dem Namen „Hyksos" das Nilland beherrschten, einen willkommenen Rückhalt boten. Auch von diesen Stämmen haben sich Spuren im jetzigen Deltavolke erhalten [27].

Diese Bewohner des Nilthales wurden in alter Zeit, wie noch heute, zu beiden Seiten von einem Volke umschlossen, das mit ihnen in regem Verkehre stand: den sogenannten Beduinen oder Nomaden, den Arabern der Nilwüsten. Beduinen gab es schon zur Pharaonenzeit: der Tribus derselben, den die Ägypter am besten kannten und den sie oft von ihren Grenzen vertreiben mußten, waren die Sati oder Schasu. Von einem Flüchtlinge zur Zeit des Pharao Usurtasen I., also etwa 24 Jahrhunderte vor Christus, haben wir einen Bericht über seinen Aufenthalt bei diesem Volke, der Zug für Zug noch auf die heutigen Beduinen paßt. Sie sind asiatischen, speciell arabischen Ursprungs. Auch die Hyksos waren Schasu oder Beduinenvolk.

In den folgenden Erörterungen nun haben wir uns fast ausschließlich mit den Bewohnern des eigentlichen Ägypten, den alten Retu, zu beschäftigen. Sie erscheinen auf den Denkmälern äußerlich: hoch, mager und schlank gebaut, mit breiten Schultern, sehnigen Armen, hageren Beinen. Der Kopf zeigt einen sanftmütigen und etwas melancholischen Gesichtsausdruck. Etwas niedrige Stirn, kurze Nase, große Augen, volle Wangen, etwas breiter Mund sind Merkmale, denen wir durchgängig auf den Darstellungen begegnen; als Muster derselben mag die Statue in Bulaq, der sogenannte „schech el beled", gelten. Was die geistigen Eigenschaften betrifft, so wird uns auf den Denkmälern von vielen vorzüglichen Eigenschaften Kunde gegeben; aber auch einige tadelnswerte Züge und Schwächen treten hervor.

Daß die Altägypter ein lebensfrohes, heiteres Volk waren, erwähnten wir schon; auch daß neben dieser Heiterkeit ernste Gemütsseiten nicht fehlten. Fügen wir hier hinzu, daß dieses Volk ein sehr fleißiges, thätiges war. Nur ausdauernder Fleiß konnte damals, wie noch heute, den Kulturboden des Nil ausnutzen. Es ist eine grundlose, phantastische Ansicht, daß der Nilboden die Ernte ohne der Bewohner Zuthun liefere. Wer heute am Nil den unermüdlichen Fleiß der Fellachen bei Bewässerung und Umdämmung der Fluren beobachtet, wird einen Schluß auf den Fleiß der alten

Retu machen. Aber auch abgesehen davon, würde der einzige Umstand, daß, wie wir später sehen werden, die Ägypter die Vorstellung hatten, daß im Jenseits Pflügen, Säen, Ernten u. s. w. zu den Dingen gehörten, die ihre Seligkeit erhöhen würden, nachdrücklich genug für den Fleiß jenes ackerbautreibenden alten Nilvolkes Zeugnis ablegen. In anderer Richtung reden noch zu uns die kolossalen und bis ins kleinste Detail durchgearbeite= ten Denkmäler am Nil von der Retu emsigen Thätigkeit.

Daß dies Volk auch kriegslustig war, wie kein anderes, beweist jedes Blatt seiner Geschichte: mutig und entschlossen zeigen sich seine Reihen auf den Schlachtenbildern. Kein Wunder, daß die Retu ob ihrer geistigen und materiellen Errungenschaften und Eroberungen mit Stolz erfüllt er= scheinen! Ja, die Inschriften ihrer Tempel und Gräber reden allzuoft im Tone der Selbstüberhebung, und jeder Zug in den steinernen Köpfen der Pharaonenzeit verrät stolzes Selbstbewußtsein.

Eine der edelsten Eigenschaften aber, welche die Altägypter zierten, war ihr Wissenstrieb, der dies Volk nach Herodots Zeugnis zum „unter= richtetsten unter allen Völkern" und Menschen machte, und noch in später Zeit beherrschte das Bewußtsein der Bedeutung seines Volkes den Ägypter so, daß er auf den gebildeten Griechen stets geringschätzend herabsah als auf „ein Kind ohne Vergangenheit und Erfahrung". Und nun nennen wir — last not least — noch die, wie bereits erwähnt, am meisten im altägyptischen Volkscharakter hervortretende Eigenschaft: die tiefe Reli= giosität, die das ganze Leben und Schaffen dieses Volkes so recht eigentlich veredelte.

Solchen trefflichen Eigenschaften standen freilich auch manche schlimme entgegen, und als solche erscheinen uns leicht erregbarer Neid und Haß und eine von diesen Eigenschaften meist unzertrennbare Grausamkeit.

Erinnern wir nun endlich noch an einen Zug, den wir bereits er= wähnten, auf den wir aber im Laufe unserer Erörterungen immer wieder stoßen werden, und der so recht der Grundzug des altägyptischen Charak= ters ist: es ist die Liebe zum Alten, die Stetigkeit und Regelmäßigkeit, das Festhalten am Überlieferten — also der konservative Zug.

Ihm verdanken wir, daß die altägyptische Eigenart, wie wir bereits andeuteten, sich bis in unsere Tage erhielt; ihm verdanken wir die Sorge für monumentale Denkmäler, ihm den Umstand, daß das altägyptische Geistesleben sich selbständig entwickelte und nicht durch fremde Einflüsse zu Grunde ging oder von ihnen überwuchert wurde. Und neben diesem kon= servativen Zuge läuft eine demselben innig verwandte Eigentümlichkeit, ohne deren Vorhandensein wir wohl schwerlich in der Lage sein würden, die älteste Gesittung in der Geschichte kennen zu lernen: wir meinen den historischen Sinn, der die Ägypter antrieb, alles in Stein und Wort der Nachwelt zu überliefern, getreu ihrer öfter auf den Denkmälern wieder=

kehrenden Überzeugung, daß „das wahre Leben des Menschen die Erinne=
rung an ihn im Munde der Nachkommen ist in alle Ewigkeit".

2. Die ägyptische Religion.

a. Glaubenslehre.

Bedenkt man das hohe Alter der ägyptischen Geschichte, die so weit
zurückgehenden historischen Nachrichten [28] aus einer Zeit, in der selbst über
das israelitische Volk noch lange jede geschichtliche Quelle schweigt, so
springt in die Augen, daß es vom größten Interesse sein muß, über das
Höchste im Gebiete des Geisteslebens, über die Religion, bei jenem ältesten
Kulturvolke der Welt sich zu orientieren.

Aber gerade die Erforschung seiner religiösen, speciell theologischen
Lehren und Anschauungen bot stets und bietet noch heute ganz besondere
Schwierigkeiten. Bis in unsere Tage hinein, wo erst durch die Vermitt=
lung der noch ganz jungen Kunst der Hieroglyphenentzifferung uns die
älteren, einheimischen historischen Quellen immer mehr zugänglich geworden
sind, war man auf die betreffenden Darstellungen der griechischen und der
christlichen Schriftsteller angewiesen. Als aber diese schrieben, war die
ägyptische Religion längst entartet, und bei den griechischen Historikern war
noch der Umstand verhängnisvoll, daß sie, an ihre eigene, vielgestaltige,
polytheistische Mythologie gewöhnt, nach dem Muster derselben auch fremde
Religionslehren auffaßten und darstellten. So kam es, daß man sogar
einen Einfluß der Griechen auf die ägyptische Mythenbildung annahm [29].
In der That aber sind die wichtigsten Mythen, wie die Osirissage, etwa
2000 Jahre älter als der hellenische Einfluß [30]. Aber auch seitdem man
in den einheimischen historischen Quellen lesen kann, machte und macht man
sehr oft den Fehler, aus Dokumenten späterer Zeit ein Bild der alten
Religion zu entwerfen, ein Verfahren, gegen das schon Maspero entschieden
protestiert hat, der mit Recht bemerkt, daß man aus den Texten der ptole=
mäischen Zeit nur die Mythologie der ptolemäischen Periode, nicht aber
die der ältesten Zeiten rekonstruieren könne [31]. Und doch sagt noch Ebers,
„daß diese ptolemäischen Texte weit mehr zur Kenntnis der ägyptischen
Religion verhelfen, als die Inschriften aus alter Zeit" [32]. Indessen, selbst
wenn man den Untersuchungen ältere Dokumente zu Grunde legt, ist es
noch sehr schwer, zu einer klaren Erkenntnis der theologischen Vorstellungen
zu gelangen. Es ist nämlich unbestreitbar, daß bereits in den ältesten
Texten mehrere Gottheiten erwähnt und zu gleicher Zeit entschieden mono=
theistische Sätze und Lehren betont werden. Daher ist es auch kein Wun=
der, daß unter den Darstellungen der ägyptischen Religion die einen sie
als monotheistische, die anderen als eine polytheistische bezeichnen. Maspero

z. B. vertritt in seiner Histoire ancienne [33] die Ansicht, daß die Ägypter
Monotheisten waren, und daß die anscheinend polytheistischen Sätze, da
diese nur von den Manifestationen der Einen Gottheit zu verstehen seien,
jene monotheistische Anschauung nicht wesentlich alterierten. Ménard dagegen behauptet entschieden, daß jene Religion eine polytheistische gewesen [34].
Lenormant half sich durch Annahme einer sogenannten esoterisch-mono-
theistischen und einer exoterisch-polytheistischen Lehre der Priester [35], ohne
aber den Beweis für diese Annahme zu erbringen. Außer Maspero hat
sich unter den Franzosen der berühmte De Rougé eingehend mit diesem
Gegenstande befaßt. In seinen geistvollen Untersuchungen [36] kommt er zu
dem Schlusse, daß der Grundzug der ägyptischen Religion der Monotheismus sei; erst in späteren Zeitaltern hätte man sich dem grenzenlosesten
Polytheismus ergeben. Neben De Rougé ist der Franzose Pierret ein ener-
gischer Vertreter der Ansicht vom monotheistischen Grundcharakter der Religion in der Zeit der alten Pharaonen. Nach Le Page-Renoufs eingehend
entwickelter Ansicht [37] dagegen hätte man am Nil stets, aber eigentlich
ohnmächtig, neben einer von Anfang an herrschenden polytheistischen Auffassung an der Einheit Gottes festzuhalten sich Mühe gegeben, sei aber
im Grunde im Pantheismus befangen gewesen. Neuerdings haben auch
Maspero und nach ihm Lenormant die Verteidigung des monotheistischen
Charakters der ägyptischen Theologie aufgegeben und sind, worauf wir
später noch zurückkommen werden, zu der Anschauung gelangt, daß jene
sich auf polytheistischer Grundlage auf- und zum Monotheismus durch
Spekulation ausgebaut habe [38].

Jn den folgenden Erörterungen werden wir uns nun erlauben, unsere
Ansicht zu entwickeln und zu begründen, nicht, um dies Labyrinth von
Ansichten zu vergrößern, sondern um einen Ausweg daraus zu finden. —
Zunächst müssen wir hier die hie und da noch auftretende Ansicht zurück-
weisen, als ob die ägyptische Religion aus dem Tierkultus oder Fetischismus
hervorgegangen sei! [39] Diese Ansicht ist historisch unhaltbar. Denn die
nationale Tradition der Ägypter läßt den Tierkult erst in historischer Zeit
auftreten und giebt für dessen Entstehung bestimmte Daten an: er soll durch
den Pharao Kakéu der II. Dynastie eingeführt worden sein; zur Zeit der
I. Dynastie bestand er noch gar nicht.

Es ist sicher, daß die alten Ägypter an ein höchstes Wesen glaubten.
Dieses höchste Wesen bezeichneten sie mit dem Namen Nutar, das „Macht"
bedeutet [40]. Dies Wort entspricht genau dem hebräischen „El", unter welchem
Namen sich Gott dem Abraham, Jsaak und Jakob offenbarte [41]. So
nannte man das höchste Wesen nach der Eigenschaft, die uns Menschen
am meisten und am imponierendsten entgegentritt — nach seiner Allmacht.
Dieses höchste Wesen, Nutar, nun wird unzähligemale bezeichnet als „einziger Gott" [42]. In der Inschrift des Horemheb im Britischen Museum

heißt es z. B. von ihm, daß es „ein einziger Gott sei, der die Unterwelt regiert und Gesetze giebt". In einem Hymnus wird es „der einzige lebende Gott" genannt, „der alle Dinge schafft" [43].

Und diesem einzigen Gotte werden alle die Thätigkeiten und Eigenschaften zugeschrieben, die auch wir ihm zuschreiben. Er wird angeredet als „Schöpfer des Himmels und der Erde, der Götter und Menschen" [44]. Es heißt, daß er „aus sich selbst und ewig ist" [45], daß er „keine Gestalt hat" [46], daß er „das Gestern, Heute und Morgen ist" [47], daß er ein „verborgener Gott ist" [48], der alles erhält [49], dabei wohlthätig [50], erbarmungsreich [51] ist. „Er lohnt die Gehorsamen, straft die Ungehorsamen" [52], „giebt dem Menschen das tägliche Brot" [53], „erhört die Gebete der Menschen" [54]; „sein Name muß angebetet werden" [55]; „er vergiebt die Sünden" [56].

So rein und vollkommen erscheint in den Denkmälern und Dokumenten die monotheistische Lehre von dem höchsten Wesen. Wir sind aber geradezu erstaunt über die Richtigkeit und Tiefe der altägyptischen Anschauungen von Gott, wenn wir finden, daß sogar das Mysterium, daß Gott nicht geschaffen ist, sondern daß „er, der Schöpfer aller Dinge", selbst von Ewigkeit her „durch sich selbst besteht als Gott von Gott", jenem Volke bereits bekannt war [57], und mit Recht bemerkt De Rougé, daß sich in dieser Grundlehre ihrer Religion die große theologische Begabung der alten Ägypter zeige.

Wir können es uns nicht versagen, einige der schönen Stellen aus den citierten Dokumenten, die sich auf Gott beziehen, hier wiederzugeben: In einem Turiner Papyrus heißt es: „O Gott, Baumeister der Welt, Du hast keinen Vater, Du bist aus Dir selbst und Du hast keine Mutter ... Du erhältst die Dinge, die Du erschaffen, Du selbst aber bewegst Dich durch eigene Kraft ... Himmel und Erde gehorchen den Gesetzen, die Du ihnen gegeben hast ... O lasset uns den Gott loben, der das Firmament aufgerichtet hat ... der alle Länder und Gegenden und das große Meer erschaffen hat durch seinen Namen: ‚Lasse=die=Erde=sein!'" ... In einem Hymnus des Bulaqer Museums wird der höchste Gott angeredet als: „Herr der Weisheit, dessen Vorschriften weise sind ... Herr der Barmherzigkeit, dessen Liebe ohne Ende ist ... Herr des Lebens, der Gesundheit und der Kraft ... Du Einer, Einziger! ... der Nahrung giebt dem Vogel, der in den Lüften fliegt ... der alles erhält. Heil Dir ob aller dieser Wohlthaten ... allein wachend, wenn die Menschen schlafen, um das Beste Deiner Geschöpfe auszusuchen ... Anbetung Dir, weil Du uns erschaffen hast! Gruß Dir von jedem Lande ... Schöpfer der Dinge ... wir beten Deinen Geist an ... Du einzig Einer ohnegleichen — alleiniger König." In einem Papyrus des Britischen Museums findet sich folgende Anrufung der Gottheit: „Es ist keine Hilfe, wenn nicht bei Dir. Erhöre mein Flehen, gieb Freude meinem Herzen ... erhöre meine Gelübde, meine demütigen Bitten, die ich jeden Tag zu Dir emporsende . . . und wirf mir nicht vor meine vielen Sünden!"

Zu den Grundsätzen des Ptah-hotep (Zeit der V. Dynastie) gehören folgende: „Wenn jemand sich stolz erhebt, so wird Gott, der seine Stärke ausmacht, ihn demütigen." „Wenn du weise bist, so erziehe deinen Sohn so, daß er Gott liebe." „Der großmütige Mensch wird von Gott geachtet." „Gott," heißt es in einem Petersburger Papyrus, „Gott kennt den Bösen und züchtigt ihn bis aufs Blut." Endlich wird in den Grundsätzen des Ani eingeschärft: „Wenn du dein Opfer Gott darbringst, so hüte dich vor dem, was er verabscheut." „Sei bedacht, daß deine Mutter nie Ursache habe, über dich zu klagen, auf daß sie nicht ihre Hände zu Gott erhebe und er auf ihr Gebet achte!" [58]

Doch genug — wir fragen: wie kann man angesichts solcher Stellen nur zweifeln, daß die alten Ägypter an einen einzigen, persönlichen, ewigen Gott, Schöpfer und Erhalter der Welt, Regierer und gütigen Vater der Menschen geglaubt haben?! Es kann nur auf einer Nichtbeachtung dieser und zahlreicher ähnlicher Terte beruhen, wenn z. B. Ménard meint, man habe die Bedeutung gewisser Terte zu gunsten der monotheistischen Auffassung übertrieben (exagerée) [59].

Es würde sich nur noch fragen, ob nicht diese monotheistischen Lehren das Resultat späterer Jahrhunderte seien. Wiederholt ist diese Frage bejaht worden. Aber mit Unrecht. Die meisten der citierten Terte sind sehr alt. Der wie kein anderer kompetente De Rougé antwortet auf jene Frage: „Sicherlich nicht; denn sie bestanden zwei Jahrtausende vor der christlichen Ära; der Polytheismus dagegen entwickelte sich und schreitet weiter und weiter bis zur Zeit der Ptolemäer." Und selbst der in seinen Resultaten von De Rougé abweichende Le Page-Renouf, ebenfalls ein gründlicher Kenner der altägyptischen Dokumente, giebt doch zu [60], daß „es unantastbar wahr bleibe, daß gerade diese erhabeneren Teile der ägyptischen Religion keine verhältnismäßig späteren Resultate eines Entwicklungsprozesses und daß sie nicht aus gröberen Anschauungen hervorgegangen sind"; im Gegenteil sei es erwiesen, „daß diese edleren Teile gerade die ältesten sind".

Aber, wenn dem so ist, dann erhebt sich mit Recht die Frage: wie ist es denn möglich, daß in derselben Zeit und oft in denselben Terten, in denen diese monotheistische, reine Lehre vertreten wird, auch schon mehrere Götter genannt werden? Denn „in der ganzen ägyptischen Litteratur findet sich keine Thatsache, die fester stände als die, daß dieselben Menschen, die an der Lehre von Einem Gotte hängen, von einer Mehrzahl von Göttern reden, und die andere, daß es niemanden einfiel, darin einen Widerspruch zu finden".

Am einfachsten wäre diese Frage damit gelöst — und oft genug hat man sich so begnügt —, daß man einfach annimmt, der ursprüngliche Monotheismus sei allmählich verdunkelt worden und später in Polytheismus übergegangen. Aber diese Erklärung erscheint dem thatsächlichen Umstande gegenüber ungenügend, daß jene Mehrheit, ja Vielheit von Göttern sich schon in den ältesten Zeiten erwähnt findet. Wir kennen den Kultus des Gottes Ra in dem alten Annu oder An (dem On der Heiligen Schrift und dem Heliopolis der Griechen), und dies ist vielleicht die älteste Gottesverehrung in Ägypten. Wir wissen aber auch, daß in Memphis, der ältesten Residenzstadt der Pharaonen, der Kult des Gottes Ptah (Fig. 9) blühte. In Theben verehrte man den Ammon als höchsten Gott, in Abydos den Osiris. Die Osirislegende ist so alt, wie die ägyptische Civilisation. Andere ebenfalls in der ältesten Zeit bereits auftretende Götternamen sind die des Horus, des Set, des Thot, des Atmu (Tum ad Tmu), des Mentu, der Isis, der Nut und andere. Die Einsicht in nur einige der alten Inschriften und Papyrus genügt, um sich von dem Vorkommen dieser Götternamen und Kulte bereits in ältester Zeit zu überzeugen. Wie erklärt sich dieser Umstand, da die monotheistische Lehre der alten Ägypter doch nach dem oben Angeführten keinem Zweifel unterliegen kann?

Schon Lepsius machte darauf aufmerksam, daß die drei ägyptischen Götterordnungen, die Herodot anführt, sehr bedeutend vereinfacht erscheinen, wenn man die ägyptischen Urkunden selbst durchforscht. In der That sind der Ra von On, der Ptah von Memphis und der

Fig. 9. Gott Ptah.
(Bronze des Louvre. Wirkliche Größe.)

Ammon von Theben nicht verschiedene Götter, sondern nur verschiedene Bezeichnungen desselben höchsten göttlichen Wesens. Einen unwiderleglichen Beweis dafür liefert der Papyrus Anastasi, in dem es heißt: „Drei waren im Anfange aller Götter: Ammon, Ra und Ptah ... als Verborgener ist Gott Ammon, als Ewigkeit und Unendlichkeit Ptah und als Städte-Errichter ist er Ra." [61] Allen dreien werden daher auch die gleichen, nur dem höchsten göttlichen Wesen eignenden Thätigkeiten und Eigenschaften beigelegt. So heißt es vom Ptah, daß er sei „das Urwesen, die unerzeugte, ewig zeugende Kraft", und sein Name selbst bedeutet „Bildner, Former" [62]; aber auch vom Ra heißt es, daß er „Schöpfer der Menschen und Tiere ist" [63]. Und auch von Ammon (Fig. 10) wird gelehrt, daß er „ein einziger Gott" ist [64], und sein Name selbst bezeichnet ihn als das „verborgene Wesen" [65]; er wird geradezu mit Ra identifiziert als Ammon-Ra und als solcher „Schöpfer dessen, was ist", genannt [66]. So muß man also von diesen Ptah und Ammon als besondere Götter fallen lassen; es bleibt nur Ra. — Es giebt aber noch einen andern sehr wichtigen und sehr alten Kultus in Ägypten, nämlich den des Osiris, der in This und Abydos blühte; ja, dieser Kult des Osiris ist wohl älter als die übrigen Lokalkulte [67]. Aber auch dieser Osiris ist nicht eine von Ra getrennte Gottheit. Sein hieroglyphischer Name Uonno-fre-ma-χen bedeutet ebenfalls „geheimnisvoller Gott" [68]. Die Denkmäler bestätigen, daß Osiris noch bis in die späte Zeit als Ra aufgefaßt und mit ihm identifiziert wird [69]. So sagt noch

Fig. 10. Gott Ammon. (Bronze des Louvre. 56 cm hoch.)

Jamblich, daß der „weltbildende Geist" auch den Namen Osiris führe [70], und unzähligemale wird in den älteren Inschriften und Papyrus der Gott Osiris Ra genannt und mit denselben Prädikaten wie Ra belegt, als: „Herr der Ewigkeit," „König der Götter," Schöpfer der Welt" [71].

Dabei ist wohl zu bemerken, daß an diesen Osiris-Kultus von This und Abydos jeder innere Fortschritt der religiösen Erkenntnis der Ägypter anknüpfte [72]; ja, der von den Ptolemäern eingeführte neue alexandrinische Gott, der Sarapis, d. i. Osiris-Apis, hieß, ist völlig gleich mit dem alten memphitischen Gott, der unter dem Bilde des Stieres verehrt wurde; und der ist Ptah, daher wurde auch der große Ptah-Tempel von Memphis Sarapeion genannt. Daß aber dieser Sarapis auch mit Ra eins war, wissen wir ebenfalls [73]. Im Grunde handelt es sich also nur um die Verehrung des Ra.

Wir müssen hier einen Augenblick innehalten, um die schon erwähnte, neuestens von bedeutenden Gelehrten, wie Maspero und Lenormant, vertretene Auffassung der ägyptischen Theologie zu erörtern. Maspero hebt hervor, daß man eigentlich nicht von einer ägyptischen Theologie schlechtweg reden dürfe, denn dieselbe habe zu verschiedenen Zeiten eine verschiedene Gestalt gehabt. Das ist ganz richtig — und darum führten auch wir nur Zeugnisse der ältesten Zeiten an, um gerade die älteste ägyptische Theologie kennen zu lernen. Aber auch in dieser ältesten Zeit, meint Maspero weiter, könne man nicht kurzweg von einer ägyptischen theologischen Lehre reden, denn es habe verschiedene theologische Schulen gegeben: eine zu On-Heliopolis, eine zu Memphis und die letzte zu Theben. Über den Ammon von Theben seien wir durch Dokumente thebanischer Priester u. s. w. unterrichtet, die Dokumente von Memphis aber und On seien zu Grunde gegangen, und über den Ra von On und den Ptah von Memphis erführen wir nur durch thebanische Priester. Die scheinbar polytheistische, in Wahrheit aber monotheistische Lehre sei eben doch die in der alten Zeit Ägyptens späteste, die von Theben. Ob diese Lehre auch die von On und Memphis gewesen, sei fraglich. Maspero wie Lenormant entscheiden sich dann für die Ansicht, daß ursprünglich der Polytheismus am Nile geherrscht habe und derselbe erst zur thebanischen Zeit zum Monotheismus spekulativ gestaltet worden sei.

Wir haben hierauf zu erwidern, daß, wenn auch die meisten, so doch nicht alle urkundlichen Texte thebanischen Ursprungs sind. So stammen z. B. die oben erwähnten Lehren des Ptah-hotep aus der frühen Zeit der V. Dynastie, auch das Totenbuch gehört in seinen ersten Partieen der ältesten Zeit an. Der oben wiederholt angezogene Papyrus Anastasi ferner ist z. B. aus den Händen eines Priesters von On hervorgegangen [74].

Maspero selbst muß zugeben, daß auch schon in Dokumenten der II. und IV. Dynastie des „einen und einzigen Gottes" Erwähnung geschieht [75]. Er erklärt sich diesen Umstand aus dem „dem ägyptischen Geiste gleichsam eingeborenen monotheistischen Zuge".

Aber wozu diese geschrobene Erklärung? Uns scheint, die angeführten Stellen sprechen zu deutlich für die ursprünglich monotheistische Lehre der Ägypter: den einen, einzigen Gott bezeichnete man eben in On als Ra, in Memphis als Ptah und in Theben als Ammon. Deshalb heißt auch schon in alten Texten der höchste Gott „Namenreicher" [76], und daher vollzog sich auch so naturgemäß als leicht die Identifizierung der verschiedenen Namen. Wir wiederholen: im Grunde war also nur Ein Gott, und der hieß im ältesten Kultus Ra. Ra ist die höchste Potenz, das höchste Wesen. Er ist der einzige in der Reihe der Götter, der in der Mythologie kein weibliches Wesen neben sich hat. Ra — und nur er — erscheint als das beständige Urbild der Könige, die ihre höchste Gewalt auf Erden von jeher nur von der höchsten Gottheit herleiteten [77]. Alle die anderen Götter treten nur dadurch in ausschließlichen Kult, daß sie mit Ra identifiziert werden: so entstehen, wie wir bereits zeigten, Osiris-Ra und Ammon-Ra, so treten in der Mythologie ein Num-Ra, Horus-Ra, Chonsu-Ra, ein Mentu- und Atmu-Ra u. a. auf.

Was aber Ra bedeutet, ist zweifellos: der Name bezeichnet die Sonne. Dieser Sonnenkult nun ist der früheste Kern und das allgemeine Princip des ägyptischen Götterglaubens, welches, wie Lepsius bemerkt [78], vor allen anderen ägyptischen Gottheiten vorhanden war und nie bis in die spätesten Zeiten aufhörte, als die äußerliche Spitze des gesamten Religionssystems angesehen zu werden.

Es ist hier aber notwendig, ausdrücklich darauf hinzuweisen, daß nicht die Sonne selbst als Gottheit galt, sondern nur Symbol des höchsten Gottes war. In Karnak wird von der Gottheit gesagt, daß sie „ähnlich sei der Sonne" [79]. In Philä sagt eine Inschrift, daß der Gott Ptah „das Ei der Sonne geschaffen habe" [80]. Heißt es doch auch ausdrücklich vom höchsten Gotte, daß er ein „verborgenes Wesen sei, von dem man kein Abbild kenne" [81]. Ganz dieselben Vollkommenheiten, Eigenschaften und Thätigkeiten, die dem Ra beigelegt werden, erwähnen die älteren Texte auch sehr häufig von der höchsten Gottheit, ohne sie mit jenem Namen zu belegen [82].

Also — das scheint uns als urkundlich bewiesen und sicher, daß die alten Ägypter an einen einzigen, uranfänglichen Gott, der „gestalt-" und „namenlos" ist, glaubten und sich als Symbol desselben schon in ältester Zeit die Sonne wählten, ein Sinnbild, das um so passender und sinnvoller war, als das Nilland, wie kein anderes Land der Welt, in seinem Glücke und Unglücke, seinem Wohl und Wehe von dem großen Tagesgestirne abhängig ist.

Ist dem aber so, dann fragen wir weiter, wie kam man denn zu der Aufstellung mehrerer, ja zahlreicher Götter und Kulte? Darauf giebt die Geschichte die Antwort, daß der ägyptische Gottesdienst lokalen Charakter hatte: jeder Ort verehrte, wie wir bereits an mehreren Beispielen sahen, den höchsten Gott unter einem andern Namen; das sind die Lokalgottheiten. Der Ptah von Memphis, der Osiris von Abydos, der Ra von On, der Ammon von Theben u. s. w. sind verschiedene Namen des Einen Gottes, der aber je nach den Orten einen besondern, eigenartigen Kultus erhielt. In diesem Umstande aber lag die Gefahr nahe, daß der ursprünglich monotheistische Glaube in Polytheismus überging, und dieser Gefahr sind,

wie die Geschichte lehrt, die Ägypter auch thatsächlich unterlegen. Infolgedessen erscheinen denn verschiedene Gottesnamen als Bezeichnungen verschiedener, selbständiger Götter, die dann teilweise wieder durch Mythen oder Sagen zu einander in Relation treten. Eine der ältesten dieser Mythen ist die Osirissage. Wir kennen dieselbe freilich nur aus dem Berichte des Plutarch [83], aber ohne Zweifel enthält sie mehrere alte, echt ägyptische Legenden. Gewisse ursprünglich reine und richtige Vorstellungen wurden später verändert, gefälscht. Das Streben, die verschiedenen Götter als voneinander abhängig in ihrem Entstehen darzustellen, hat

Fig. 11. Die Triade: Osiris — Horus — Isis.

dazu geführt, einzelnen Hauptgottheiten eine weibliche Gottheit an die Seite zu geben, und indem man dann solchem Götterpaare einen Gott als Sohn zufügte, entstand eine Triade, wie die des Osiris — der Isis — und des Horus (Fig. 11) in der Osirissage. Ein interessantes Beispiel, wie sich im Laufe der Zeit auch durch äußere Einflüsse eine Verdunkelung und Verderbnis ursprünglich reiner und richtiger theologischer Begriffe und Vorstellungen bilden konnte, bietet uns der Typhon in der Osirislegende. Dieser Typhon ist identisch mit dem semitischen Gotte Set und mit Nubti und erscheint in jener Legende als Repräsentant des bösen Princips. Set-Nubti aber ist in der ältern Zeit nichts weniger als Bezeichnung des bösen Princips, sondern Name für den höchsten Gott selbst, „den Bildner und Herrn des Alls" [84]. Woher kam diese Wandlung? Darauf giebt uns Lepsius die Antwort, daß Set, der Lokalgott von Ombos, als Gott des Auslandes angesehen wurde; so gab es einen gelben Set für die nordischen Ausländer und einen schwarzen Set für die Neger. Da aber diese Fremden allmählich den Ägyptern feindlich wurden, so erscheint Set immer deutlicher als böser Gott; in einem Leydener Papyrus wird er bezeichnet als Gott, der im Leeren ist, „schrecklich und unsichtbar, der allmächtige Zerstörer und Veröder, der alles erschüttert" [85].

Wann diese Umwandlung der ursprünglich monotheistischen Religion in die polytheistische vor sich gegangen, ist schwer zu sagen. De Rougé spricht von einer spätern Zeit. Renouf läßt, hauptsächlich auf sprachwissenschaftliche Studien gestützt, die Religion der Ägypter gleich der der indogermanischen Völker vom Beginne der historischen Zeit an pantheistischen Charakter tragen. „Ägyptens Götter," sagt er, „waren gleich denen Indiens, Griechenlands und Deutschlands Kräfte der Natur." [86] Wir müssen aber wiederholt betonen, daß, wenn das s p ä t e r auch der Fall gewesen sein mag, in früherer Zeit es sich nicht so verhielt, wie uns oben die Quellen lehrten. Denn zu einem pantheistischen Gotte, zu den Kräften der Natur, mit Einem Worte: zu der Natur als Gott kann man nicht „beten", von ihr kann man keine „Erhörung erwarten", von der Natur als Gott kann man nicht überzeugt sein, daß sie „die Guten belohnt und die Bösen bestraft" und „die Sünden verzeiht" — das alles thaten aber, wie wir sahen, die alten Ägypter, und so dachten sie sich Gott als persönlichen, vernünftigen, vollkommenen und gütigen Gott.

Ein anderer Umstand, der in der bezeichneten theologischen Entwicklung eine verhängnisvolle Rolle gespielt hat, ist der, daß die Gottheit oder richtiger die göttlichen Manifestationen ihre Symbole hatten. Solche Symbolik entspricht dem allgemeinen Bedürfnisse des Menschengeistes, sich übernatürliche Begriffe und Ideeen durch Zuhilfenahme sinnlicher Dinge und Vorstellungen näherzurücken. Auch wir sind gewohnt, Gott Vater unter dem Bilde eines alten Mannes, Gott Sohn unter dem eines Lammes, und die dritte göttliche Person in der Gestalt einer Taube darzustellen. Für die Nilthalbewohner aber lag kein Symbol für das höchste Wesen und dessen wohlthätige Allmacht näher als das der Sonne, die, wie gesagt, im Nilthale mehr als anderswo ihre Wohlthaten spendet. Und so ist die Sonne das älteste Symbol der Ägypter für die Gottheit. Nur zu bald kam man aber dazu, die Sonne selbst als Gott Ra zu betrachten und zu bezeichnen; ja, wir lesen in den Inschriften von Teilungen, von der untergehenden Sonne als Gott Tum (Atmu oder Tmu), und von der aufgehenden Sonne als Gott Mentu u. s. w. Freilich werden diese anfangs noch mit Ra identifiziert [87], erscheinen aber dann auch als besondere Götter.

Andere Symbole für göttliche Manifestationen sind aus dem Tierreiche genommen: so der Stier (Apis, Fig. 12) als Attribut des Gottes Ptah in Memphis, Symbol der Macht; der Skarabäus-Käfer als Symbol der Unendlichkeit, der Ibis-Vogel u. a. Ganz entschieden bestand in der ältern Zeit kein Tierdienst im Sinne von Tieranbetung; erst in der Periode des Verfalls der ägyptischen Geschichte bildet sich diese auf Grund der Symbole aus; zur Zeit der Ptolemäer aber besteht dieser Tierkultus zu Memphis und anderswo in vollem Umfange [88]. Der Triumph des Symbols über den Gedanken ist am deutlichsten in der Entwicklung des Apiskultus sichtbar. So waren Lokalkultus und Symbolik Anlaß zum Verfalle der altägyptischen, reinen, monotheistischen Religion, zur Entstehung der Vielgötterei.

Fig. 12. Stier Apis.

Sicherlich führt durch das Labyrinth scheinbar unvereinbarer Textesstellen der altägyptischen Theologie wie ein Ariadnefaden nur die Ansicht hindurch, die wir im bisherigen ausführten, daß nämlich jene Religion vom Monotheismus ausgehend allmählich zu Vielgötterei und Tierdienst herabsank.

Es wäre nun aber doch befremdend, wenn wir nicht in der ägyptischen Geschichte Spuren eines Kampfes begegneten, der zu gunsten der monotheistischen alten Ideen unternommen worden wäre. In der That stoßen wir auf heftige Reaktionen gegen diesen immer mehr um sich greifenden polytheistischen Kult der Lokalgottheiten. Einer solchen Reaktion begegnen wir zuerst um das Jahr 2000 v. Chr. Der Hyksos-Pharao Apopi, der zu Avaris im Delta residierte, richtete an den in den Süden des Landes vertriebenen einheimischen Pharao Ra-Sekenen die Aufforderung, „den Dienst der vielen Götter einzustellen und nur den Gott Ammon-Ra zu verehren" [89]. Es scheint aber, daß die Vielgötterei bereits tief in das Volksleben eingedrungen war, denn Pharao Ra-Sekenen antwortete ihm darauf, „daß er eine solche Zusage nicht machen könne". Der zweite Versuch dieser Art wurde über ein halbes Jahrtausend später, gegen Ende der XVIII. Dynastie, durch den Pharao Amenhotep IV. gemacht, der sich mit großem Eifer gegen den Kultus der Lokalgottheiten wandte [90]. Dieser Pharao war vor seiner Thronbesteigung Priester des Ra gewesen [91]. In allen während seiner Regierung ausgeführten Inschriften findet sich kein Gott genannt, außer Ra; er errichtete diesem seinem „einzigen Gotte" einen Tempel zu Tell-el-Amarna. Hier ließ er das schöne Gebet an den Gott Ra, den er unter dem Bilde einer

Sonnenscheibe darstellen ließ, einmeißeln. „Die Sterblichen geben Ehre dem, der sie erschaffen, und beten an vor dem, der sie gebildet... Du, o Gott! der in Wahrheit der lebendige ist ... Du bist es, der schafft, was niemals war, der bildet alles, was im All ist; auch wir wurden durch das Wort Deines Mundes ins Dasein gerufen ... Es ist kein anderer Gott außer Dir! Gewähre Deinem Sohne, der Dich liebt, Leben in Wahrheit ... daß er vereint mit Dir in Ewigkeit leben möge!" [92] Unter allen Umständen haben wir es hier mit einer Reaktion gegen den Kult der Lokalgottheiten zu thun, denn die Namen „sämtlicher Götter" ließ Amenophis aus den Skulpturen ausmerzen. Auch dieser Versuch mißlang.

Wie weit man übrigens im Laufe der Zeit in der Versinnlichung des Gottesbegriffs und dessen Zersetzung ging, zeigt u. a. der Umstand, daß im Tempel von Luxor sich eine Darstellung von vier Göttern für die den Ägyptern geläufigen vier Sinne: Geschmack, Gefühl, Gehör und Gesicht, vorfand [93]. Es ist daher auch nicht richtig, wenn Maspero meint: die weitgehendste Teilung (der göttlichen Manifestationen in oben angegebener Weise) habe bei den Ägyptern den Begriff der Einheit Gottes nicht zerstört [94]. Beim Volke war diese Zerstörung ganz entschieden vorhanden und gelangte der Polytheismus immer mehr zur Geltung. Und ebenso unbegründet ist es, wenn derselbe Maspero dem hl. Clemens von Alexandrien den Vorwurf macht [95], daß er, obwohl er die heiligen Tiere der Ägypter mit Spott behandle, doch darin irre, anzunehmen, daß sie dieselben als Götter verehrten. Clemens hatte den Volksglauben im Sinne, und den kannte er aus eigener Kenntnisnahme in seiner unmittelbaren Umgebung und irrte sich nicht.

Eine andere Frage ist allerdings die, ob auch die Eingeweihten, die Priester, in Polytheismus und Tierdienst verfallen sind, wie das Volk. Diese Frage führt uns auf die sogenannte esoterische oder Geheimlehre der Priester und Gelehrten. Die Existenz einer solchen wurde in alter und neuer Zeit von den einen behauptet, von andern geleugnet. Unter den neueren nimmt z. B. Lenormant entschieden eine solche Geheimlehre an, während auf der andern Seite Le Page=Renouf von ihr als von einer „Hypothese" redet, „für die noch kein Beweis beigebracht sei". Letztern aber zu führen, scheint uns wohl möglich. Schon Plutarch berichtet, daß „nur wenigen aus der Menge der Ägypter die Geheimnisse bekannt geworden seien, die zu verbergen man so sehr beflissen war", und „daß die Eingeweihten es für eine Verletzung einer Gewissenspflicht erachteten, z. B. der höchsten Gottheit Erwähnung zu thun" [96]. Der durch persönlichen Verkehr mit ägyptischen Priestern wohl bekannte Herodot ist bei aller seiner sonstigen Redseligkeit doch bezüglich der theologischen Lehre derselben sehr schweigsam und sagt ausdrücklich, daß er z. B. bezüglich der ihm mitgeteilten Geheimnisse der Isis durch eidlich bekräftigte Gelöbnisse zum

Schweigen verpflichtet sei [97]. Jamblich endlich berichtet, daß es zu den Bedrohungen der Theurgen gegen die niederen Gottheiten gehört habe, das Unaussprechbare, Verborgene Nichteingeweihten zeigen und die Geheimnisse der Isis offenbaren zu wollen [98]. Die Geheimthuerei war ja bei den Ägyptern sogar auf profanem Gebiete im Gebrauch. So erzählt uns Strabo, daß sie ihre Jahresberechnung den Griechen verheimlichten, und fügt die Bemerkung hinzu, daß die ägyptischen Priester „sehr geheimnisvoll und wenig mitteilsam" seien [99]. Angesichts solcher Zeugnisse können wir an einer religiösen Geheimlehre der ägyptischen Priester nicht zweifeln. Fragen wir nun, was enthielt dieselbe z. B. betreffs der Gottheit, so ist daran zu erinnern, daß diese Lehren in den sogenannten hermetischen Büchern niedergelegt waren [100]. Diese sind nun freilich verloren; aber Jamblich nahm auf diese Schriften Bezug, da er die Frage nach der ersten Ursache aller Dinge in seiner Schrift „De mysteriis" beantwortete. Er sagt uns nun, „daß die Priester stets von den ältesten Zeiten an daran festgehalten hätten und noch lehrten, daß ein einziger Gott sei, der sich in drei Phasen als Ammon, Ptah und Osiris offenbart habe" [101]. Aber — ist dies nicht vielleicht eine Lehre späterer Spekulation, da ja Jamblich erst in römischer Zeit schrieb? Lehrten so auch wirklich bereits die Priester alter Zeit? Eine bejahende Antwort auf diese Frage ist eigentlich bereits in den oben citierten Texten gegeben, die doch auch größtenteils von ägyptischen Priestern alter Zeit herrühren. Wir sind aber auch in der Lage, Jamblichs Ausführungen ganz genau kontrollieren zu können. Wir besitzen nämlich noch in dem bereits erwähnten Papyrus Anastasi I. der Leydener Bibliothek das Notizbuch eines Priesters des Ra von On aus der Zeit des großen Ramses, also aus dem 13. Jahrhundert v. Chr. [102] Dieser Priester, mit Namen Anhur, legt in einem Psalme auf Ammon-Ra seine, also auch der ägyptischen Priester, Anschauungen über die Gottheit nieder, und daraus erfahren wir, daß jene in alter Zeit ebenfalls an einen einzigen Gott glaubten, der sich in drei Phasen, bei Anhur Ammon, Ra und Ptah genannt, offenbare [103].

Der Volksglaube freilich geriet je später, desto tiefer in Verfall. Vielgötterei, Tierdienst und Aberglaube kamen immer mehr zur Herrschaft und erstickten den Monotheismus. Man glaubte an Wunderthaten des Gottesbildes im Chonsu-Tempel von Theben, das Krankheiten heilen sollte [104]; die bekannte Osirislegende wurde in phantastischer Weise bis zum widerlichen Phallusdienste ausgebildet; man trieb abergläubische Praktiken bis zu dem Wahnsinn, „alte Leute wieder jung machen zu wollen" [105], das Amuletten-, Beschwörungs- und Zauberwesen nahm im Volke so sehr überhand, daß um 270 v. Chr. Porphyrius ausruft: „Welch ein Maß von Thorheit setzt es nicht bei dem Menschen voraus, wenn er mit etwas droht, das er nicht versteht (Zauberformeln und Beschwörungen), noch imstande ist, auszuführen, und wie tief stellt das nicht die Wesen, die man, wie einfältige Kinder, durch diese eitlen Erdichtungen und Popanze zu schrecken glaubt!" [106]

In der That, die Volksreligion war verfallen, ihre Tage waren gezählt. Aber selbst in diesen Zeiten tiefsten Verfalles derselben liefert uns die erhaltene Grabschrift eines Priesters den Beweis, daß sich bei den Priestern die reineren theologischen Vorstellungen erhalten hatten. „O Du Herr der Götter, Chnum," heißt es in der Grabschrift des Ahehu, aus der Zeit der XXX. Dynastie, um 350 v. Chr. [107], „Du Gott, dessen rechtes Auge die Sonne, dessen linkes der Mond ... nun ist Dein Sohn eingegangen ins Himmelreich, um zu schauen, was droben ist: den Gott ... Ich war Dein Knecht, der nach Deinem Willen that ... nicht habe ich ermangelt, von Deinem Geiste tagtäglich den Menschenkindern mitzuteilen ... Du hast mir das mit Gutem vergolten hunderttausendfach ... Da ich Dein Gebot nicht übertrat, wurde kein Haar auf meinem Haupte gekrümmt. Und wie der Anfang war, nur von der einen Stelle Deiner Ratschlüsse aus, so auch das Ende, denn Du gabst mir eine lange Lebensdauer in Herzensruhe ... O alle ihr Priester, lobet und preiset Gott, so wird euch das beste Los zu teil werden!" —

Was nun den Ursprung der monotheistischen Lehre von Gott bei den alten Ägyptern betrifft, so stehen wir nicht an, sie als den bedeutendsten Rest, den diese aus der Uroffenbarung Gottes an die Menschheit ins Nilthal hinübergerettet hatten, zu bezeichnen. Renouf ist gleich Max Müller der Ansicht, daß die Annahme eines unendlichen, höchsten Wesens ein Akt der Erkenntnis sei, dem man ebensowenig, wie den Sinneseindrücken, widerstehen könne. Mag sein — aber jedenfalls bringt ein Volk, auf sich allein angewiesen, diese Vorstellung nicht so rein und edel zu stande, wie das bei den Ägyptern der Fall war; das zeigt ein Vergleich der letzteren mit dem doch geistig so hochstehenden Volke der Griechen. In der Lehre ferner von der Einen Gottheit, die sich in drei Phasen manifestiert, finden manche eine Andeutung der Trinität Gottes. Jedenfalls sind die Triaden in der ägyptischen Mythenbildung und im Kultus auffallend. Die mythologische Bildung vollzog sich, wie Maspero bemerkt [105], indem man von Trinitäten zu Trinitäten fortschritt. Dagegen behauptet allerdings Renouf, daß die Ägypter keinen besondern Wert auf die Zahl „drei" gelegt, und nennt es einen Fehlgriff, allenthalben Triaden zu entdecken [109]. Renouf selbst aber muß zugeben, daß schon in der frühesten Zeit solche Triaden uns entgegentreten: so in Theben die Triade: Ammon, Nut und Chonsu; in Abydos: Osiris, Isis und Horus. Er hätte beifügen können, daß die Göttertriade von Ombos: Sebak, Hathor, Chonsu-Hor — und die von Esneh: Num-Ra, Neb, Un-Hapachrat hieß. Wir bemerkten ferner oben, daß die Gottheit im Psalme des Priesters Anhur von Du ebenfalls als Triade: Amun, Ra und Ptah, und in den hermetischen Büchern nach Jamblich als Triade

Amun, Ptah, Osiris erscheint, und zwar in letzteren Fällen geradezu als Einheit aufgefaßt wird [110]. Der Sarapis-Kultus hatte nach Plutarch sicher die ausgeprägteste Trinitätslehre zur Basis. Aber auch schon auf den thebanischen Denkmälern werden Osiris, Isis und Horus unter der Form eines rechtwinkligen Dreiecks dargestellt, in dem Horus die längere Linie bildet [111].

Da wir eben von Resten der Uroffenbarung redeten, so möge es gestattet sein, hier noch auf einige andere Lehren und Züge der ägyptischen Religion hinzuweisen, die wohl als solche Reste zu betrachten sind. Bezüglich der Schöpfung vernehmen wir, daß Ra herrschte, als noch kein Firmament war, daß er dann letzteres schuf, indem er Erde und Himmel trennte und die Elemente einsetzte [112]. „O lasset uns den Gott loben, der das Firmament aufgerichtet hat ... der alle Länder und das Meer erschaffen hat durch seinen Namen: ‚Lasse = die = Erde = sein!‘" heißt es in einem Turiner Papyrus [113]. Bezüglich der Schöpfung der Menschen erfahren wir aus einer Inschrift des Alabastersarkophags Setis I., daß die Ägypter anerkannten, daß dieselbe Gottheit alle Menschen, die fremden und feindlichen Rassen, z. B. die Tamehu, Aamu und Neger und die „Männer vom roten Lande", gerade so gut geschaffen habe, wie die Leute von Kemi, dem „schwarzen Lande" [114]. Das — die Lehre von der Schöpfung des ganzen Menschengeschlechtes durch denselben Gott — ist ein höchst interessanter Punkt in der ägyptischen Glaubenslehre und darf wohl zu jenen Resten der Uroffenbarung gezählt werden. Irren wir nicht, so sind die Ägypter das einzige Volk, das außer dem Bereiche der positiven Offenbarung, über den engen Begriff der Schöpfung des eigenen Volkes hinausgehend, dem höchsten Wesen zugleich die Schöpfung auch der anderen Völker zuschreibt. Ferner — so sehr sich auch Renouf bemüht, glauben zu machen, daß die Osirislegende, in der Osiris, der Repräsentant des Guten, von Set, dem bösen Princip, erschlagen wird, aber in der Unterwelt weiterlebt und auf Erden vom siegreichen Horus besiegt wird, nichts sei als die Sonnengeschichte [115] — so können wir unsererseits doch nicht umhin, in derselben eine Erinnerung an den Sündenfall und in dem Zuge derselben, daß Set-Typhon nach seiner Besiegung dennoch weiterlebt und auf Erden Unheil stiftet, eine Hinweisung auf die Erbsünde resp. deren Folgen zu erblicken. Die Empörung des ersten Menschen gegen Gott wird ausdrücklich schon in alter Zeit erwähnt [116]. Aber noch mehr. Die Schlange, die nach dem Berichte der Heiligen Schrift als Verführerin zum Bösen an den Menschen herantrat, galt nach dem Zeugnisse zahlreicher Texte aller Zeiten auch den Ägyptern als Repräsentantin der dem höchsten Gotte feindlich gegenübertretenden Macht der Finsternis; sie führte den Namen Apopis. Und, wie die Heilige Schrift berichtet, daß Lucifer vor seinem Sturze ein Engel des Lichtes war und sich gegen Gott auflehnte, so hat sich auch davon die Erinnerung am Nil erhalten, denn nach Plutarch war Apopis einst Bruder des Sonnengottes und stürzte, da er sich gegen letztern auflehnte, ins Verderben [117]. Diese Erinnerung konnte sich, da auch im Nilthal die Schlange ein sehr häufiger und gefährlicher Feind der Menschen ist, ebenso leicht traditionell erhalten, wie umgekehrt die Erinnerung an die Sündflut spurlos verloren ging, da sich für den Nilthalbewohner mit der Vorstellung einer Überschwemmung nur die einer Wohlthat, niemals aber die eines Übels oder gar einer Verheerung verbinden konnte.

Wenden wir uns nunmehr den religiösen Vorstellungen über den Tod und die Dinge nach dem Tode zu.

Es ist allgemein bekannt, daß die Ägypter an eine Fortdauer der Seele nach dem Tode glaubten. Nach Diodor bezeichneten sie ihre Wohn-häuser als „Herbergen"; ihre Gräber aber als „ewige Wohnungen". Die Verstorbenen wurden anchiu, „die Lebenden", genannt. Dieser Glaube an die Unsterblichkeit ist nachweisbar uralt. Auch t'eta, welches „ewiges Leben" bedeutet, gehört zu den wenigen Worten, die auf dem jetzt im Britischen Museum befindlichen Sarge des Pharao Menkera, des Erbauers der dritten großen Pyramide, erhalten blieben, und in der Grabschrift des Pharao Una aus der V. Dynastie (nach Brugsch um 3300 v. Chr.) wird der Sarg „Schrein des Lebenden" genannt. Man glaubte, daß die Seele sich mit dem Leibe wieder vereinigen werde, und dieser Überzeugung entsprang die Sitte des Einbalsamierens der Leichname; denn auch die Leiber der Armen (nicht nur, wie öfter angenommen wurde, die der Vor-nehmen) wurden einbalsamiert, freilich in sehr einfacher Weise. Die ab-geschiedene Seele hieß Ka, das dem Worte „Genius" oder „Geist" entspricht [118]. In dem Grabe wurde eine Statue des Verstorbenen auf-gestellt, aber nicht etwa ihr, sondern dem Ka galten die Opfer und Gebete, die man dort darbrachte [119]. Das regelmäßige Gebet für die Ver-storbenen hieß das Suten-hotep-tä. Dies Gebet wurde für so pflicht-mäßig und wichtig gehalten, daß z. B. Ramses II., als er für seinen verstorbenen Vater, den Pharao Seti I., die Totenopfer und Gebete stiftete, in der Inschrift in Abydos bemerkt, daß ihm das mit langem Dasein vergolten werden würde [120]; in zahllosen Gräber-Inschriften werden die Vorübergehenden aufgefordert, daß sie, „wenn sie begehren, gesegnet zu sein und einst zu den Seligen zu gelangen, das Gebet für die Verstorbenen beten" mögen [121].

Die Lehren über das Schicksal des Menschen nach dem Tode sind in dem sogenannten Totenbuche enthalten, von dem man ein Exemplar mit dem Verstorbenen ins Grab legte. Es wäre nun sehr einfach, aus diesem Buche die darin niedergelegten Anschauungen zu entnehmen. Indessen — das ist sehr schwer. Schon der gelehrte Herausgeber desselben, Lepsius, bemerkt, daß wir es hier nicht mit einem einheitlich abgefaßten Gesamtwerte zu thun haben, sondern, daß dasselbe in verschiedenen Zeiten entstand. Der Turiner Coder, der jener Ausgabe des Lepsius zu Grunde liegt, stammt sicher aus keiner frühern Zeit, als der der XXVI. Dynastie. Der erste Teil ist der älteste Kern, an dem die späteren Jahrhunderte weiter= arbeiteten [122]. Dazu kommt, daß das Totenbuch durchaus mythologisch und es für uns zum Teil unmöglich ist, die Anspielungen aus meist ver= lorenen Mythen zu verstehen, und endlich ist der Text sehr verdorben [123]. Zur Erklärung ist aber dem Totenbuche eine Abbildung des Gerichtes (Fig. 13), das über die im Jenseits anlangende Seele abgehalten wird, beigefügt, die uns in folgender Weise belehrt:

Fig. 13. Totengericht. (Vignette des ägyptischen Totenbuches.)

Gleich nach der Beisetzung der Mumie tritt der Geist in die Unter= welt, um vor Osiris=Ra das Gericht zu bestehen. Der Gott erscheint als gerechter Richter, daher mit dem Symbol der Gerechtigkeit abgebildet. Es giebt eine lohnende und strafende Gerechtigkeit, daher ist die anwesende Göttin der Gerechtigkeit, Mâ, doppelt dargestellt [124]. Auf der Wage der Gerechtigkeit wird das Herz des Verstorbenen gewogen: der Sitz der guten und bösen Gedanken, der guten und bösen Entschlüsse. Das Gericht wird über 42 Todsünden abgehalten, wegen welchen der Verstorbene sich zu rechtfertigen hat, daher die 42 Richter des Bildes. Der Gott aber er= scheint nicht nur als gerechter, sondern auch als weiser Richter, dessen strenge Gerechtigkeit durch seine Weisheit und ruhige Erwägung gemildert wird: daher vor der Wage das Bild der ibisköpfigen Toth, der Göttin der Weisheit [125]. Hat nun der Verstorbene das Gericht bestanden, ist das Herz nicht zu leicht befunden, so wandert der Geist durch die Reiche des Jenseits zu Ra, in dessen Anschauung seine Verklärung und damit sein Endziel erreicht sind [126]; die Seele des Ungerechten aber wird der Strafe, „dem Fresser der Unterwelt Harpechrot" übergeben [127].

Die Thätigkeit im Jenseits stellt das Totenbuch so dar daß der Selige die Beschäftigung seines Lebens fortsetzt, und es ist, wie bereits bemerkt, bezeichnend für die gewerbfleißige und ackerbautreibende Bevölkerung des Nilthals, daß Pflügen, Graben, Säen, Ernten u. s. w. zu den Dingen gerechnet werden, welche des künftigen Lebens Seligkeit erhöhen [128]. Dem freien Willen des Ka ist es anheimgegeben, in jeder beliebigen Gestalt im Weltall umherzuschweifen, aber es ist nicht wahr, daß die Ägypter an eine Seelenwanderung glaubten. Diese Annahme beruht auf einer Verwechselung jener erwähnten freiwilligen Annahme von Leibern von Tieren und Pflanzen [129] zum Zweck des Aufenthaltes hienieden mit der Seelenwanderung der Pythagoräer, die den Charakter zwangsweiser Sühne trug. Möglicherweise aber haben wir es bei diesen Wanderungen des Totenbuches, wie Maspero bemerkt [130], gar nicht mit solchen in wirkliche Tiere und Pflanzen zu thun, sondern letztere symbolisieren nur die Gottheit in ihren Vollkommenheiten, und so ist an diesen Stellen nur von der Auf-

Fig. 14. Der Feuersee oder Reinigungsort im Jenseits.

nahme der Seele zu Gott, als dem Inbegriffe aller Vollkommenheiten, die Rede. Übrigens wird die Seele des Gerechten von leichten Sünden durch ein Feuer (Fig. 14) gereinigt, das vier Genien mit Affenköpfen bewachen, und tritt dann erst in die selige Ewigkeit ein [131]. Daß die Seele wieder mit ihrem Leibe vereint werden wird, ist Lehre des Totenbuches [132]; der Leib nimmt mit der Seele an der Seligkeit, das ist die Gegenwart und Anschauung Gottes, teil [133].

Aber, wie gesagt, nur die Seelen, die das Gericht bestanden haben, kommen zu Gott; die Bösen aber „können nicht in die Wohnungen der seligen Toten eingehen", sondern verfallen dem Wesen, „dessen Angesicht das eines Hundes ist, der sich von den Verfluchten nährt, die Herzen derselben verschlingt und von Leichen lebt" [134], und werden endlich vernichtet [135].

b. Sittenlehre.

So verschieden auch die Ansichten der Gelehrten über die Glaubens=
lehre der alten Ägypter sein mögen, bezüglich der Sittenlehre sind alle
darin einig, daß dieselbe eine überaus reine und edle ist.

Die Grundlage der ägyptischen Moral ist der Gehorsam im weitesten
Sinne als Gehorsam gegen Gott, gegen die Eltern und gegen die Obrig=
keit. „Der Sohn wird glücklich werden durch seinen Gehorsam; so wird
er die göttliche Gunst erfahren" — ist schon ein Moralgrundsatz zur Zeit
der V. Dynastie (also ca. drei Jahrtausende v. Chr.) [136]. Und noch zur
Zeit des Herodot waren unter den Griechen nur die Lacedämonier mit
den Ägyptern in Bezug auf Achtung der Jugend vor dem Alter zu ver=
gleichen. Der Gehorsam gegen Gott galt für so wichtig, daß dafür
die Religion nicht nur ewigen, sondern auch zeitlichen Lohn verhieß.
„Wenn jemand," heißt es in der Tempel=Inschrift von Abydos [137], „nach
dem Willen Gottes handelt, so wird ihm lange Lebensdauer dafür ver=
liehen." Aber auch die Liebe zu den Eltern wird entschieden betont. Wie
herrlich z. B. ist die Mahnung des Ani [138]: „Du wurdest in die Schule
geschickt, und während du die Buchstaben kennen lerntest, kam deine Mutter
pünktlich zu deinem Lehrer, um dir Brot und Trank aus ihrem Hause
zu bringen. Nun hast du das Mannesalter erreicht, bist vermählt und
Herr deines eigenen Hauses, aber vergiß nie die mühsame Arbeit, die deine
Mutter um dich gehabt, noch die heilsame Sorge, die sie dir widmete.
Sei bedacht, daß sie nicht Ursache habe, über dich zu klagen, auf daß sie
nicht ihre Hände zu Gott erhebe und er auf ihr Gebet achte." Diese
Liebe zu den Eltern soll über das Grab hinaus dauern, und auch für sie
gab es einen zeitlichen Lohn und zwar denselben, den auch der Dekalog
verheißt: ein langes Leben. In der Grabschrift Ramses' II. auf seinen
Vater Seti verspricht jener ihm: „Du wirst geehrt werden von einem guten
Sohne, der gedenkt seines Vaters", und der Gott verheißt ihm dafür
„lange Lebensdauer" [139].

Im übrigen wird besonders der Ton auf Verehrung der Gottheit
durch Opfer, Gebet und religiöse Festfeiern gelegt, und in der That zeigt
sich, wie wir später sehen werden, kein Volk so sehr von Religiosität durch=
drungen, wie das ägyptische. Dann aber erscheint als wichtigste Pflicht
die Nächstenliebe. Diese Pflicht findet ihren vollendetsten Ausdruck im
125. Kapitel des Totenbuches, in dem wir das älteste bekannte Sitten=
gesetzbuch der Welt besitzen. Hier hat sich die Seele im Gerichte in
folgender Weise zu rechtfertigen: daß sie keinen Menschen betrogen, keinen
Diebstahl begangen, kein falsches Zeugnis gegeben, den Knecht nicht bei
seinem Herrn verleumdet hat; ferner, daß sie keine Witwe bedrückt, keinen
Arbeiter mit Arbeiten überbürdet, nicht dem Säugling die Milch entzogen,

nicht Hunger und Leid über die Menschen gebracht, niemanden getötet habe; ferner, daß sie nicht träge gewesen, nicht Gott, den König oder die Eltern gelästert, nicht gelogen, noch geprahlt und eitles Geschwätz geliebt habe, daß sie nicht in Sünden gegen die Keuschheit gelebt . . .; endlich muß die Seele erklären können, daß sie Hungernde gespeist, den Durstigen getränkt, den Nackten bekleidet, den Göttern geopfert und für die Verstorbenen Totenopfer und Gebete dargebracht habe [140]. Man wird, wenn man diese Moral-Vorschriften liest, an den Dekalog erinnert; ja, in einzelnen Sittenlehren weht etwas von dem Geiste der Lehre Christi. Man wird mir darin beistimmen, wenn man z. B. folgende Mahnungen aus der uralten Zeit der V. Dynastie, also drei Jahrtausende v. Chr., liest: „Wenn du groß geworden, nachdem du niedrig gewesen, und dir Schätze gesammelt hast nach dem Elende, und du so der Vornehmste in der Stadt geworden und die Leute dich kennen ob deines Überflusses, so laß dein Herz sich nicht verhärten ob deines Reichtums, denn der Urheber alles dessen ist Gott. Verachte daher nicht deinen Nächsten, der da ist, was du selber einst warst, sondern behandle ihn als deinesgleichen." [141] · In den Ratschlägen des Ani heißt es: „Iß nicht dein Brot in Gegenwart eines andern, ohne auch ihm davon zu reichen. Hat man je erlebt, daß es nicht Reiche und Arme gegeben hätte? Aber der, welcher brüderlich handelt, wird stets sein Brot haben." Der demotische Papyrus des Louvre enthält u. a. folgende Regeln: „Behandle nie einen Niedrigstehenden schlecht! . . . Rette nie dein Leben auf Kosten des Lebens deines Nächsten . . ." und: „Verdirb nicht deines Nächsten Herz, wenn es rein ist!" [142] Und wie an das Volk, so wendet sich die Religion mit ihren Moralvorschriften in gleich entschiedener Weise an den König, den Pharao: „Nie habe ich den Armen bedrückt," so rechtfertigt sich der Stammvater der XII. Dynastie, „und nie die Witwen . . . Niemand blieb hungrig oder war unglücklich zu meiner Zeit . . . Nicht zog ich den Großen dem Geringen vor." [143]

Bemerkenswert sind auch die Anforderungen, die an die Friedfertigkeit der Menschen gemacht wurden: „Der Friede war in den Aussprüchen seines Mundes", gilt als hohes Lob für einen Toten [144]. Zu den Ratschlägen des Ani gehört: „Sprich in sanfter Weise zu dem, der roh zu dir geredet hat! das hilft, ihn zu beruhigen . . ." und dann giebt er folgende vortreffliche Mahnung: „Habe in deinem Hause nicht acht auf das, was ein anderer thut. Wenn dein Auge es gesehen, so sprich nicht davon, und dulde auch nicht, daß ein anderer es draußen erzählt . . . Was man ausgeplaudert hat, das macht schnell die Runde . . . Hüte dich vor jeder Gelegenheit, mit deinen Worten jemanden wehe zu thun . . . Enthülle aber auch deine Gedanken nicht einem Menschen, der eine böse Zunge hat . . . Am Unglück eines Menschen trägt seine Zunge die Schuld!" [145] Nicht nur leibliche, auch geistige Werke der Nächstenliebe kannte und verlangte die Religion. Als solche werden genannt: „Unwissende lehren" [146], ja sogar „Witwen und Waisen trösten". Als wichtiges leibliches Werk der Nächstenliebe gilt auch das „Begraben der Toten" [147]. Überhaupt — Ehrfurcht vor Gott, Achtung vor der Obrigkeit und werkthätige Nächsten= liebe sind Pflichten für jeden; darin besteht die Tugend, und die allein macht glücklich hienieden und selig im Jenseits. Wie schön heißt es im sogenannten Liebe des Harfners im Grabe Ramses III.: „Sei eingedenk des Tages, wo du hinfährst zum Lande des Jenseits! Nicht kehrt einer von da zurück. Es nützet dann nur ... daß du bist gerecht ... und verabscheust jede Übertretung. Wer die Gerechtigkeit liebt, wird glücklich sein. Denn droben entrinnt selbst der nicht, (der wehrhaft ist) ... schutz= los muß er den Verderber ertragen. Darum nimm immer zu an Tugend, wie sich's gebührt ... liebe die Wahrheit, dann segnet Isis alle Gaben, die dir Gott verlieh." [148]

Wir staunen mit Recht über solche Reinheit und Erhabenheit der ägyptischen Moral. Nebenbei bemerkt: wie kann man nur versuchen, einen pantheistischen Charakter der Religion zu vindizieren, die eine solche Moral lehrt! Solange diese reine, erhabene Moral herrschte und gelehrt wurde, war diese Religion entschieden nicht pantheistisch — das ist sicher. — Wir unterschreiben gerne das Urteil Lenormants, daß „die Moral des ägyp= tischen Totenbuchs die aller anderen Völker des Altertums übertrifft" [149]. Wenn aber Brugsch sich zu der Behauptung versteigt, daß „diese Moral in keiner Weise der christlichen nachsteht" [150], so müssen wir entschieden gegen diesen Satz protestieren, der nur beweist, daß ein verdienstvoller Ägyptologe nicht eben ein gründlicher Kenner des Christentums zu sein braucht. Sonst müßte er wissen, daß die Moral des letztern nicht nur höher, sondern sogar unendlich höher als die aller vor= und außerchrist= lichen Religionen steht, und das deshalb, weil sie unendlich höhere An= forderungen an das sittliche Leben stellt. Denn das Christentum verlangt nicht nur, daß man Mord, Diebstahl, Ehebruch, Lüge u. s. w. meidet, sondern es stempelt sogar jedes sträfliche Begehren, jedes innere, über= legte Wollen als Sünde. Das Christentum verlangt nicht nur, daß wir im allgemeinen den Nächsten lieben, sondern daß wir sogar die Feinde lieben sollen, und zwar nicht nur so, daß wir ihnen nicht schaden und keine Rache ausüben, nein, wir sollen ihnen mit Wohlthaten ihre Beleidigungen vergelten und für sie beten, da der Nächste nicht nur unser Mitmensch, sondern unser gleichberechtigter Bruder ist, und daß wir ihn als solchen behandeln sollen, und wäre er unser Feind, oder ein Thor, oder ein Aussätziger, oder ein Narr, oder ein Kretin. Und durch diese Forde= rungen erhebt sich das Christentum hoch über alle anderen Religionen und Sittenlehren, über die altägyptische und auch über die jüdische, und indem es durch dieselben alle edlen, sittlichen Forderungen anderer Religionen sanktioniert und zur höchsten Vollkommenheit ausprägt, ergreift es, was keine andere Religion je vermochte, auch noch Besitz vom innern Menschen, indem es Gedanken, Wollen und Begierden zügelt, durchdringt so den ganzen Menschen und dokumentiert dadurch seinen göttlichen Ursprung und Charakter und seine absolute und dauernde Bedeutung und Gültigkeit für die Menschen.

Diese Sittenlehre, wie wir sie aus den Quellen der besten Zeit kennen lernten, ist, wie bemerkt, in ihrer Reinheit und Erhabenheit ein nicht zu unterschätzender Beweis für die reine und theistische Auffassung der Glaubenslehre. Erst als letztere, wie wir früher sahen, immer mehr verfiel und einer naturalistischen oder pantheistischen Auffassung wich, da mußte auch in der Moral als Reflex davon sich eine materialistische Richtung geltend machen. Daß es eine solche in späterer Zeit gab, beweist die Inschrift auf dem Grabe der Gemahlin des Pasherenptah, in der sie aus dem Grabe so ihren Gatten anredet: „O mein Gemahl, höre nicht auf, zu essen und zu trinken und zu lieben und zu feiern! Fröne täglich deinen Begierden! . . . denn die hier in der Unterwelt schlafen, wachen nimmer auf . . . der Name des Gottes, der hier herrscht, heißt: Vollkommener Tod." [151] Als aber eine solche Richtung der Moral oder Unmoral herrschend wurde, so daß sie sich auf Grabsteinen breit machen durfte, muß die ägyptische Religion ihrem Ende nahe gewesen sein.

c. Kultus.

Die Ägypter bauten ihrer Gottheit Tempel. Ganz gewiß war das schon im alten Reiche der Fall. Freilich haben sich aus dieser Zeit keine Ruinen erhalten, was seinen Grund hauptsächlich in dem Umstande hat, daß die Städte Memphis und Heliopolis, die ältesten Centren des Kultus, zerstört sind. Aber wir wissen aus einer Inschrift [152], daß Pharao Chufu, der Erbauer der größten Pyramide, letztere neben einem Tempel erbaute und selbst einen Tempel errichtete, und ferner wird vom Pharao Thutmes III. in einer andern Inschrift berichtet, daß er den Tempel von Denderah nach einem alten Plane „in alter Schrift aus der Zeit des Pharao Chufu" wiederherstellen ließ [153].

Sicherlich bestanden also schon zur Zeit des alten Reiches herrliche Tempel. Die Ruinen aber der Tempel des neuen Reiches, so großartig und schön, besonders die des herrlichen Wunderbaues von Karnak-Theben, „des größten und schönsten aller Räume der Erde, in denen der Mensch der Gottheit eine Wohnung bereitet hat", lassen noch heute die hohe Vorstellung ahnen, die jenes älteste Kulturvolk von der Gottheit hatte. „Hier fühlt der sinnende Mensch, mit welch erhabenen Gedanken vom Wesen der Gottheit erfüllt die alten Baumeister diese Räume zu Tempeln sich vorbildeten, nicht nach der Maßgabe der Größe des Herrschers, wohl aber der Größe der Gottheit, die der Macht des erstern ja nur die Mittel lieh." „Geschaffen hat der König diesen Bau," sagt eine Inschrift im Tempel von Karnak [154], „für den Herrn des Himmels: Ammon Ra. Der Tempel ist herrlich, wie des Himmels Firmament, und zu ewiger Dauer ausgeführt."

Von der Architektur jener Tempel wird später die Rede sein, wenn wir von der Kunst handeln. Hier ist von denselben nur als Stätten des Kultus die Rede. Die Einrichtung derselben erkennen wir noch deutlich aus dem völlig erhaltenen Tempel von Edfu (Fig. 15). Danach waren

Fig. 15. Der Tempel von Edfu.

dieselben so eingerichtet, daß sie durch immer niedriger werdende Räume den Ernst und die Andacht des Beters sammeln sollten. Weit, hoch und mächtig öffneten sich die Pforten (Pylone); ein weiter Hof nahm die Beter auf. „Die Seitenwände näherten, die Höfe senkten, der Boden hob sich, alles strebte nach Einem Ziele. So ging man weiter in die bedeckten Räume, wo man, der Zerstreuung auch des Himmels entzogen, von dem Ernst der Bildwerke eng umgeben war; immer enger umschlossen die Wände ringsum den Beter bis zu der letzten Kammer, in die nur der priesterliche Fuß treten durfte, dem einsamen Gemach, das in schönem Tabernakel hinter goldenen Gitterthüren das Bild des Gottes umschloß." Aber auch dem

Volke wurde hie und da der Anblick des Gottesbildes gestattet, wenn es nämlich in feierlicher Prozession öffentlich umhergetragen wurde.

Die Ausschmückung der Tempel mit Bildnissen und Kostbarkeiten muß überaus reich und glänzend gewesen sein, und wir können uns heute, wo die erhaltenen Bildnisse ihres harmonischen Farbenschmuckes und die Räume ihrer Schmuckgegenstände und gottesdienstlichen Behälter, Opfertische, Rauchgefäße u. s. w. beraubt sind, wohl schwerlich einen Begriff bilden von dem herrlichen Eindruck, den das Innere eines solchen Tempels auf den Eintretenden machte. Noch in ptolemäischer Zeit erkennt man den staunenswerten Fleiß, die Sucht dieses Volkes, die Tempelwände bis zu den kleinsten Winkeln hin mit dekorativen Bildern und Schriften zu schmücken.

Das Symbol des Gottes in Annu (On), das in der heiligen Kammer stand, hieß der Benben und war ein griechisches Pyramidion, die Spitze eines Obelisken, aus Gold [155], und so das Symbol des Gottes Ra, den man unter dem Bilde der Sonne sich vorzustellen gewohnt war. Zu den Höfen des Tempels und um denselben umher stand eine ganze Menge von Obelisken mit goldener Spitze, daher der Ort auch Annu (= Obelisk) hieß. Diese Obelisken waren Darstellungen der Sonnenstrahlen und als solche Symbole des Gottes Ra. Im Tempel zu Memphis war bekanntlich der Apis-Stier des Gottes Symbol [156].

Pharao Thutmes III. schenkte dem Tempel zu Karnak eine prachtvolle Harfe mit Silber und Gold ausgelegt und mit Saphiren, Smaragden und anderen Edelsteinen besetzt, Obelisken von Gold und Silber, Thüren von Akazienholz mit Goldblech überzogen, und eine Menge silberner und goldener Geräte [157].

Noch zur Zeit Diodors von Sizilien glänzten die Wände der ägyptischen Tempel von Gold, Silber und kostbaren Steinen, von äthiopischen und indischen Edelsteinen, und die Blenden waren mit reichen Vorhängen versehen. Ja Clemens von Alexandrien noch berichtet [155], daß die ägyptischen Tempel von Silber und Gold leuchteten und von buntschillernden Steinchen glänzten, und daß das Innere mit golddurchwirkten Teppichen und Vorhängen geschmückt war.

In diesen Tempeln versahen die Priester den Dienst. Sie waren an sehr viele Vorschriften gebunden; so durften sie gewisse Speisen nicht essen: kein Schweinefleisch, keine Fische, Bohnen, Erbsen, Linsen, Zwiebeln und Knoblauch; sie hatten sehr viele Fasttage zu beobachten und mußten zweimal am Tage und ebenso oft in der Nacht Waschungen mit kaltem Wasser vornehmen. Die Tracht der Priester höhern Ranges bestand in Kleidern aus weißem Linnen und Papyrussandalen; ihr Abzeichen war ein über der Schulter herabhängendes Leopardenfell (Fig. 16). Der Titel der höchsten Priester war Nutri hon. d. i. Prophet, der der zweiten Rangklasse: Nutri atef.

d. i. göttlicher Vater, und der dritten: Nutri ab, d. i. Reiniger. Die Priester des untersten Ranges nannte man: Nutri meri; von den Kirchendienern waren einige Weihrauchträger, andere Musiker oder Sänger u. s. w. Im alten Reiche gab es auch Prophetinnen, die Nutri hont; aber seit der Zeit der XII. Dynastie werden solche nicht mehr erwähnt. Dagegen gab es noch Tempelsängerinnen, Komat, und die Gattinnen und Schwestern der Priester hießen Nutri hemt, d. i. Gemahlin des Gottes.

Was den Gottesdienst im Innern betraf, so wissen wir, daß man Opfer von Tieren und Früchten im Tempel darbrachte. Im großen Peristyl, dem offenen Vorhofe, blieb das Volk und betete; die niederen Priester aber und Eingeweihten weilten im sogenannten Hypostyl, dem auf jenen folgenden bedeckten Säulensaale, und sangen hier ihre Hymnen. Hier ordnete sich bei feierlichen Gelegenheiten auch der Festzug, in dem das Bild

Fig. 16. Opferpriester.

des Gottes zum heiligen See, der bei jedem Tempel war, oder zum Nile getragen und auf diesem in vergoldeter Barke umhergefahren wurde [159]. Die heilige Cella mit dem Bilde des Gottes betrat nur der Pharao oder in seiner Abwesenheit der Oberpriester und betete und opferte hier.

Es ist wahr: die Tempel waren von den Pharaonen erbaut, nicht vom Volke. Daher gelten auch die Skulpturen und Bildnisse an den Wänden der Verherrlichung der erbauenden Pharaonen: ihre Siegeszüge und Thaten, ihre Opfer an die Gottheit werden dargestellt. Es wäre aber dennoch unrichtig, zu glauben, daß diese Tempel nur Königsbethäuser gewesen und nichts weiter [160]. Denn stets schloß sich die Andachtsübung der Gläubigen an die Festlichkeiten und Feiern im Tempel an. Im Peristyl harrte, wie wir wissen, das Volk und verrichtete seine Gebete, und an Prozessionen teilzunehmen galt als eine fromme Handlung, deren man sich dem Gotte gegenüber rühmte [161]. Ebenso galten Wallfahrten zu den berühmteren Tempeln und Gottesbildern als Bethätigung frommer Gesinnung. Bei solchen Prozessionen wurde ein großer Pomp entfaltet. Fahnen, heilige Laden und Barken, vor allem aber das kostbare Symbol des Gottes unter prächtigem Baldachin wurden umhergetragen.

Wir bemerken noch, daß auch in den Grabtempeln und in den sogenannten Mastabas, den Vorkammern der Gräber, Opfer dargebracht und Gebete verrichtet wurden, für die besondere Priester, die Karhebi, angestellt waren, und daß, wie wir aus erhaltenen Verzeichnissen von Geschenken an die Tempel, unter denen auch Musikinstrumente vorkom-

Heilige Barke.

men, ersehen, die großen religiösen Feierlichkeiten mit Musik begleitet wurden.

Schließlich sei noch erwähnt, wie nach Herodot die Opfer im Tempel und in den Gräbern dargebracht wurden. Sobald das Tier zum Tempel gebracht war, wurde hier Feuer angezündet. Es folgte nun erst eine Wein= libation, dann eine Anrufung des Gottes. Sodann wurde das Opfertier getötet. Der Kopf desselben wurde abgeschnitten und der Priester sprach über denselben das Opfergebet folgenden Inhaltes: „Wenn ein Unglück auf den, der dies Opfer darbringt, kommen soll, oder vielleicht auf das ganze Land, so sei dies Übel auf den Kopf dieses Tieres abgewendet, auf den es fallen möge!" Alsdann wurde der Kopf in den Fluß geworfen, der Körper aber des Tieres mit Früchten und aromatischen Essenzen angefüllt, dann mit Öl begossen und verbrannt. Die Priester mußten sich durch Fasten zum Opferdienste vorbereitet, d. h. sich eine Zeit von 7—40 Tagen aller animalischen Nahrung enthalten haben, und während des Verbrennens des Opfers mußten sie sich mit Geißeln schlagen. Nach Beendigung dieses Brandopfers feierten sie dann ein Festmahl, bei dem die vom Tiere abgeschnittenen Teile, die Beine, der Schwanz, der Hals und die Schultern, gegessen wurden.

3. Die Pharaonen, ihre Regierung, Verwaltung und Geschichte.

a. Das Amt des Pharao. Regierung und Verwaltung des Landes.

Die älteste Regierungsform der Geschichte ist die Monarchie, und der älteste Monarchentitel, den wir schon als Kinder aus der Heiligen Schrift kennen lernten, lautet: Pharao, ein Wort, das „König des großen Hauses" bedeutet.

Der Pharao erscheint als irdischer Repräsentant des höchsten Gottes, mit dem er daher auch den Titel: „Herr von Ober= und Unterägypten" teilt; ja er heißt geradezu „Ebenbild des Ra unter den Lebenden" [162]. Ganz gewiß nahm die Verehrung des Volkes gegen den übermächtigen Pharao im Laufe der Zeit so zu, daß man sich nicht wundern darf, öfter in Inschriften ihm Attribute beigelegt zu finden, die ihn selbst als göttlich erscheinen lassen. Daß aber nicht wirklich seine Göttlichkeit ein Dogma des Glaubens war, beweist allein schon der Umstand, daß wir in Tempel= bildern die Pharaonen in demütigster Stellung der Anbetung vor den Göttern dargestellt finden.

Die königliche Weihe erhielt der Pharao im Tempel, und zwar war es in alter Zeit Brauch, daß diese Ceremonie im „großen Hause des Gottes zu Annu" (Heliopolis) stattfand [163]. Die Feier ging in folgender Weise vor sich: Beim Nahen des Herrschers begrüßten ihn die Vorsteher des

Tempels mit ehrerbietigem Gruße. Der Vorsänger las ein Gebet „vom Fernhalten alles Unheils vom Könige". Dann legte der König die Binde an und läuterte sich mit Wasser und Weihrauch. Nun empfing er die Blumengewinde der heiligen Benben=Kammer und trat allein in diese hinein, um das Bild des Gottes zu verehren. Nachdem er die Kammer wieder verlassen, empfing er die erste Huldigung. Alle warfen sich auf den Boden, den sie küßten; nur besonders Bevorzugte durften des Pharao Kniee küssen. Dabei begrüßte man ihn mit dem Zurufe: „Immerdar Mehrer! möge nie Ungemach leiden ... der Freund der Stadt On!" Sein Titel ist fortan: „Herr der Diademe", „König von Ober= und Unterägypten", „König der schwarzen und roten Erde" (d. i. des Nillandes und des Wüstenbodens Ägyptens), „Herr der beiden Welten"; die Anrede: „Seine Heiligkeit". Insignien der Pharaonen sind die Uräusschlange als Symbol der könig=

lichen Würde; sie findet sich auch am Kopfschmucke der Königin (Fig. 17); ferner der Sonnen=diskus, den er als Vertreter des höchsten Gottes trug. In seiner Würde als Hoherpriester trägt der Pharao zwei Federn, und sein Bild erscheint mit der Figur einer Göttin, die schützend ihre Flügel über ihm öffnet. Ein Emblem des Pharao ist ferner der Sphinx, ein anderes der Löwe. Beide finden sich auch auf den Kriegs=standarten. Die Prinzen und Prin=zessinnen des königlichen Hauses

Fig. 17. Kopfschmuck der Pharaonengattin.

tragen als Abzeichen die Seitenflechte, die auch der Pharao in Form eines geschweiften Stierhornes auf den Bildern trägt. Vor der Zeit der V. Dy=nastie haben die Pharaonen nur Eine Cartouche (Namensschild), nach der=selben aber stets zwei.

Wie der Pharao bei den Priestern im Tempel seine Jugend verlebt und seine Erziehung genossen hatte [164], so bleibt er auch als Herrscher gewissermaßen abhängig von ihnen [165]. Bedenkt man, daß die Priester zugleich die Gelehrten waren, so begreift es sich, daß dies Verhältnis das Ansehen des Pharao beim Volke nur erhöhen konnte. Gerade dies Gefühl der Abhängigkeit von der Gottheit und von den das Wissen repräsentieren=den Dienern derselben, das gleiche Vertrauen auf die Gottheit, die gleiche Furcht oder Hoffnung auf Strafe oder Lohn im Jenseits — alles dies schlang ein festes Band um König und Volk, um hoch und niedrig, um Gebietende und Gehorchende, und führte schon frühe zu geordneten öffent=

lichen Einrichtungen, zu festen Staats= und Rechtsverhältnissen, durch welche die alten Nilthalbewohner so vorteilhaft sich auszeichneten und die sie be= fähigten, auf dem Schauplatze der Weltgeschichte in ebenso würdiger als glänzender Weise unter den Kulturvölkern des Altertums den Reigen zu eröffnen [166].

Es war aber ein Zeichen des Verfalles des Pharaonenreiches und der altägyptischen Religion zugleich, als zur Zeit Ramses' IX. der Oberpriester des Ra einen bestimmenden, erdrückenden Einfluß auf den Herrscher aus= übte [167].

Der Pharao hatte seine Wohnung im Palaste, der vielleicht in ältester Zeit mit dem Tempel in Verbindung stand, zur Zeit des „neuen Reiches" aber sicher bereits ein selbständiges Gebäude war [168]. Glänzend war der Hofstaat. Als Beamte erscheinen: der Hofverwalter, die Gelehrten und Priester, der Speicheraufseher, der Schatzmeister, die Baubeamten, Ärzte und sonstige Amtsleute.

Der Pharao erscheint überall als oberster Kriegsherr und ist Quelle alles Rechtes und aller Gesetze. An sein Handeln wurde übrigens, wie wir im vorigen Abschnitte sahen, der höchste Maßstab der Moral angelegt.

Starb der Pharao, so erhielt er eine besondere Grabstätte, in älterer Zeit eine Pyramide, später, nach der Zeit der Hyksos, ein Felsengrab [169]. Diese Königsgräber wurden allezeit in hohen Ehren gehalten [170]. Ver= urteilte aber die Volksmeinung die Regierungsthaten des Pharao, so finden wir wohl, daß man seine Grabstätte zerstörte oder seinen Namen in der= selben ausmerzte.

Der Thron des Pharao war erblich. Fehlte es an männlichen Erben, so erbten die Töchter, die dann entweder selbst regierten oder durch Heirat eines Edlen ein neues Geschlecht thronfähig machten [171]. Dieses weibliche Erbfolgegesetz war sehr alt [172]. Übrigens war es eine eigentümliche Sitte, daß der Pharao gegen Ende seiner Regierung seinen Sohn als Mitregen= ten auf den Thron berief.

Zum Zwecke der Regierung und Verwaltung war das ganze Land in zwei Teile geteilt, in Ober= und Unterägypten, und jeder dieser Teile zerfiel in Gaue (sep oder tasch, griechisch νόμος) oder Nomen. Auch diese Einteilung ist uralt [173]. Solcher Gaue gab es in Oberägypten 22, in Unterägypten 20 [174]. Der Gau war wieder in Distrikte geteilt, hatte seine eigene Verwaltung und stand unter einem Gaufürsten. Diese und die Hofbeamten bildeten den Adel des Landes. Die Ernennung der Gau= fürsten war Sache des Pharao. Dann aber war diese Würde erblich, jedoch so, daß sie nicht auf den Sohn, sondern auf den ältesten Enkel überging.

So hervorragend übrigens der Adel war, so finden wir doch bereits in der ältesten Zeit die bemerkenswerte Erscheinung, daß neben dem Adel

der Geburt auch persönliche Tüchtigkeit zu hohen Ämtern und zu großen
Auszeichnungen berechtigte. Der berühmte Ti, der königliche Hofverwalter
und „Schreiber" zur Zeit der memphitischen Dynastie, war nach De Rougé
niederer Herkunft und erhielt des Pharao Tochter zur Gattin. Dieselbe
Auszeichnung wurde einem berühmten Baumeister der IV. Dynastie zu
teil. Der Pharao Usurtasen II. stellt es geradezu als Marime seiner
Regierung auf, daß „dem, der sich hervorthat unter seinen Leibeigenen,
offen stand jede Stellung und alle Ehre, wie es Brauches ist" [175].

Die Verwaltung des Gaues war vielseitig. Wir erfahren aus den
Urkunden, daß die Gaugrenzen festgestellt, das Nilwasser zur Zeit der
Schwelle eingedämmt, die Steuern geregelt wurden u. a. Ferner mußte

Fig. 18. Schreiber, die Abgaben verzeichnend.

jeder Ägypter der Polizei den Nachweis liefern, daß und wie er Subsistenz-
mittel besitze.

Zur Handhabung der Gerechtigkeitspflege gab es einen höchsten Gerichtshof, „das Gericht der Dreißiger", das aus den Priestern und Gelehrten
zusammengesetzt wurde und dessen Präsident als Amtszeichen eine goldene
Kette trug [176]. Minder wichtige Fälle entschied in jedem Gau der Gau-
richter, Nomarch. Der Pharao war nur bei politischen Vergehen die
höchste Instanz, z. B. bei Verschwörung gegen ihn und bei Hochverrat.
Außerdem gab es Oberaufseher (Minister) für Bauten und öffentliche
Arbeiten. Mehrere dieser Ämter waren oft in Einer Hand vereinigt; so
war zur Zeit des Pharao Usurtasen I. ein Menhuhotep Rechtsgelehrter,
Minister für öffentliche Arbeiten, Richter und Oberbaumeister [177]. Übrigens

lag die Verleihung auch dieser Ämter in der Hand des Pharao [178]. Was das Steuerwesen der Pharaonen betrifft, so sind wir gewohnt, uns den Steuerdruck möglichst schlimm vorzustellen. Indes scheint es doch nicht so arg gewesen zu sein. Die Priester und später auch die Krieger hatten steuerfreies Eigentum. Die übrigen zahlten je ein Fünftel des Boden= ertrags an den Pharao, waren dafür aber auch sicher vor besonderen Steuerauflagen. Wir werden später eingehender davon reden. Auch Handwerke waren besteuert, und außerdem gab es noch eine Kriegssteuer. Trotz alledem war, wie gesagt, die Steuer nicht übermäßig drückend. Wir kennen sogar ein Beispiel, daß das Volk freiwillig mehr Steuern zahlte, als die Taxe betrug. Das geschah unter Pharao Amenhotep II. [179] — ein Fall, der doch wohl in unseren Tagen schwerlich Nachahmung fände.

Die Steuern, die in natura gezahlt wurden (Fig. 18), da man keine Münzen hatte, waren aber nicht nur für den Pharao und für die Ver= waltung des Landes, sondern auch für die Tempel und den Gottesdienst bestimmt [180]. Nach allem Gesagten gab es also in der Verwaltung des Pharaonenlandes drei Zweige: Krieg, öffentliche Arbeiten und Steuern.

Bezüglich der Gesetze, nach denen man in Altägypten regierte, be= richtet uns Diodor von Sizilien, daß der Meineid und der Mord mit dem Tode bestraft wurden. Tötete ein Kind seine Eltern, so wurde es lebendig verbrannt; Eltern, die ihr Kind töteten, mußten die Leiche drei Tage und drei Nächte öffentlich in den Armen halten. — Aber auch der Mord eines Sklaven wurde mit dem Tode bestraft. Den Deserteur traf Entziehung der bürgerlichen Ehre [181]. Dem falschen Zeugen bei Gericht wurden Nase und Ohren, dem Spione die Zunge abgeschnitten. Der Kläger, der seine Anklage nicht beweisen konnte, wurde mit derselben Strafe belegt, die er dem Angeklagten zugedacht hatte. Verschwörer gegen das Leben des Pharao mußten sich eigenhändig töten; Ehebruch wurde beim Mann mit 1000 Stockhieben, bei der Frau durch Abschneiden der Nase, Notzucht mit Mutilation geahndet [182]. Auf Diebstahl stand Bastonnade. Überhaupt gehörten Stockhiebe ebenso wie Gefängnis zu den Kriminal= strafen und wurden auch bei Frauen angewandt. Die Todesstrafe bestand entweder in Enthauptung oder in Hängen. Eine zum Tode verurteilte Frau, die die Geburt eines Kindes erwartete, wurde erst nach erfolgter Geburt bestraft, ein Gesetz, das die Griechen von den Ägyptern annahmen. Als Handelsgesetz galt, daß die Zinsen nie das Kapital überschreiten durften, und daß nur die Güter, nicht aber die Person für Schulden zu haften hatten. Das waren Gesetze, denen fast ohne Ausnahme praktischer Wert, Weisheit und Gerechtigkeit nicht abzuerkennen sind. Was endlich das Heerwesen betrifft, so wissen wir, daß das altägyptische Heer aus Land= besitzern bestand, die zum Lohne für eine dreijährige Dienstzeit je sechs Mor= gen pacht= und steuerfreies Land erhielten. Die Bestimmung dieses Heeres

war, Angriffe von außen zurückzuweisen. Diese Einrichtung genügte natürlich
nicht mehr, als mit den großen thebanischen Herrschern, einem Thutmes III.
und Ramses II., sich eine großartige Eroberungspolitik entwickelte. Da
machte sich das Bedürfnis nach einem stehenden Heere geltend, denn die
militärischen Landbesitzer waren zu auswärtigen Kriegen unbrauchbar.
Dies damals geschaffene Heer mag etwa 400 000 Mann betragen haben,
eine Zahl, die im Verhältnisse zur Gesamtbevölkerung, die 6—7 Millionen
zählte, nicht sehr groß erscheint. Dazu kamen dann noch Mietstruppen,
und zwar Libyer, Griechen und phönizische Seesoldaten. Mietstruppen,
fremde Söldner gab's allerdings schon seit der Zeit der VI. Dynastie,
aber bis zu den Tagen der XX. Dynastie mußten sie in allem den eingeborenen Soldaten nachstehen. Erst unter Amasis und seinen Nachfolgern
wurde der Schwerpunkt in diese Mietstruppen, besonders die griechischen,
verlegt, da sie disciplinierter und tapferer im Kampfe waren, als die einheimischen Soldaten. Dadurch wurde der Pharao wohl mächtiger nach
außen, aber im Heimatlande um so schwächer, da Mißtrauen und Eifersucht sich unter den Eingeborenen gegen die Fremden immer mehr geltend
machten. Außerdem mußte dieses fremde Söldnerheer auf Kosten des
Landes unterhalten werden, und diese Ausgabe wurde, wie Herodot berichtet, allmählich sehr drückend. Nebenbei bemerkt, lag die Hauptstärke des
ägyptischen Heeres in den Bogenschützen und Kriegswagen. — Bei der
Bedeutung und Macht, mit der das Amt der Pharaonen umkleidet erscheint, ist es selbstverständlich, daß die Geschichte Ägyptens fast ganz in
der Geschichte der Pharaonen aufgeht. Vor dem Pharao beugte sich
alles: er erscheint wie ein höheres Wesen, wie dies das Loblied auf
Thutmes I. beweist:

> Heil dir, König Ägyptens — Sonne des Fremdvolks!
> Dein Name ist groß im Lande — gewaltig ist
> Deine Kraft — du gütiger Herrscher! Sie macht zu
> Schanden die Völker. — Der Pharao (Leben, Heil,
> Gesundheit ihm!) ist eine leuchtende Sonne! [183]

So sprach man vom Pharao in der besten Zeit. Vier Jahrhunderte
später aber sind die Pharaonen bereits der Gegenstand elendester, ver-
logenster Schmeichelei. So heißt es von Ramses IV. [184]: „Ein Berg von
Gold, erleuchtet er die Welt, gleichwie der Gott des Lichtkreises ... Er
verdoppelte das Königtum ... der Nilgott öffnet seinen Mund bei seinem
Namen. Seine Lebensdauer ist wie die der Sonne ... Er war es,
der das Volk zu dem machte, was es ist ... er ist ihm wie der junge
Mond ..."

So sehr trat die Person des Pharao in den Vordergrund: wie gesagt, die Geschichte der Pharaonen ist die Geschichte Ägyptens. Wir geben
im folgenden einen Überblick über dieselbe.

b. Geschichte Ägyptens unter den Pharaonen.

Um 270 v. Chr. verfaßte Manetho, ein Priester von Heliopolis, eine ägyptische Geschichte, zu welchem Zwecke ihm als Gelehrtem die Archive des Reichs zur Verfügung standen. Von dem Wenigen, das uns von seiner Arbeit durch den jüdischen Geschichtschreiber Josephus erhalten blieb, ist das Wichtigste die sogenannte Königsliste, die durch die neueren Forschungen in auffallender Weise bestätigt wurde. Zur Herstellung der Reihe der Pharaonen mußte die von Manetho gegebene Pharaonenliste mit der in Sakkara und einer andern, im Tempel von Abydos gefundenen, verglichen werden. Diese Vergleichung lehrt, daß es in Ägypten bis zur Eroberung desselben durch Alexander den Großen 31 Dynastieen gab. Schwierigkeiten ganz besonderer Art bereitet die Chronologie. Einmal wissen wir nicht, ob nicht mehrere der Manethonischen Dynastieen gleichzeitig regierten, wie das im Nilthale öfter vorkam. Dann aber läßt der eigentümliche Umstand, daß die Pharaonen oft noch bei Lebzeiten ihre Nachfolger zur Mitregierung beriefen [185] und wir über den Zeitpunkt dieser Berufung nicht unterrichtet sind, während doch die Pharaonen von da an ihre Regierungsjahre zählen, an einer Feststellung der Chronologie völlig verzweifeln. Daher erklären sich die großen Schwankungen, so daß die Ansetzung des Beginnes der ersten historischen Periode Ägyptens je nach der Berechnungsweise der Dynastieendauer verschieden ist. Die Aufzeichnungen ägyptischer Astronomen reichen bis ins vierte Jahrtausend v. Chr. zurück, und verhältnismäßig am besten gestützt ist nach Lepsius die Zahl 3892 v. Chr. als erstes historisches Datum für die Zeit des Pharao Menes aus Thiß (Abydos) in Oberägypten. Dieser Menes wird als erster Pharao und als Gründer der ältesten Hauptstadt Memphis genannt. Von den ersten drei Dynastieen wissen wir überaus wenig [186]. Die IV. Dynastie aber ist die der großen Pyramidenerbauer Chufu, Chafra, Menkara, nach Brugsch zwischen 3733 und 3600 v. Chr., und so sind denn mit Recht die Pyramiden von Gizeh die Marksteine der Weltgeschichte genannt worden. An sie knüpft in der That das erste Glied der langen Kette historisch nachweisbarer Menschenthaten, weltgeschichtlicher Ereignisse an.

Mit der VI. Dynastie (um 3200) beginnen die Kämpfe mit den Nachbarvölkern. Als erster kriegerischer Pharao erscheint Pepi (um 3233): er unterwirft Nubien, kämpft mit Glück gegen die Libyer und unterjocht die Bewohner der Sinai-Halbinsel.

Bisher war der Mittelpunkt des politischen Lebens hauptsächlich Memphis gewesen, die Residenz der III. und IV., der VI. bis IX. Dynastie. Mit der XI. bis XV. Dynastie hebt sich Theben in Oberägypten und wird durch die XII. Dynastie Hauptstadt des Reichs. Die inneren Kämpfe um die Herrschaft, die seit der VI. Dynastie fortgedauert, hören nun auf:

die verschiedenen Provinzen, die sich während jener Zeit unabhängig ge=
macht, werden zum Gehorsam zurückgeführt. Fällt in die Zeit der
VI. Dynastie die erste Blüte des Reichs, so bezeichnet die XII. Dynastie
die zweite Glanzperiode: ihr gehören die mächtigen Pharaonen, ein
Amenemhat I. und III., ein Usurtasen I., II., III. an. Eine gewaltige
Bauthätigkeit im Innern schafft Riesenwerke, wie den sogenannten Mörissee
und das „Labyrinth" [157]; durch eine großartige Eroberungspolitik werden
die Nubier und Neger und die Sinai=Halbinsel unterworfen.

Aber selbst unter diesen mächtigen Pharaonen war das Gefüge der
einzelnen Gaue ein zum Teil noch sehr loses; Abydos und Memphis suchen
Theben den Vorrang streitig zu machen. Schlimmer wird das zur Zeit
der XIII. Dynastie.

Da brechen (um 2233 v. Chr.) fremde, semitische Einwanderer, Hyksos
(Könige der Araber) genannt, ein arabisches Schaju= oder Beduinenvolk,
ins Nilthal ein, reißen die Herrschaft an sich und regieren das Land von
Avaris im Delta aus, während sich die einheimischen Könige in den Süden
jenseits der Katarakte von Suan zurückziehen.

Ungefähr 500 Jahre lang dauern die Kämpfe der einheimischen
Pharaonen, die von Nubien aus Ägypten allmählich wieder erobern. Pharao
Ahmes, der Stifter der XVIII. Dynastie (um 1700 v. Chr.), zieht als
Sieger in Memphis ein. Aber erst unter seinem zweiten Nachfolger
Thutmes I. (ca. 1633) werden die letzten Hyksos vertrieben. Fortan ist
Theben [158] die Hauptstadt Ägyptens. Diese XVIII. Dynastie mit den
vier Amenhoteps und den vier Thutmes bezeichnet die Zeit des mächtigen
Aufschwungs des Pharaonenreichs, das nun als völlig einheitlicher Staat
erscheint. Macht nach außen, gigantische Bauten im Innern und blühender
Handel sind Beweise für den Glanz dieser Periode. Der mächtigste der
Thutmes ist der dritte, der sein Reich bis zum Tigris ausdehnte und,
ähnlich dem spätern großen Macedonier Alexander, als Eroberer auftritt.
In 14 Feldzügen unterwirft er Ninive und Babylon, Assur und Sinear.
Mit richtigem Takte hatten sich diese Pharaonen der XVIII. Dynastie
gegen Asien gewandt. Von dort aus hatte Ägypten seit fünf Jahrhunderten
fortwährend Einfälle erlebt, von dort — das erkannten die Pharaonen —
drohte dem neugeeinigten Reiche Gefahr.

Den Gipfelpunkt des Glanzes und der Macht Ägyptens aber bezeichnet
die Zeit der XIX. Dynastie (ca. 1400—1200). Schon Seti I., der
zweite in dieser Pharaonenreihe, erscheint als Bauherr in Theben und als
Sieger über das widerspenstige Syrien. Der mächtigste der Könige aber
ist Ramses II., Miamun, der Sesostris der Griechen, Setis großer
Sohn. Er baut einen Kanal zwischen dem Nil und dem Roten Meer,
beutet Bergwerke in Nubien und im Sinai aus, knüpft Handelsbeziehungen
mit Südarabien an [159]; unter ihm erreicht die Bauthätigkeit der Pharaonen

Granitstatue Ramses' II.

ihre höchste Entwicklung. Überall im Norden und Süden finden wir Spuren seiner Kolossalbauten, zu denen auch fremde Völker, besonders die Israeliten, mithelfen mußten. In Nubien baute er Felsentempel, so den von Beit-el-Walli, den von Gerf Hussein, von Kuban, Wadi-Sebua, Derr, besonders aber den großartigsten und schönsten der Felsentempel, den von Ipsambul (Abu Simbel) an der Südgrenze des Reiches. Im eigentlichen Ägypten errichtete er den schönen Tempel von Abydos; ganz besonders aber verdankt ihm die Reichshauptstadt, das „hundertthorige" Theben, seine Pracht. Hier baute er den großen Reichstempel des Ammon-Ra (zu Karnak), den schon Usurtasen I. und Seti I. begonnen, aus und fügte ihm den schönsten Teil, den sogenannten Riesensaal, an. Der herrlichste seiner Bauten aber ist das sogenannte Ramesseum im Westteile des alten Theben, „das schönste Gebäude des pharaonischen Altertums". Er baute auch am Tempel von Luxor, den schon Amenophis III. errichtet hatte, der auch jenen Tempel erbaute, von dem jetzt nur noch die beiden sogenannten Memnons-säulen stehen [190]. Den Tempel von Kurnah hatte schon Seti I. erbaut, den von Medinet-Habu errichtete Ramses III. Wie die Kunst, so blüht jetzt auch die Wissenschaft. Von beiden wird später eingehend die Rede sein. Ganz besonders aber erscheint Ramses II. als großer Eroberer. Unter ihm finden wir, wie die gleichzeitigen Abbildungen in Tempeln und Gräbern zeigen [191], das Kriegswesen ganz ausgebildet. Seine Armee soll nach Diodor 700 000 Krieger gezählt haben, sicherlich aber konnte er 400—500 000 ins Feld stellen. Wir erblicken auf den Bildern Kavallerie, die aus Schwa-dronen von Kriegern besteht deren jeder von einem Streitwagen herab kämpft, den zwei Rosse ziehen (Fig. 19). Die Wagenstreiter führen als Waffen Pfeil und Streitart. Das Fußvolk (Fig. 20) ist durch Panzer und Schild ge-schützt und handhabt Lanze, Dolch, Beil und Schwert. Auch einen Vor-trab und Plänkler erblicken wir; sie führen Schleudern und die mörderischen Schlachtsicheln, wie sie noch heute in Abessinien gebraucht werden. Den Kriegsmut erhöht und belebt eine aus Trommlern und Trompetern bestehende Musik. Fahnen und Banner, besonders das Reichsbanner mit der Sonnen-scheibe, dem Symbole des Gottes Ra, werden in den Schlachtreihen mit-geführt. Der König selbst, einen goldenen Köcher an der Seite, goldene Schabracken auf dem Streitroß und auf dem Haupte die Doppelkrone, zieht mit in die Schlacht. Mit solchem Heere unterwirft Ramses Äthiopien, zieht dann nach Asien, besiegt in ruhmreichem Feldzuge die schon unter Seti I. feindlich auftretenden Cheta, die Chittim oder Hethiter der Bibel, durch die große Schlacht bei Kadesch und am Orontes; unterwirft Palästina, Syrien und Mesopotamien. Kein Pharao vor oder nach ihm hat seine Herrschaft so weit wie er nach Osten und so weit nach Süden ausgedehnt. Bemerkenswert ist noch, daß er zur Sicherung der Grenzen und zum Schutze der Kupferbergwerke im Sinai eine Flotte im Roten Meere

schuf und unterhielt, die ihre Fahrten bis zum Kap Guadarfui aus=
dehnte [192].

Als Ramses II. ca. 1322 v. Chr. starb, trug man den letzten der
großen Pharaonen zu Grabe. Der Verfall, der übrigens schon in der
letzten Zeit seiner Regierung begonnen, macht unter seinen schwachen
Nachfolgern rasche Fortschritte. Sein Sohn Meneptah unterliegt den Juden,
die unter ihm Ägypten verlassen, in dem sie seit der Hyksoszeit geweilt
hatten. Nur vorübergehend schlägt der hervorragendste der Könige nach
Ramses II., der Pharao Ramses III., die Libyer, dann reißt der immer
mächtiger werdende Priesterstand die Herrschaft an sich und besteigt den

Fig. 19. Ägyptischer Streitwagen.

Thron (XXI. Dynastie). Thebens Glanz ist gebrochen. Nicht durch
kräftiges Auftreten, sondern durch kluges Entgegenkommen suchen diese
Priester=Pharaonen mit den großen Völkern ringsum in Frieden zu bleiben,
und so fallen in diese Zeit die Beziehungen König Salomons von Israel
zu dem Pharaonenreiche [193]. Mit der XXII. Dynastie (um 960) besteigen
die Bubastiden (aus Bubastis, altägyptisch Pibast) den Thron: Scheschenk,
der biblische Sisak, erobert Jerusalem für den König Jeroboam gegen
Rehabeam, aber schon sein Nachfolger Osarkon wird von dem jüdischen
Könige Assa geschlagen. Unter der XXIII. (tanitischen) und XXIV.
(saitischen) Dynastie wird Ägypten ein Spielball der Äthiopen und Assyrer,

die sich um den Besitz des Nilthals streiten, bis mit der XXV. Dynastie die Äthiopen unter Sabako Oberägypten erobern und Theben wieder zur Residenz machen. Sabakos Nachfolger Taharka, der biblische Tirhaka, wird von den Assyrern geschlagen. Zwölf Vasallenfürsten, die sogenannten Dodekarchen, erheben sich gegen die assyrische Fremdherrschaft, bis einer von ihnen, Psametik, mit Hilfe der Griechen den Thron erlangt und die XXVI. Dynastie (ca. 666 v. Chr.), wiederum eine saitische, gründet.

Diese saitische Dynastie bewirkt einen neuen Aufschwung in Politik, Kunst und Handel. Vorübergehend werden die Juden (bei Megiddo) durch Necho, die Cyprier, Tyrier, Syrier durch Apries, den biblischen Hophra,

Fig. 20. Ägyptisches Fußvolk.

besiegt; Afrika wird umsegelt, ein Kanal zwischen dem Nil und dem Roten Meer zu bauen begonnen; Naukratis wird (unter Amasis) blühende Handels-stadt, die Kunst erlebt eine schöne Nachblüte, die sogenannte ägyptische Renaissance — aber die siegreich vordringende Persermacht bemächtigt sich unter Kambyses 525 v. Chr. durch die Schlacht bei Pelusium des Pharaonenreiches, das durch innere Kämpfe, die aus der Eifersucht der Ägypter auf die von Psammetich und seinen Nachfolgern auffallend begünstigten und ins Land gezogenen Griechen entstanden, längst ge-schwächt war.

Vorübergehend reißen dann nochmals einheimische Dynastieen, die

XXVIII., XXIX., XXX., die Herrschaft an sich, erliegen aber endlich wieder den Persern und werden mit diesen von dem macedonischen Eroberer, dem großen Alexander, 333 v. Chr. unterjocht, der Alexandrien gründet, das unter seinen Nachfolgern, den Ptolemäern, Mittelpunkt des Welthandels und der griechisch=ägyptischen Weltbildung wird und an Glanz bald die alten Hauptstädte Memphis und Theben übertrifft.

Unter dem dritten der Ptolemäer erreicht Ägypten den Höhepunkt äußerer Macht: das Seleucidenreich und das cilicische Kleinasien werden erobert. Im Innern entwickeln die Ptolemäer eine rege Bauthätigkeit, viele alte Tempel erheben sich wieder aus dem Schutte, neue werden erbaut [194]. Aber Anarchie und ewige Thronstreitigkeiten veranlassen wiederholt das Eingreifen der neuen Weltmacht, der Römer, denen das Reich endlich erliegt: Ägypten bleibt durch beinahe vier Jahrhunderte (von 30 v. Chr. bis 362 n. Chr.) römische Provinz. Über diesen Kampf mit den Römern und die Herrschaft der letzteren am Nil werden wir später berichten. Ägypten war, dank dem glücklichen Umstande, daß der Nil und das Nilthal beiderseits eng von Gebirgszügen wie von natürlichen Befestigungen eingeschlossen werden, viele Jahrtausende unabhängig geblieben, hatte Libyern und Semiten und Äthiopen erfolgreich Widerstand geleistet und, wenn auch zeitweise unterjocht, sich ihnen endlich stets wieder entwunden; den großen Weltmächten des Altertums aber konnte es nicht widerstehen: es fiel nacheinander den Assyrern, Persern, Macedoniern und Griechen, endlich den Römern zur Beute.

4. Wissenschaft, Poesie und Kunst.

a. Wissenschaft.

Zwar nicht mit so lebhafter Phantasie und feinem Verstande wie die Griechen begabt, aber mit klarem Geiste, Wissensdrang und Fleiß ausgerüstet, erwarben sich die alten Nilthalbewohner ein für jene grauen Vorzeiten erstaunliches Wissen, so daß sie die Lehrmeister der Griechen wurden. Der jetzt öde und erbärmliche Ort Matarieh mit seinem einsamen Obelisken bezeichnet die Stelle, die einst Sitz und Mittelpunkt menschlichen Wissens war, denn hierhin, nach dem hochberühmten Annu (On oder Heliopolis), kamen die Weisen, um zu lernen und das erworbene Wissen in fernen Ländern zu verbreiten. Herodot nennt die Ägypter „die bei weitem unterrichtetsten Menschen von allen, die er kennen gelernt". Als die Eleer ihre olympischen Spiele einrichten wollten, sandten sie zu den Ägyptern, als zu „den weisesten aller Menschen". Plato und Eudoxos, Thales und Pythagoras, Demokrit, Alcäus, Euripides und zahllose berühmte Griechen bis auf Herodot, Diodor und Strabo — sie alle wanderten zum Nile,

um dort die Schulen ägyptischer Weisheit zu besuchen. „Wenn die
Griechen erzählten, daß Danaos die ersten Keime der Civilisation aus
Ägypten nach Argos gebracht, daß König Erechtheus, der die eleusinischen
Mysterien lehrte, ein Ägypter gewesen, daß die Theologen Orpheus und
Musäus, der Dichter Homer, daß endlich die Gesetzgeber Lykurg und
Solon ihre Kenntnisse aus dem Nillande geholt, so ist es gleichgültig, ob
das alles historisch wahr ist: es liegt in der Richtung aller dieser Sagen
Beweis genug für die Anerkennung ägyptischer Weisheit und Gelehrsamkeit."
Daß letztere eine solche Bedeutung erhielt, hatte seinen Grund hauptsächlich
in der historisch nachweisbaren Wißbegierde der alten Ägypter. Für diese
liefern uns die Monumente manchen interessanten Beleg. So werden bei
Aufzählung von erbeuteten Gegenständen immer jene besonders hervor-
gehoben, die den Ägyptern bis dahin unbekannt gewesen [195]. Als Thutmes III. einst aus einem auswärtigen Kriege unter anderm zwei bis dahin
unbekannte Vögel heimbrachte, da hatte der große Pharao — so berichtet
eine Inschrift [196] — darüber mehr Freude, als über die sämtliche übrige
reiche Kriegsbeute.

Was nun die Kenntnisse der alten Ägypter betrifft, so erwähnen wir
hier zunächst einer uralten Erfindung derselben, die die Reise und Gesittung im Abendlande um Jahrtausende beschleunigen half: wir meinen
die der Schrift. Bereits am Ausgange des vierten Jahrtausends v. Chr.
finden wir eine Inschrift des Pharao Snefru [197]. Es ist aber wohl nicht
zweifelhaft, daß schon zu Menes' Zeit die ägyptische Schrift vorhanden
war [198]. Bereits aus der Zeit der XII. Dynastie (also nach Brugsch
mindestens 22 Jahrhunderte vor unserer Zeitrechnung) besitzen wir in
einem Papyrus die erste Kursivschrift der Welt, und letztere erreichte bereits im 14. Jahrhundert v. Chr. ihre Vollendung.

Diese alte Inschriftensprache entziffert zu haben, ist bekanntlich an
erster Stelle dem berühmten Franzosen Champollion dem Jüngern zu danken,
der dadurch nach Chateaubriands schönem Ausspruche sich ein Andenken
schuf, das dauern wird so lange wie die Monumente, die er auf diese
Weise die Welt kennen lehrte [199]. Durch die von Kapitän Bouchard im
Jahre 1799 aufgefundene Tafel von Rosette, die eine Inschrift mit Königs-
namen in hieroglyphischer und demotischer Schrift und in griechischer Über-
setzung enthält, war Champollion in den Stand gesetzt, die ägyptische
Schrift mit der griechischen Umschreibung derselben zu vergleichen — das
Resultat dieses Studiums war das erste gesicherte altägyptische Alphabet,
dem bald ein Wörterbuch und eine Grammatik Champollions folgten.
So sind wir nun in der Lage, jene Schrift zu lesen, die selbst den
Griechen und Römern, die doch einst Herren des Nilthales waren, ein
Geheimnis blieb.

Verweilen wir nun einen Augenblick bei dieser Schrift, so ist zunächst zu bemerken, daß jede Schrift in drei aufeinander folgenden Phasen sich bildete: nämlich der ideographischen, d. i. Zeichnen eines Gegenstandes, der diesen selbst oder eine symbolisierte abstrakte Idee bezeichnet; dann der phonetischen oder dem Syllabismus, d. i. Zeichnen eines Tones, Lautes, einer Silbe; und endlich der alphabetischen, d. i. Zeichnen eines bestimmten Buchstabens als Teil der Silbe. Das Hauptverdienst Champollions und der eigentliche Schlüssel zum Lesen der Hieroglyphen liegt in der Entdeckung, daß in den letzteren ideographische und phonetische Zeichen gleichzeitig zur Anwendung kamen. Es ist aber ein Verdienst der Ägypter, über die sogenannte phonetische Stufe, der Bildung nämlich von Lauten und Silben, zur alphabetischen, der Buchstabenbildung, fortgeschritten zu sein.

Die hieroglyphische Sprache besteht also zunächst aus Zeichen für die Objekte selbst: so ist ☉ = Sonne; ferner aus symbolischen Zeichen, z. B. ein Augapfel ● für Auge; dann Zeichen für abstrakte Begriffe, so das Vorderteil eines Löwen 🦁 für Vorrang; ferner Zeichen für Silben, z. B. ☦ = anch, ⬯ = ar; endlich Buchstaben, z. B. ║ = b, △ = k u. s. w. Diese Sprache nun ist, weil früh in ihrer Entwicklung gehemmt, arm, und hat daher eine Menge von Synonymen. So bedeutet z. B. anch, hieroglyphisch: ☦, zugleich: leben, schwören, Ohr, Spiegel, Ziege, wie unser Wort „Thor" den Gott der nordischen Mythologie, einen Narren und eine Pforte bedeutet. Um nun die richtige Deutung des Wortes erkennen zu lassen, setzte man erklärende Zeichen, sogenannte Determinativzeichen, hinter die phonetisch geschriebenen Gruppen. So wird z. B. hinter das obige ☦ = anch ein Stück Fell mit dem Schwanze 🦊 gesetzt, um anzudeuten, daß anch hier „Ziege" bedeutet.

Zum Vergleiche sei bemerkt, daß auch unsere modernen Sprachen Determinativzeichen haben: so die Ausrufungs=, Frage=, Anführungszeichen; ferner sind die großen Buchstaben Determinative der Eigennamen im Englischen und Französischen und der Hauptwörter im Deutschen.

Es giebt nun ein dreifaches System der ägyptischen Schrift: das hieroglyphische, hieratische und demotische. Champollion fand aber bald, daß die beiden letzteren Schreibarten nichts anderes sind, als eine mehr oder minder kursive Schrift des Hieroglyphischen. So wurde z. B. aus dem hieroglyphischen Zeichen für Eule = 🦉 in der hieratischen Schrift das Zeichen ⟨, und in der demotischen blieb davon nur das Zeichen ⟩.

Die hieroglyphische Schrift wurde zu Inschriften, Urkunden 2c. benutzt; in der Wissenschaft und im gewöhnlichen Verkehr bediente man sich der kursiven sogenannten hieratischen Schrift. Die hieroglyphische Schrift blieb bis in die römische Zeit im Gebrauch; die letzte Inschrift in Hieroglyphen stammt aus der Zeit des Kaisers Decius. Seit der Zeit der XXI. Dynastie tritt an die Stelle der hieratischen Schrift eine noch mehr abgekürzte und verdünnte Kursivschrift, die sogenannte demotische, eine völlig alphabetische Schrift.

Selbstverständlich konnte man, als man die altägyptische Schrift wieder zu lesen vermochte, sie darum noch nicht verstehen. Um die Erhaltung des Verständnisses der altägyptischen Sprache hat sich die Kirche und haben die Päpste sich die größten Verdienste erworben.

Als nämlich in den ersten Jahrhunderten unserer Zeitrechnung das Christentum ins Nilthal eindrang, begannen die christlichen Ägypter ihre demotische Schrift mit griechischen Buchstaben zu schreiben. So entstand die sogenannte koptische Sprache, die von der Sprache der Pharaonenzeit nicht mehr abweicht, als z. B. das Italienische vom Lateinischen, denn die koptische Sprache ist nur eine spätere Entwicklungsstufe der hieroglyphischen. So ist die koptische Sprache der Schlüssel zum Verständnisse der altägyptischen. Diese koptische Sprache hat sich nun zwar zunächst bei den von der Kirche abgefallenen monophysitischen Christen des Nilthals bis heute im gottesdienstlichen Gebrauche erhalten, aber die heutigen Kopten verstehen sie gar nicht mehr; sie wird nur mechanisch ohne Kenntnis des Inhaltes beim Gottesdienste gelesen[209]. Die Päpste waren es, die die Evangelien ins Koptische übersetzen und solche Übersetzungen auch zuerst zu Rom durch die sogenannte Propaganda drucken ließen. Der Jesuit Athanasius Kircher aus Fulda bearbeitete dann diese Sprache wissenschaftlich, und so wurde die Kenntnis der koptischen Sprache und damit der Schlüssel zum Verständnis der hieroglyphischen durch die Kirche gerettet bis in unsere Zeit.

Vergleichen wir nun diese altägyptische Sprache mit anderen uralten Idiomen, so erblicken wir schon darin einen Vorzug derselben vor anderen, z. B. der chinesischen, daß sie durch Konsonanten verursachte Zusatzlaute zu grammatikalischen Zwecken hat; ein entscheidendes Übergewicht aber über sämtliche älteste Sprachen hat sie dadurch, daß sie ein doppeltes, grammatikalisches Geschlecht besitzt. Übrigens kann die Wichtigkeit der Erfindung der Buchstabenschrift durch die Ägypter nicht genug betont werden. Die Phönizier entlehnten ihre Buchstaben den Ägyptern, und alle Alphabete Europas und Asiens, die der Griechen, Etrusker, Römer, Hebräer, Syrier, Araber, ja auch die des Sanskrit und der Zendsprache sind wieder aus dem der Phönizier gebildet.

Da die hieroglyphische Sprache ihre großen Schwierigkeiten hatte, und ihre Niederschreibung auch eine nicht geringe Kunstfertigkeit verriet, so begreifen wir, daß die der Schrift Kundigen eine ehrenvolle Stelle im alten Ägypten einnahmen und das Amt des „königlichen Schreibers" eines der vornehmsten am Hofe Pharaos war; diese Schriftkundigen wurden mit Titeln, wie „Meister der Schrift" und „Leuchte für alles Schriftwerk im Hause Pharaos", beehrt und erhielten auch wohl, wie der bereits früher erwähnte Ti, eine Tochter des Königs zur Gattin.

Sehr frühe bildete sich in Ägypten eine wissenschaftliche Litteratur aus, und diese finden wir bereits in der ältesten Zeit in Bibliotheken vereinigt.

Die ältesten Litteraturwerke wurden wohl auf Stein eingemeißelt und bei den Tempeln aufbewahrt. Aber auch schon sehr frühe finden wir Papyrusrollen. Die Reste des ältesten Papyrus sind im Besitze von Lepsius. Er redet von den Pharaonen Menes und Snefru, gehört also wohl der Zeit des alten Reiches an [201]. Als „ältestes Buch der Welt" hat man den Papyrus Prisse, jetzt in Paris, bezeichnet, der wohl zur Zeit der XII. Dynastie geschrieben wurde, aber in einzelnen Teilen aus der Zeit des Pharao Snefru stammt. Mehrere Papyrusreste, in London und Livorno aufbewahrt, sind aus der Zeit der XII. Dynastie, also etwa 24 Jahrhunderte v. Chr. Nach Lepsius ist das älteste Litteraturwerk, das wir besitzen, das sogenannte Totenbuch der Ägypter, das in seinem Kerne aus der ältesten Zeit stammt [202]. In Berlin befindet sich ein sehr alter Papyrus, der anatomischen, in London ein solcher, der geometrischen Inhalt hat.

In einem Grabe zu Gizeh wird bereits ein Beamter der VI. Dynastie, also etwa 32 Jahrhunderte v. Chr., „Vorsteher des Hauses der Bücher" genannt [203], also war schon damals die ägyptische Litteratur so groß, daß sie eine ganze Bibliothek füllte, die eines besondern Konservators bedurfte.

Hätten wir diese Bibliothek noch, sie würde für uns kostbarer sein, als selbst die alexandrinische. Von Diodor wissen wir, daß Ramses II. im 14. Jahrhundert v. Chr. eine große Bibliothek in seinem Tempel zu Theben einrichtete. Es läßt sich ja auch nur aus dem Umstande, daß von alters her Ägypten Bibliotheken hatte, die Thatsache erklären, daß es in den ersten Zeiten der griechischen Herrschaft bereits möglich war, die in Alexandrien gegründete Bibliothek in wenig Jahren mit 400 000 Rollen anzufüllen, in einer Zeit, wo noch kein anderer Vorgang als die Privatsammlung des Aristoteles vorhanden war. Die gesamte ägyptische Wissenschaft war nach Clemens' von Alexandrien Bericht in den 42 sogenannten hermetischen, heiligen Büchern niedergelegt, die von der Religion, den Gesetzen, der Schrift, der Geometrie, Geographie, Chronographie, Astrologie, Musik und Medizin handelten. Die Ägypter nannten diese Bücher die des Tahut, eines Gottes, von dem sie dieselben erhalten haben wollten. Diesen Tahut identifizierten die Griechen mit ihrem Gotte Hermes und nannten daher diese Bücher hermetische. Dieser wissenschaftliche Coder ist also ein geordnetes, abgeschlossenes Ganze, wie wir ein solches bei keinem einzigen Volke des Altertums, selbst nicht bei den Indern, finden.

Fragen wir uns nun, was wußte man damals, so wenden wir uns zunächst den stummen und doch so beredten Zeugen, den Pyramiden, Tempeln und Gräbern zu.

Vor einigen Jahren erschien ein Buch über die große Pyramide des Chufu von dem Engländer M. Shmyth. Wegen seiner ultramystischen Richtung und seiner prophetischen Folgerungen wurde das Buch von der deutschen Kritik mit Recht sehr abfällig beurteilt [201]. Nach einer andern Richtung aber hat das Buch seinen Wert. Überblicken wir die durch Shmyths überaus fleißige, an Ort und Stelle vorgenommene Messungen festgestellten, fein berechneten Proportionen der Pyramiden [205], so staunen wir über die mathematischen und astronomischen Kenntnisse der alten Ägypter ca. 40 Jahrhunderte v. Chr., und unser Erstaunen wächst, wenn wir bedenken, daß alle diese Messungen und Berechnungen der Proportionen von den alten Baumeistern ohne Kenntnis unserer mathematischen und astronomischen Instrumente vorgenommen wurden. Da ist alles so genau berechnet, so fein proportioniert, wie wir es mit unseren Hilfsmitteln heute kaum besser zu thun vermöchten. Der Umstand, daß die Pyramiden so genau astronomisch orientiert sind, beweist, wie vollkommen die Beobachtungsinstrumente der alten Ägypter gewesen sind. Wenn dem entgegen Perrot und Chipiez neuerdings behaupten, „daß die Ägypter kundige Mathematiker gewesen, sei pure Erfindung", so sind sie den Beweis dafür schuldig geblieben. Wir wissen, daß den Baumeistern die altägyptische Elle als Maßeinheit diente [206], und daß sie schon verstanden, hohe Körper durch ihren Schatten zu messen. Von der mathematischen Tüchtigkeit der alten Ägypter zeugt es auch, daß der große Archimedes seine berühmte Wasserschraube in Ägypten erfand [207]. Der Zählung lag das Decimalsystem zu Grunde. Man kannte in der hieroglyphischen Schrift außer den Decimalzahlen nur den Einer; so mußte z. B. die Zahl 22 dargestellt werden als $10 + 10 + 1 + 1$, ähnlich der römischen Zahlenschreibweise: XXII. In den hieratischen und den demotischen Texten aber hat man eigene Zeichen für die Zahlen von 1—9, 10—90, 100—900 u. s. w. Brüche konnte man nur mit dem Zähler 1 schreiben.

Besonders staunenswert erscheinen die astronomischen Kenntnisse des Pharaonenvolks. Sie kannten bereits den Unterschied zwischen Wandelsternen, „den nie ruhenden", und Firsternen, „den nie sich bewegenden"; kannten den Jupiter als Hartapihetau, den Saturn als Harkahir, den Mars als Harmakhi, den Merkur als Sebek, die Venus als Duau, den Abendstern als Bennu [205], kurz — alle mit freiem Auge sichtbaren Sterne waren ihnen bereits bekannt. Nach den Sternen berechneten sie ihr Jahr, das ägyptische Priester schon dem griechischen Weltweisen Thales mitgeteilt haben sollen [209]. Daher war ihnen der Sovt oder Sothis, unser Sirius, am besten bekannt. Sein Erscheinen fiel regelmäßig mit dem periodischen Anschwellen des Nil zusammen und war in Memphis nach ihrer Beobachtung am ersten Thot vor Sonnenaufgang sichtbar. Daher setzten sie den Beginn ihres Jahres, das 12 Monate mit je 30 Tagen zählte, in diesen Zeitpunkt. So erhielten sie ein Jahr von 360 Tagen. Schon frühe jedoch bemerkten sie, daß dies Jahr nicht mit dem Sonnenjahre stimme, und fanden den Unterschied mit $5^1/_4$ Tagen im Jahre. Um diesen auszugleichen, schalteten sie jedes Jahr fünf Ergänzungstage ein. Es blieb nun noch ein jährlicher Überschuß von $^1/_4$ Tage, der in vier Jahren zu einem ganzen Tage anwuchs, also nach 365 zu $^1/_4$ Jahr und nach viermal 365 Jahren zu einem Jahr; daher rechneten sie das 1460. Jahr als das 1461. — das war die sogenannte Sothisperiode, nach deren Ablauf also das Kalenderjahr wieder mit dem astronomischen zusammenfiel und der Sothis wieder am ersten Thot vor Sonnenaufgang in Memphis sichtbar wurde.

Aber noch mehr. Auf den Monumenten finden wir chronologische Doppelzählungen. Daraus kann man schließen, daß man außer mit einem Mondjahre auch bereits mit einem festen Jahre bekannt war, das man zur größern Sicherheit bei wichtigen Zeitangaben heranzog [210]. Ferner ersehen wir aus anderen alten Inschriften, daß die Ägypter schon 25 Jahrhunderte vor unserer Zeitrechnung vier verschiedene Formen des Jahres kannten: das Wandeljahr, das Firjahr, das Mondjahr und ein Mondjahr mit eingeschalteten Tagen [211]. Jedenfalls hatte man aber schon zur Zeit der VI. Dynastie, also etwa 32 Jahrhunderte v. Chr., eine feste Jahresrechnung, denn Inschriften aus jener Zeit berichten uns bereits von dem Feste des Jahresschlusses [212].

Interessant ist, daß die Ägypter den Griechen ihre Jahresberechnung lange verheimlichten. Erst spät erfuhren letztere diese Berechnung aus übersetzten Abhandlungen ägyptischer Priester [213].

Selbst die Sonnenfinsternisse verstand man bereits zu berechnen, denn Thales berechnete die vom 30. Sept. 610 v. Chr. nach ägyptischen Tafeln, ebenso Heliton von Cyzikus die vom Jahre 404 v. Chr. [214]

Aufzeichnungen eines Festkalenders begegnen wir schon zur Zeit Ramses' III. [215], Fragmenten desselben schon aus Thutmes' III. Regierung [216]; in thebanischer Zeit wurden auch schon die Sternaufgänge fürs ganze Jahr verzeichnet [217]. Bekannt ist auch, daß die Ägypter sehr an der Astrologie hingen; sie hatten je nach den Sternbildern ihre guten und bösen Tage. Daran erinnert der Umstand, daß die Griechen und Römer ihre dies fasti und nefasti „ägyptische Tage" nannten.

Was die medizinischen Kenntnisse der alten Ägypter betrifft, so gab es schon sehr früh Schriften über die Arzneikunde. Dieselben reichen bis zum ersten Herrscherhause der Thiniten [218]. Nach Herodot sollen die Ärzte in Klassen eingeteilt gewesen sein, deren jede sich mit der Behandlung nur einer Art von Krankheit befaßte. Der Schlüssel zur Erklärung dieser Aussage des gelehrten Griechen scheint mir in der Vergleichung der Angaben in den ältesten erhaltenen medizinischen Schriften der Ägypter [219] mit den noch heute im Nilthal herrschenden Krankheiten zu liegen. Danach waren damals und sind noch heute hauptsächlich Augenkrankheiten und Dysenterie die vorwiegenden Leiden der Nilthalbewohner. Für beide Krankheiten nun werden Spezialärzte vorhanden gewesen sein. Als Heilmittel waren etwa 50 Arten von Vegetabilien, Mineralsubstanzen und Ölen in Gebrauch. Die theoretischen Kenntnisse der Ärzte waren gering, besser kannten sie die Heilmittel. Übrigens müssen diese Kenntnisse um so höher angeschlagen werden, als religiöse Bedenken den Ärzten die Anatomisierung der Leichen verboten und außerdem durch die Religion bestimmte Normen der Behandlung bei Krankheiten vorgeschrieben waren, so zwar, daß, wenn ein Patient, der mit Hintansetzung jener Normen behandelt war, starb, der betreffende Arzt als Mörder bestraft wurde.

Daß die medizinische Wissenschaft hochgeehrt war, ersehen wir daraus, daß schon des Pharao Mena Sohn, Athothis, ein Buch über die Anatomie geschrieben haben soll; ja, die Pharaonen selbst schrieben Bücher über Arzneikunde [220]. Und auch im Auslande genoß die ägyptische medizinische Wissenschaft einen hohen Ruf: die Perserkönige ließen sich mit Vorliebe von ägyptischen Ärzten behandeln [221], und griechische Ärzte, wie Chrysippus, zogen ins Nilthal, um sich Kenntnisse zu erwerben [222].

In das Gebiet der Philosophie im weitern Sinne gehört ein Papyrus aus der Zeit der XII. Dynastie, der aber in einzelnen Teilen der Periode der III. bis V. Dynastie entstammt und den man, wie bereits bemerkt, das älteste Buch der Welt genannt hat; er befindet sich in der Pariser Bibliothek und wurde von Lauth übersetzt [223]. Wir finden darin eine genaue Beschreibung der menschlichen Leidenschaften, Gewohnheiten, Schwächen, eine getreue Beschreibung des Greisenalters, eine Hinweisung auf ein ewiges Leben; sodann eine Empfehlung der Wissenschaft und praktische Ratschläge fürs Leben.

Schließen wir diese kurze Übersicht über die wissenschaftlichen Leistungen der alten Ägypter mit der Bemerkung, daß ihnen das Lehren und Unterrichten in den wissenschaftlichen Dingen als ein besonders verdienstliches Unternehmen galt: so rühmt sich Thutmes III. in seiner Grabschrift, „die Unwissenden von ihrer Unwissenheit abgelenkt" zu haben [224], und deshalb blieben auch die Namen der Gelehrten noch bei späten Geschlechtern in Ehren. So werden uns als die berühmtesten Schriftsteller genannt: Pentaur, Kagabu, Anana, Hora, Merapu, Beken-Ptah u. a.

b. Poesie.

Die Höhe der Kultur eines Volkes bemißt sich vor allem auch nach dem Standpunkte der Poesie desselben. Legen wir diesen Maßstab an, so erscheint das älteste Kulturvolk in einem sehr günstigen Lichte. Das wird schon klar, wenn wir die ältesten Loblieder auf die Pharaonen — ein natürlich oft wiederkehrendes Thema — mustern. Freilich, wie jede Dichtung erst in ihrem Idiom, so erscheint auch die altägyptische nur in der Ursprache in voller Schönheit. Durch Übertragung in andere Sprachen leiden die Poesieen eines Volkes unendlich; besonders unsere lebenden Sprachen können, um mit Brugsch zu reden, mit ihren jungen Anschauungen den Ton, der die altertümlichen Lieder durchzieht, nicht mehr wiedergeben: ein Homer bleibt eben nur Homer im griechischen Gewande. Und doch — die poetische Schönheit jener altägyptischen Poesie blickt selbst durch das fremde Gewand hindurch. Bezüglich der Form jener Poesie ist zu bemerken, daß letztere Halbverse mit Parallelismen und Antithesen hat, gerade wie die Psalmen des Alten Testaments, — aber die Ägypter hatten diese poetischen Formen schon lange vor der Schlußredaktion des Alten Testamentes. Schon zur Zeit der XII. Dynastie, also etwa 24 Jahrhunderte v. Chr., finden wir im Papyrus Prisse diese Halbverse durch rote Punkte unterschieden. Auch einige Teile des sogenannten Totenbuches sind lyrisch gehalten. Dasselbe enthält bereits Hymnen, so im cap. 128, im c. 15 und c. 140 an den Sonnengott. Solcher Hymnen giebt's überhaupt in Papyrus und Steindenkmälern eine reiche Zahl. Statt vieler wählen wir ein Beispiel, das in Sprache und Form auf der Höhe der Dichtkunst steht: es ist ein Hymnus auf Thutmes III., den wir in freier Übertragung fragmentarisch wiedergeben [225]:

„Komm zu mir; sprach Ammon, erfreue dich und bewundere meine Herrlichkeit,
Du, mein Sohn, der mich ehrt, Thutmes . . .
Meine Hände senken sich auf dich herab zu deinem Heile . . .
Ich will dich wunderbar belohnen . . .
Ich schenke dir Macht und Sieg über alle Lande.
Erschreckt sollen werden bei deinem Nahen alle Völker.
Sie sollen dich fürchten bis zu den äußersten Grenzen des Weltalls.
Die Könige der Welt alle sollen sein in deiner Hand . . .
Zu deinen Füßen sollen fallen deine Widersacher . . .
Fröhlichen Muts durcheile die Länder, die niemand betreten vor dir;
Ich will dein Führer sein . . .
Meine Krone auf deinem Haupte sei ein verzehrend Feuer . . .
So ist es mein Wille . . .
Ich lasse ermattet sinken den Abtrünnigen in deiner Nähe,
Tödliche Glut in seinem Herzen, in seinen Gliedern Zittern.
Ich kam, und du schlugst die Fürsten von Zahi —
Ich lasse sie schauen deine Heiligkeit im Strahlenglanze . . .
Ich kam, und du schlugst, die da weilen in Asia . . .

Ich lasse sie schauen deine Heiligkeit im Königsschmucke . . .
Ich kam, und du schlugst das Land des Westens —
Ich lasse sie schauen deine Heiligkeit wie den jungen Stier,
Voll Mut die Hörner wetzend, unnahbar . . .
Wie den Leu mit wildem Auge,
Der seine Höhle verläßt und ihre Thäler durchzieht . . .
Meine Hände in Himmelshöhen wehren ab von dir alles Unheil.
Ich schirme dich, meinen geliebten Sohn . . .
Drum setze dich auf den Thron des Hor für unzählige Jahre,
Lente und leite der Lebenden Geschlecht!"

Dieses Lied, das in seiner Erhabenheit und bilderreichen Sprache an
das Lied Mosis nach dem Durchgange durchs Rote Meer erinnert, ist
drei Jahrhunderte älter als letzteres. In der Zeit des neuen Reiches, der
XIX. Dynastie besonders, machen sich ein idealer Schwung, eine Ver-
tiefung der Empfindung und eine reiche Phantasie geltend, Eigenschaften,
die wir in hohem Grade an „dem zu allen Zeiten unerreichbaren Muster
der altägyptischen Sprache in ihrer höchsten Blüte", an dem Heldenliede
des Dichters Pentaur auf Ramses II. bewundern [226].

Zunächst wird in demselben der Pharao geschildert:

„Der jugendliche König mit kühner Hand hat nicht seinesgleichen;
Mächtig ist sein Arm, fest sein Herz, sein Mut gleicht dem des Kriegsgottes . . .
Niemand nennt die Tausende, die ihm entgegenstanden;
Hunderttausende sanken hin bei seinem Anblick.
Schrecklich ist er, wenn sein Kriegsruf ertönt, kühner als alle,
Furchtbar wie der grimme Leu im Thale der Hindinnen.
Weise ist sein Rat, trefflich seine Entschlüsse — ein Beschützer des Volks;
Sein Herz ist wie ein Berg von Eisen:
Also ist König Ramses Miamun."

Dann folgt die Schilderung der Schlacht mit der schönen Episode, wo
Ramses, von den Seinigen verlassen, umzingelt von den Feinden, den Gott
Ra um Hilfe ruft:

„Und keiner meiner Fürsten, keiner meiner Obersten, keiner meiner Hauptleute, keiner
    meiner Ritter war da.
Es hatten mich verlassen meine Krieger . . . nicht einer war in meiner Nähe . . ."

Darauf spricht der Pharao:

„Wo bist du denn, mein Vater Ammon? Wenn das vielleicht bedeutet, daß der Vater
    seines Sohnes vergessen, wohlan! habe ich denn etwas gethan ohne dein Wissen?
Oder bin ich nicht gegangen und gestanden nach dem Ausspruche deines Mundes?
    und nicht habe ich übertreten deine Gebote nach keiner Richtung.
Wie? der edle Herr und Gebieter Ägyptens, er sollte sich beugen vor den fremden
    Völkern? . . . Was auch die Absicht dieser Hirten sein mag — Ammon sollte
    höher stehen als der Elende, der nichts weiß von Gott!
Wäre es denn vergeblich geschehen, daß ich dir geweiht hätte viele und herrliche Denk-
    mäler; daß ich dir angefüllt hätte deine Tempel mit meinen Kriegsgefangenen . . .

daß ich dir all mein Gut als Hausrat gegeben, daß ich dir das ganze Land vereint als Steuerzahler für deine Tempeleinkünfte bestellt hätte?!...

Zu Schanden möge der werden, der deine Gebote dahinwirft! Aber Gutes werde dem zu teil, der dich anerkennt, o Ammon!

Ich habe gehandelt für dich mit bereitwilligem Herzen, darum rufe ich dich an.

Siehe mich, Ammon, inmitten vieler fremder Völker ... alle haben sich vereint, und ich bin ganz allein; verlassen haben mich meine Krieger.

Ich rief nach ihnen, aber keiner hat meine Stimme gehört.

Aber ich weiß: besser ist Ammon als Millionen von Kriegern, als Hunderttausende von Rossen, als Zehntausende von Brüdern und Söhnen ...

Nichts sind die Werke von Menschen, auch wenn deren zahllose Scharen sind — Ammon ist besser als sie alle ...

Siehe, ich rufe dich an an den äußersten Enden der Welt!"

Und nun kommt der Gott zu Hilfe:

> „Und die Stimme (Pharaos) fand Wiederhall, es hörte sie Ammon;
> Er reichte mir seine Hand und rief: Ich bin mit dir;
> Ich bin's, dein Vater, der Sonnengott Ra ...
> Ich bin der Herr der Siege; ich habe gefunden in
> Dir einen rechten Sinn und mein Herz freut sich darob ..."

„Und die Tausende Paare von Rossen wurden zerschellt von meinem Rosse ... Keiner rührte mehr seine Hand zum Kampfe; ihr Mut war gesunken in ihrer Brust, Ihre Glieder waren erschlafft ...

Ich hieb sie nieder und tötete sie, wo sie standen ...

Da riefen sie: Kein Mensch ist der! Wehe, der ist Gott! Eilen wir! fliehen wir! Retten wir das Leben!"

Unstreitig wetteifert dieses Epos in einzelnen Partieen mit dem berühmten Epos der Griechen, der Ilias. Aber Pentaur ist nicht der einzige uns namhaft bekannte Dichter jener großen Zeit der ägyptischen Geschichte: derselben Zeit gehört ein anderer berühmter Dichter, Amenemapt, an [227]. Um dieselbe Zeit entstand auch ein uns erhaltenes Schriftstück, das von hohem Interesse ist, da es uns den Beweis liefert, daß jene alten Dichter mit den Anforderungen und Gesetzen, wie wir sie heute noch für dichterische Erzeugnisse in Geltung sehen, wohl vertraut waren. Es ist eine Kritik, die um 1300 v. Chr. ein Meister der Poesie über ein ihm zugesandtes poetisches Machwerk schrieb [228]. Darin heißt es: In der betreffenden Poesie finde sich „Ballast hochtrabender Redensarten", es sei „keine Wahrheit in den Schilderungen", die Orte der Handlung seien so geschildert, daß man sofort sehe, „der Dichter sei niemals dort gewesen". Unwahrscheinliche und unmögliche Schilderungen fänden sich: so „ein Schweben über einem Abgrund von 2000 Ellen Tiefe"; der Weg, den er beschrieben, sei „ein Zickzackweg"; das „Arrangieren der Pferde" sei unrichtig geschildert u. s. w. Schließlich meint der Kritiker, „der Autor verstehe nicht zu dichten", „er habe über seine Kräfte hinausgestrebt", „unbedeutend seien seine Gedanken", „verwirrt die Anordnung", „er zerreiße die

Worte", das Gedicht habe „einen Ballast von Fehlern", — es sei „ein
Durcheinander". Aus dieser Inhaltsangabe ersehen wir, daß der alte
Dichter ebensowohl Inhalt als Form kritisiert, und fast mit denselben
technischen Ausdrücken, die heute noch üblich sind.

Schön sind u. a. auch die Klagegesänge, die die Priester über den
Toten sprechen sollten:

„Komme in deine Wohnung! komme in deine Wohnung! Gott Au! Deine Feinde
sind nicht mehr! O gnädiger Herrscher! blicke auf mich; ich bin deine Schwester,
die dich liebt. Bleibe nicht fern von mir, du schöner Jüngling! Komm schnell,
eile in deine Wohnung! Ich sehe dich nicht mehr. Mein Herz ist voll Kummer
deinetwegen. Meine Augen suchen dich. Ich sehne mich, dich zu sehen: wie
lange wird es noch währen, bis ich dich erblicke? Dich schauen in Glückseligkeit,
o Gott Au!" . . .[229]

„Komm in deine Wohnung, o komm. Gott Au! Herr aller Männer und aller Frauen,
die dich lieben! Gott, der du schön bist von Angesicht und in Nauerti wohnst! . .
Schwellen nicht alle Herzen zu dir! Götter und Menschen erheben ihre Hände
zu dir, wie ein Sohn, der seine Mutter suchet. Komme zu denen, deren Herz
krank ist; laß sie hervorgehen in Freudigkeit, daß die Schaaren des Horns jubeln
und die Wohnungen des Set vor dir zittern!" . . .[230]

Zum Schluß mag hier noch berichtet werden, daß die Ägypter auch
bereits Erzählungen und Romane hatten, was bis vor kurzem bestritten
wurde. Im Jahre 1852 wurde der Papyrus d'Orbiney gefunden, in
dem sich ein Roman von zwei Brüdern aus der Zeit Setis II., des Sohnes
des Pharao Menephtah, befindet, in dem eine von der Frau eines Anopu
in Scene gesetzte Verführungsgeschichte erzählt wird, in der schließlich der
Mann zu gunsten seines als unschuldig erkannten Bruders sein Weib
tötet. Romanhafte Geschichten, die fast denselben Stoff behandeln, finden
wir, wie Maspero nachgewiesen hat, auch bei anderen Völkern, auch bei
Griechen und Römern; aber dieser ägyptische Roman ist jedenfalls der
älteste seiner Art[231].

Ein anderer Roman spielt zur Zeit Ramses' II., es ist die Erzählung
vom Satni Khâm-Uas. Er ist wohl erst in ptolemäischer Zeit entstanden,
aber dadurch sehr interessant, daß alle darin vorkommenden Personen und
Orte historisch sind. Diese Art von Roman aber hat keine andere der
alten Nationen aufzuweisen.

Als dritten Roman aus altägyptischer Zeit müssen wir endlich die
„Erzählung vom prädestinierten Prinzen" anführen, die Goodwin auf-
fand[232].

Und nun zur Dichtung im engern Sinne zurückkehrend, erwähnen
wir noch, daß dieselbe mit der Zeit des großen Ramses das Ende ihrer
Blüte erreicht hatte. Nach ihm tritt jäher Verfall ein; die besseren Erzeugnisse sind Abschriften von Werken früherer Zeit[233]. Der dichterische
Genius blieb verschwunden und nur elende Schmeichellieder auf die Pha-

raonen treten im Gewande hohler Phrasen auf — ein sicheres Zeichen poetischer Sterilität. So nahe erscheinen hier höchste Blüte und tiefster Verfall aneinandergerückt.

c. Kunst.

Indem wir uns nun zur altägyptischen Kunst wenden, beginnen wir am passendsten mit der Architektur. In ihr, im Vereine mit den Schwesterkünsten, der Plastik und Malerei, verkörpert sich gleichsam die Kulturblüte einer Nation.

Es ist noch nicht lange her — da wurde in Europa die ägyptische monumentale und plastische Kunst noch als etwas unausstehlich Monotones, Steifes und Lebloses aufgefaßt, und bei den üblichen Abbildungen aus diesem Gebiete befiel den Beschauer wohl ein Gähnen. Das hatte seinen Grund darin, daß nur sehr wenige Gegenstände jener Kunst in Europa abbildlich bekannt waren, zu denen dann noch gerade die uninteressantesten Bauten und Statuen als Modell gedient zu haben scheinen. Das ist in den letzten Jahrzehnten anders geworden. Zahllose Bauten sind von dem sie bedeckenden Wüstensande befreit worden, und mit den darin aufgefundenen Schätzen füllten sich rasch ganze Museen, die, wie das vicekönigliche Museum zu Bulaq am Nil, zu den sehenswertesten der Welt gehören. Auch europäische Museen, wie das Berliner, das Pariser und Londoner, erhielten manche treffliche Reliquie ägyptischer Kunst. Besonders aber bemühte man sich mit Erfolg, die neuentdeckten Bauten und Kunstwerke in Europa durch Abbildungen aller Art bekannt zu machen.

Seitdem hat sich nun auch bei uns jenes Urteil völlig geändert. Es steht nun fest, daß die ägyptische Kunst zwar an gewisse konventionelle Normen bei Bauten von Tempeln und Darstellung von Götter und Menschenfiguren gebunden war und so eine gewisse Monotonie und Steifheit derselben nicht zu leugnen ist, daß aber selbst in diesen unter der Herrschaft dieser Formen entstandenen Werken es nicht an Trefflichem fehlt. Wo aber, wie nicht selten, die Kunst sich frei von jenen beengenden Schranken entwickeln konnte [234], da tragen die betreffenden Kunstwerke nicht selten den Charakter der höchsten Vollendung; ja! — und das beweist noch mehr eine bedeutende Stufe der Kunsttüchtigkeit — selbst durch die Schranken jener konventionellen Formen blickt häufig eine unverkennbare künstlerische Schönheit hindurch. Freilich — das ist wohl zu beachten — will man sich eine volle und richtige Vorstellung von der Schönheit jener Kunstwerke machen, so muß man sich nicht begnügen, die in unseren europäischen Museen untergebrachten zu sehen, die alle durch Transport, atmosphärische Einflüsse u. dgl. gewaltig gelitten haben, sondern da muß man die frisch erhaltenen Schätze des ägyptischen Museums zu Bulaq in Augenschein

nehmen oder in die ägyptischen Gräber hineintreten dürfen, wo, wie ich so
oft bewunderte, manches noch so farbenfrisch und unverletzt erhalten ist,
als sei es eben aus der Hand des Künstlers hervorgegangen.

Doch — reden wir zunächst von der Baukunst! Sie hat sich früh
entwickelt, aber die Anfänge derselben sind für uns in Dunkel gehüllt.
Da, wo uns die ägyptische Architektur zuerst entgegentritt, in den Pyramiden von Gizeh (Titelbild) nämlich, erscheint sie bereits auf staunenerregender Höhe. Als Goethe im Jahre 1787 die Zeichnung einer Pyramide, die der französische Reisende Cassas entworfen, sah, schrieb er: „Es

Fig. 21. Pyramide.

ist diese Zeichnung die ungeheuerste Architektur-Idee, die ich zeitlebens gesehen, und ich glaube nicht, daß man weiter kann."

Sind die ältesten Bauten der Menschengeschichte aus rohen Steinmassen aufgehäufte Steinbauten gewesen, dann sind solche im Nilthal gewiß sehr frühe entstanden, da hier die baumlosen Gegenden das Bedürfnis
nach ihnen wachriefen. Einen Fortschritt bezeichnen die aus einer Fläche
zur Spitze aufsteigenden Tempelbauten, z. B. in Mesopotamien. Diese
Bauart erreichte aber ihre höchste Vollendung in den glatten Pyramiden
Ägyptens, zu deren Form vielleicht die vielfach in der nubischen Wüste
vorkommenden pyramidalen Bergkegel Veranlassung gegeben haben [235].

Der Name „Pyramide" ist altägyptischen Ursprungs, denn per-am heißt die „Höhe", und da die Höhe eine charakteristische Eigenschaft jener Bauten ist, so ist diese Bezeichnung treffend [236]. Übrigens hatte jede Pyramide ihren eigenen Namen. So heißt eine Pyramide „die Kühle", eine andere „Seelenaufgang", wieder eine andere „die Lichte" u. s. w. Bemerkenswert ist, daß die Form der Pyramide (Fig. 21) auch Grundform für alle anderen monumentalen Bauten im Nilthal blieb bis ins neue Reich hinein: Pyramidenform zeigen ebensowohl die Obelisken wie die Pylone, die Tempeltürme späterer Zeit; ja! alle Gebäude Ägyptens haben pyramidenähnliche, sogenannte pyramidoidale Form [237].

Fig. 22. Knickpyramide von Daschur.

Die Pyramiden nun, deren es eine große Anzahl, etwa 100, giebt, die eine Kette von zwölf geographischen Meilen in der Länge bilden, gehören alle den ältesten Dynastieen bis zur Zeit der Hyksos an. Form und Einrichtung derselben ist zwar keine typische: sie haben z. B. verschiedenes Material: Steine in Gizeh, in Daschur Ziegel; auch verschiedene Formen: so sind die Seitenflächen gebrochen an der sogenannten Knickpyramide von Daschur (Fig. 22); abgekürzte Pyramiden sind die in Sakkarah — aber im wesentlichen haben sie alle dieselbe Grundform. Die älteste Pyramide ist die von Meidum, wo Mariette die Gräber der Familie des Pharao Snefru, der vor Chufu regierte, fand; die schönsten aber von allen sind die drei großen Pyramiden von Gizeh, erbaut von den Pharaonen Chufu, Chafra und Mentera der IV. Dynastie (etwa 3500 v. Chr.), und von diesen ist wiederum die schönste und größte die Chufu-Pyramide, wie schon Herodot bemerkt, der auch beifügt, daß 20 Jahre lang 100 000 Mann an derselben arbeiteten, die alle drei Monate abgelöst wurden. Die Dimensionen derselben sind kolossal. Die Höhe beträgt nach Letronne 137 m; sie betrug aber nach seiner Berechnung einst 144,66 m, eine Höhe, die, abgesehen von den Türmen des Domes zu Köln, bis heute noch kein Bau der Welt wieder erreicht hat. Die heutige Grundlinie ist 227 m lang, einst maß sie 233 m. Das Material, Quadern aus dem jenseits des Nil liegenden Moccatamgebirge [238], ist so massenhaft, daß man nach Jomards Berechnung aus demselben eine Mauer bauen könnte, die, 0,9 m hoch

Fig. 23. Stufenpyramide von Sakkarah.

und 0,3 m dick, das ganze heutige Frankreich umfassen würde. Das Mauerwerk stellt nämlich etwa $2\frac{1}{2}$ Millionen Kubikmeter dar. Wir staunen über die Tüchtigkeit jener alten Baumeister, die diese Steinkolosse herbeitransportieren und so regelmäßig aufbauen ließen. Nach Lepsius baute man die Pyramiden in circa 12 m hohen Stufen (Fig. 23), die man schichtenweise um einen festliegenden Felsenkern legte; die Schichten sind 3—4,5 m mächtig und so breit, daß man die Förderungsmaschinen daraufstellen konnte, oder aber: es wurden die Blöcke auf schiefen Ebenen durch Walzen auf die Höhe der Schichten gebracht [239]. Starb nun der Pharao, so wurden die Absätze der Schichten ausgefüllt, eine Spitze aufgesetzt und so die Form der Pyramide vollendet, die dann mit Platten geschliffenen weißen und gelben Sandsteines, oder, wie die drittgrößte von Gizeh, mit solchen aus Rosengranit von Suan bedeckt wurde. Denn die Pyramiden waren Gräber für die Pharaonen und als solche ein Vorrecht derselben. So blieb's bis zur Zeit der XII. Dynastie, vor Einbruch der Hyksos. Die letzten Pyramiden in dieser Zeit wurden bereits aus zerstörbarem Material, Nilschlamm-Ziegeln, gebaut, ein Symptom des Verfalles der Architektur des alten Reiches. Fortan wählten sich die Pharaonen Felsengräber als Totenstätten.

Betrachtet man die kolossalen Dimensionen der Pyramiden, die ungeheuern Massen des Steinmaterials derselben, so begreift man, wie es möglich war, daß oberflächliche Betrachtung die stupenden Leistungen dieser ältesten Kulturepoche der Welt auf diese riesigen Dimensionen und Kolossalität allein beziehen konnte. Und doch ist das ganz unrichtig. Bloßer Aufwand an Zeit und Kraft hätte auch jedes rohe und ungebildete Volk in den Stand gesetzt, jahrelang Bruchsteine aufeinander zu häufen. Die Pyramiden aber verraten bei näherer Betrachtung bald, daß bei ihrer Erbauung die Herrschaft des menschlichen Geistes über das tote Material das Schaffende war. Die vortreffliche Fügung der Blöcke, die Einrichtung der Kammern für den Sarkophag, die Gänge zu denselben, die erstaunlichen technischen Fertigkeiten, die sorgsam und genau berechneten Proportionen zeigen uns, daß hier der berechnende Verstand gewirkt, der sich in diesen stereometrischen Formen gleichsam krystallisierte. Schon der arabische Schriftsteller Abdallatif bemerkt: die aneinanderliegenden innern Flächen der Moccatamkalkblöcke seien ohne jeglichen Mörtel so sorgfältig und künstlich zusammengefügt, daß „man weder eine Nadel noch ein Haar zwischen die Fugen zu stecken vermöge". — Die Glättung der polierten Wände der Pyramidenschächte ist so sorgfältig ausgeführt, wie sie nicht einmal bei den vollendetsten Bauten von Hellas, selbst nicht an der Akropolis von Athen sich findet. Das Meisterwerk aber der Werkleute der Großen Pyramide (Fig. 24) ist die große Galerie, die an die Grabkammer im Innern anstößt, 8 m hoch und 2 m breit [240], mit ihren fein berechneten Dimensionen. Die Grabkammer selbst ist aus Granit und der darin befindliche Sarkophag, der die Gebeine des Pharao Chufu enthielt, aus Rosengranit. In der That, es ist seit jener Zeit nichts mechanisch Vollkommeneres mehr gebaut worden; man begreift nicht, was für Maschinen man zur Herstellung solchen Wunderbaues gebraucht hat, und je unerklärlicher das wird, um so mehr bewundert man die Macht, der solche Hindernisse ein Spiel waren [241]. Was aber die Form der Pyramiden betrifft, so ist man im Innersten durchdrungen von der schlichten Größe derselben und von der Unermeßlichkeit, Unabsehbarkeit der Dimensionen. Die Pyramiden waren Gräber für die erhabenen Pharaonen, die Repräsentanten der Gottheit auf Erden — daher die himmelanstrebende Höhe; sie waren vor dem Wüstenflugsande zu schützen, der vor Jahrtausenden ebenso, wie heute, die Bauten am Nil zu verschütten drohte, — daher die schrägen Seiten des Baues; und dann — einfacher und zugleich großartiger und wirkungsvoller lassen sich Erhabenheit, feierlicher Ernst und Ruhe, irdische Hinfälligkeit, die auf das überirdische Ewige hinweist, nicht mit Einem Zuge architektonisch darstellen, als es in den ägyptischen Pyramiden geschehen ist, die da lagern an der Stelle, wo das Leben des üppigen Kulturstrichs dem Tode der unabsehbaren Wüste weicht. Welchen Anblick aber müssen diese Pyramiden erst gewährt haben, als sie noch ganz unbeschädigt dastanden: die erste und

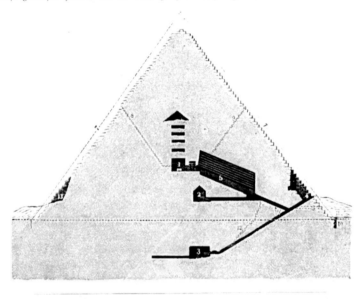

10 20 30 40 50 60 70 80 90 100   150   200   240 Meter

Fig. 24. Das Innere der Großen Pyramide.
(Senkrechter Durchschnitt von Süd nach Nord durch die Zugänge und die Kammern.)

1) Grabkammer des Königs.
2) Grabkammer der Königin.
3) Unterirdische Kammer.
4) Eingang.
5) Großer Zugang.
6) Gewaltsam eröffneter Eingang
7) Linie der ursprünglichen Bekleidung.
5) Nördlicher Luftkanal.
9) Südlicher Luftkanal.
10) Spalte.
11) Trümmer.
12) Brunnen.
13) Ausbohlung.

Die inneren Räume sind im Verhältnis zur Größe der Pyramide selbst der Deutlichkeit halber in dreifach vergrößertem Maßstab gezeichnet.

zweite von leuchtenden weißen oder gelben Kalksteinen gedeckt, die dritte in rotem Granite glühend; alle umgeben von massiven Gräbern, aus denen sie wie Dome inmitten von Kirchen hervorragten!

Bei den Felsengräbern, die wir schon in der Periode des alten Reiches finden, hat die Architektur bereits ein zweites Problem gelöst. Es handelte sich darum, dem Bedürfnis nach Licht, nach Luft und nach

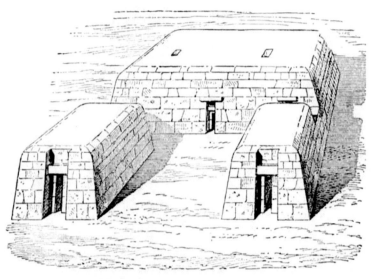

Fig. 25. Drei Mastaba von Gizeh (rekonstruiert).

einem Eingang ins Innere entgegenzukommen. Die erste Lösung dieser Aufgabe bestand wohl darin, daß man die Bausteine treppenartig übereinander vorspringen ließ, bis die Mauerränder sich so weit näherten,

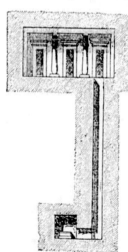

Fig. 26. Oberes Zimmer, Schacht und Gruft.

daß ein Stein querüber die Öffnung decken konnte. An diese Konstruktion erinnern noch die ägyptischen Gräber= und Tempel=Pforten, die an der Schwelle breiter sind als am Ge= sims. Im übrigen wurde das Princip der Pyramidenbauten auch auf die Gräberbauten ausgedehnt. Hier wie da handelte es sich darum, eine möglichst verborgene und unzu= gängliche Grabkammer darzustellen. Übrigens sind die Felsengräber strenge verschieden von den mit reiferen Formen versehenen, freistehen= den Gräbern, die Quaderbauten waren. Man nennt sie Mastabas (Fig. 25 und 26). Auf dem Totenfelde von Memphis, dem größten Friedhofe der Welt, ist die berühmte Mastaba des Ti ein solches freistehendes Grab. Sehr alt sind auch die äußerlich pyramidenförmigen, innerlich durch 8 überkragende Schichten kuppel= artig gewölbten Gräber von Abydos (Fig. 27).

Zur Zeit des mittlern Reichs (XII. Dynastie) kamen besonders die Felsengräber in Gebrauch. Im wesentlichen bestehen die monumentalen Gräber

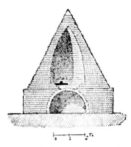

aus einem viereckigen Raume, in dem sich fast
zu ebener Erde eine Gruft befindet, die die
Mumie birgt; noch in den Felsengräbern von
Beni-Hassan (Fig. 28) [XII. Dynastie] ist eine
solche Gruft; oder aber es stößt an die Grabkammern ein langer Brunnenschacht, in dem
sich die gewölbte Mumiengruft unter der Erde
befindet [2,5,2]. Wie bei der Form der Pyramiden die Natur die Vorbilder bot, so zeigt
auch der Gräberbau dies Princip der Nachahmung der Natur. Die Eingangsthüre bei
Pyramiden und Gräbern hat einen runden,

Fig. 27. Durchschnitt eines Grabes
zu Abydos.

tragenden Balken; die Steindecke der Kammer ist oft wie aus nebeneinander-
liegenden Baumstämmen konstruiert, die Thüren sind dem Lattenwerk nachgebildet, und das umrahmende Glied bildet einen Stab. Hier war die

Fig. 28. Eingang zu Felsengräbern von Beni-Hassan.

Architektur aus dem Pflanzenreiche aufgewachsen, wie bei den Pyramiden
aus dem toten Steinreiche der Wüste. So zeigt das Museum von Bulaq
eine Grabkammer, die ganz aus Baumstammnachbildungen konstruiert

ist [243]. Wie bereits erwähnt, waren die Grabkammern oft gewölbt. In der That findet sich das Princip der Wölbung bereits zur Zeit des alten Reiches angewandt [244]. Im allgemeinen aber wird es selten verwendet; man bediente sich lieber der festeren Monolith-Architrave. Die alten Ägypter dachten wohl ähnlich wie die heutigen, bei denen ein arabisches Sprichwort lautet: „Ein Gewölbe schlummert nie."

Einen staunenswerten Fortschritt der Architektur bezeichnen die Gräberbauten der XII. Dynastie (ca. 2300 v. Chr.) durch die Ausbildung der Säulen, wie wir sie in den Felsengräbern von Beni-Hassan sehen. Sie trugen am meisten dazu bei, der ägyptischen Architektur ein Moment einzufügen, das ihr bis dahin mangelte, nämlich die Schönheit, und erhoben so die Bauten der XII. Dynastie auf die Höhe der Baukunst der ältesten

Zeit. Auch für diese Säulenordnungen war die Natur das Vorbild: Lotos- und Papyrusstaude und die überhängende Krone der Palme treten als Urtypen derselben auf. Die Säulen entwickelten sich aus den die Decke stützenden Pfeilern, die der Durchbrechung der Wände ihren Ursprung verdanken. Bei Abteilung dieser so stehen gebliebenen Pfeiler bildete man den Lotosstengel nach und formte diesen vielkantig, kanneliert oder auch rund. In Beni-Hassan finden wir die sogenannten protodorischen Säulen, die wahrscheinlich später Grundlage der griechischen Architektur wurden; als Krönung der Säulen erscheinen die sogenannten Kapitäle (Fig. 29) in Form von geschlossenen Lotosknospen [245]. Tempelbauten sind aus jener ältesten Zeit nicht erhalten, wenn man nicht etwa den sogenannten Sphinxtempel bei Gizeh, dessen Ruinen aus aufeinandergeschichteten Granitblöcken bestehen, als Rest

Fig. 29. Säulenkapitäl von Beni-Hassan.

eines Tempels der memphitischen Zeit betrachten will. Der einzige in seinen Spuren erhaltene Tempel aus der Zeit des mittlern Reichs ist der von den Pharaonen der XII. Dynastie, Usurtasen und Amenemha, in Theben errichtete Tempel des Ammon, der den Kern des großen Tempel-Komplexes von Karnak bildet, von dem wir später reden werden. — Der noch erhaltene, von Usurtasen I. zu On errichtete Obelisk aus Granit (Fig. 30) zeigt, daß man diese „versteinerten Sonnenstrahlen", Symbole des Gottes Ra, schon damals errichtete. Sie waren durch ihre schlanke Form eine besondere Zierde der Tempelhöfe.

So erscheint die Architektur dieser ältesten Zeit der Weltgeschichte in ihrer Einfachheit überaus edel und in getreuer Nachahmung der Natur.

Dann gesellt sich in dieser Zeit der XII. Dynastie zur Architektur eine andere Kunst, die erst die Schönheit derselben in besonderer Weise zur Geltung brachte, nämlich die Ornamentik. Als Ausschmückung dient zunächst die

Schrift, welche die ständige Begleiterin der Architektur bleibt; wahrhaft vorzüglich ist der Inschriftenschnitt dieser ältesten Zeit: so schön, breit und groß erscheint er in den folgenden Perioden nicht wieder. Ein prächtiges Beispiel davon bietet der erwähnte noch stehen gebliebene Obelisk des Tempels von On (Heliopolis). „Dabei darf man nicht die technischen Schwierigkeiten unterschätzen, den sprödesten und härtesten Steinarten diese

Fig. 30. Der Obelisk von On (Heliopolis).

hieroglyphischen Zeichen einzugraben, die nicht aus einfachen und mathematischen Strichen bestehen, wie die griechische und römische Lapidarschrift oder die asiatische Keilschrift, sondern zugleich Schrift und stilvolle Zeichnung waren; und diese Schwierigkeiten sind in so hohem Grade überwunden, daß sie gar nicht in Betracht gezogen scheinen." Diese hieroglyphische Ornamentik findet sich auch auf den Säulen von Beni-Hassan angebracht [216].

Andere dekorative Elemente bildeten Bänder aus Sykomoren= und Palmteilen; denn auch die Ornamentik entnahm ihre Muster (Fig. 31 a u. b) der Natur, speziell dem Pflanzenreiche. Erst aus den Ornamenten des Malers nahmen Bildhauer und Architekten ihre Muster, weshalb man mit Recht die Ornamente die Inkunabeln der bildenden Kunst genannt hat. Leider ist uns ein bemerkenswertes Denkmal dekorativer Kunst jener Zeit, der Sarkophag des Pyramidenerbauers Menkera, nicht erhalten, er ging beim Transporte nach England zu Grunde. Und ebenso ist ein Werk, das Architektur und Ornamentik der XII. Dynastie in schönstem

Fig. 31 a. Proben von Deckenverzierungen.

Bunde vereinte, das Labyrinth des Pharao Amenemhat III., ein Königs= palast von 200 m Länge und 170 m Breite, aus Kalkstein und Granit mit 3000 Räumen [247], in der Nähe des vom selben Pharaonen angelegten sogenannten Mörissees, nicht mehr vorhanden.

Die ganze, vollendete Schönheit der Kunst dieser ältesten Periode aber zeigt die Schwesterkunst der Architektur, die Skulptur oder Bildhauerei, die das wesentliche Element für die Ausschmückung der ägyptischen Ge= bäude bildete. Als ältestes, halb der Architektur, halb der Plastik an= gehörendes Werk steht da der vielberühmte Sphinx, ein Riesenbau und

Der Sphinx und die Große Pyramide.

Riesenbild zugleich: ein Löwenleib mit Menschenantlitz, von dem Scheitel bis zu den Tatzen 20 m hoch, in der Wüste ruhend. Was dieser Riesensphinx bedeutet — wir wissen es nicht sicher. „Die Griechen hörten ihn Hor-em-chu nennen und als Hu oder Belhit, d. i. Wächter, bezeichnen." Hor am Horizont bedeutet die aufgehende Sonne. War also vielleicht der Sphinx ein Bild der Gottheit als Wächter der Toten, als Verleiher der Unsterblichkeit, als Symbol ewigen Lebens? Uns ist das am wahrscheinlichsten. Sicher aber wissen wir, daß der Riesensphinx schon unter dem Pyramidenerbauer Chufu errichtet wurde, also aus der Zeit des alten Reiches

Fig. 31 b. Proben von Deckenverzierungen.

stammt, und auch das wissen wir, daß das Antlitz desselben einen überaus lieblichen, anmutigen Ausdruck trug, den man schon früher bewunderte und der noch jetzt, wie ich aus eigener Anschauung versichern kann, trotz der gewaltigen Verstümmelung bemerkbar ist. Wunderbar sind bei den kolossalen Dimensionen die Verhältnisse. Als der arabische Geschichtschreiber Abd-al-latif gefragt wurde, was ihm am wunderbarsten am Nil erschienen, gab er die Antwort: „Die Genauigkeit der Proportionen am Haupte des Sphinx."

Wir erwähnten bereits, daß der ägyptische Künstler an gewisse traditionelle Formen gebunden war. Diesen unterlag besonders der menschliche Körper: im alten Reiche erscheint er kurz und gedrungen, das Lebensalter wurde nicht angedeutet, die Schulterbreite ist bei allen Statuen

Fig. 32. Porträtstatuen des Prinzen Rahotep und seiner Gemahlin Nefert.
(Zeit vor Erbauung der Pyramiden.)

gleich, ebenso die Länge der Arme und Beine. Aber dennoch — und das ist bezeichnend für die künstlerische Befähigung jener alten Meister — dennoch arbeitete man nicht schablonenhaft. In den einzelnen Gliedmaßen zeigt sich, wie im Gesichtsausdruck, freie Charakteristik. So dienten jene konventionellen Typen einmal dazu, die ägyptische Kunst auf Jahrtausende fremden Einflüssen zu entziehen und originell zu erhalten, und andererseits waren dieselben nicht in dem Maße beengend, daß sie nicht einen gewissen Raum für die freie Thätigkeit des Künstlers gelassen hätten. Was speziell die Plastik des alten Reichs betrifft, so müssen wir im allgemeinen sagen,

Fig. 33. Der Schech-el-beled.
(Statue aus den Gräbern von Sakkarah.)

daß nicht nur unübertrefflich die Kunst erscheint, das härteste Material, Diorit, Basalt oder Granit, mit sehr mangelhaften Instrumenten zu bearbeiten, sondern auch, daß die Werke dieser frühesten Periode die formvollendetsten sind, welche die Skulptur am Nil geschaffen: ihre charakteristischen Merkmale sind realistische Wahrheit und porträtähnliche Treue. Dieses Urteil wird sofort jeder unterschreiben, der die Porträtstatuen des Prinzen Rahotep und seiner Gemahlin Nefert (Fig. 32) gesehen, die etwa zur Zeit des Pharao Snefru, also vor der Erbauung der Pyramiden, geschaffen wurden. Dasselbe gilt von der herrlichen Statue des Pharao Chafra, des Erbauers der zweiten der großen Pyramiden, jetzt in Bulaq; ferner von der des „alten Schreibers", jetzt in Paris 248. Was diese älteste plastische Kunst da zu leisten vermochte, wo sie nicht durch die Härte des Materials beengt war, das zeigt vor allem die derselben Zeit entstammende, jetzt in Bulaq befindliche Holzfigur aus Sakkarah, die so lebenswahr ist, daß die heutigen Ägypter sie wegen der Ähnlichkeit mit dem Ortsvorsteher des Fundortes „Schech-el-beled" (Fig. 33), den „Dorfschulzen", nannten, und die auf der Pariser Ausstellung mit Recht großes Aufsehen erregte.

Eine Skulpturarbeit anderer Art liefert den Beweis, daß jene ältesten plastischen Künstler auch in anderer Richtung auf staunenswerter Höhe standen — ich meine den herrlichen Opferstein und die zwei Opfertische aus Alabaster aus der Zeit der V. Dynastie im Museum zu Bulaq. Ich habe in der Art nie Schöneres gesehen, als jene beiden Opfertische aus goldgelbem Alabaster, die von zwei Löwen getragen werden. Es kann keine glücklichere Idee geben, als diesen an sich langweiligen viereckigen Formen durch Anbringung von Löwenköpfen als Trägern ein gefälliges Aussehen zu verleihen. An dieser Stelle scheint es angemessen, die oft aufgeworfene Frage auch unsererseits zu stellen: wie es nämlich möglich gewesen, daß die Ägypter, die doch schon in dieser Periode des alten Reiches einen be-achtenswerten Formensinn be-

Fig. 34. Götter mit Tierköpfen.

kundeten, dazu gekommen sind, ihren Göttern so häßliche Fi-guren, wie es Menschenleiber mit Tierköpfen (Fig. 34) sind, zu geben. Man hat diese That-sache daraus zu erklären ge-sucht, daß am Nil der Tier-kultus älter gewesen, als der der Götter. So urteilen noch in dem neuesten Werke über ägyptische Kunst Perrot und Chipiez. Das aber ist, wie wir gesehen, thatsächlich un-richtig. Wohl wurden die

Tiere schon früh verehrt, aber nur als Symbole der Götter. Gerade hierin aber liegt der Grund für jene künstlerisch gewiß unschönen Darstellungen. Jene Symbole waren eben traditionell für die göttlichen Manifestationen und Eigenschaften, und so den Ägyptern heilig. „Diesem tief religiösen Volke ging die Ehrfurcht vor den traditionellen Symbolen weit über alles sonst so eifrige Streben nach Kunstschönheit, und daß dieselben mit letzterer im Widerspruch standen, dies Gefühl mußte ihnen durch die stete Gewöhnung abhanden kommen."

Um nun zu den Bildhauerarbeiten zurückzukehren, so sind besonders zahlreich erhalten die Reliefbilder, mit denen man die vielen breiten Flächen der Gebäude ausschmückte. Diese Sitte, sämtliche Verbandflächen der Ge-bäude mit Figuren zu übersäen, ist den Ägyptern eigentümlich und findet sich bei keinem andern Volke wieder. Gewiß finden sich in diesen Relief-bildern Mängel: Gruppierung verstanden jene alten Meister nicht, ebenso-wenig kannten sie die Perspektive; das Gesicht wird stets en profil, das Auge darin aber en face dargestellt, ebenso die Brust, während die Beine en profil erscheinen — man sollte eben Auge, Arme und Beine sehen. Außerdem fehlen bei der Unmasse fortlaufender Bilder zwei wichtige Momente: Ruhe und Kontrast. Aber an Lebenswahrheit und Deutlichkeit lassen diese Bilder nichts zu wünschen übrig. Mit der Reliefbildnerei ver-band sich auch bereits die Malerei. Die Ägypter sind die ersten gewesen, die die Polychromie bei großen Prachtbauten anwandten, und sie wurde bei ihnen häufiger und allgemeiner benutzt, als bei irgend einem andern Volke [249]. Sie erkannten von Anfang an bereits, daß die immer und sehr grell leuchtende Sonne ihrer Heimat die architektonischen Formen für das Auge verwischte, und halfen diesem Übelstand durch reiche Farbengebung ab, und dabei hat kein Volk einen bessern Sinn für Farbenharmonie gehabt, als die Ägypter. In den Gräbern von Beni-Hassan finden sich noch die Lotossäulen mit Farben versehen [250]. Dort sehen wir auch schon eine Menschengruppe, einziehende Semiten, bemalt. Schon hier sind die Reliefs unglaublich fein. Die besten derartigen Arbeiten aber finden sich in den Gräbern von Sakkarah; sie gehören der Zeit der IV. bis

Fig. 35. Tierstück. Relief. (Nach Ebers, Ägypten.)

VIII. Dynastie an. Es sind Hautreliefs in sehr weichen Stein eingraviert und mit gummierten Honigfarben übermalt. Die Tiere sind richtig proportioniert, überhaupt sehr getreu wiedergegeben, die Muskulatur bei den Menschen vorzüglich; ganz außerordentlich schön aber der Ausdruck von Freude und Schmerz in den menschlichen Gesichtszügen. Jene oben erwähnten Mängel der Skulptur, die sich auch in der Malerei zeigen, verschwinden hier fast gänzlich vor der Schönheit des Ganzen. Diese Bilder, Darstellungen aus dem Leben und täglichen Treiben der Ägypter, sind so getreu, daß man hier seine Studien über die Kultur und über die Tierwelt jener Zeit zu machen hat (Fig. 35).

In der That, überblickt man alles, was wir über diese älteste Kunst der Welt gesagt, so muß man gerechterweise staunen über eine solche

Höhe derselben in einer Zeit, von der uns nun bereits fünf Jahrtausende trennen. Abgesehen von der auch in der Malerei sich zeigenden konventionellen Manier, sind in Skulptur und Malerei für alle Zeiten als mustergültige Vorzüge leicht zu erblicken: Reinheit der Linien, Adel im Vortrage, richtige summarische Zeichnung [251].

Die Zeit der XII. Dynastie, in jeder Beziehung eine glückliche Zeit für Ägypten, schuf, wie in der Architektur, so auch in der Plastik manches Großartige. Im Museum zu Berlin befindet sich noch ein Riesenbein einer Granitstatue des Pharao Usurtasen I., das man zu Tanis fand, und „dieses Stück allein beweist, daß jene älteste Periode ägyptischer Skulptur Werke schuf, die in dieser Richtung erst in späterer Zeit von der griechischen Kunst wieder erreicht werden sollten" [252].

Auch den Namen eines Künstlers jener ältesten Zeit hat uns das Altertum erhalten. Es ist der des Baumeisters Martisen, dessen Grab- stein aus der Zeit des Pharao Menhuhotep, also etwa 25 Jahrhunderte v. Chr., uns die interessante Mitteilung macht, daß er eine Farbenätzung erfunden, die von Wasser und Feuer nicht verzehrt werden konnte, und daß er bereits Kunstwerke aus Edelstein, Gold, Silber, Elfenbein und Ebenholz arbeitete [253].

Mit der Zeit der Hyksos beginnt eine zweite Periode ägyptischer Kunst. Wie eine Vergleichung der Skulpturarbeiten von Tanis mit den gleichzeitigen der Thebais, wohin sich die einheimischen Könige geflüchtet, beweist, standen die Werke der Hyksos höher als die damaligen ägyptischen. Die Arbeiten aus der Zeit der XIII. Dynastie sind weniger gut, als die der XII. Die Proportionen der menschlichen Figur beginnen da unrichtiger zu werden und die Modellierung der Glieder verliert bereits an Kraft und Feinheit. Daß die Hyksos Einfluß auf die Kunst im Nilthal hatten, beweisen die langbärtigen, fein ciselierten Sphinxfiguren und die feine An- ordnung des Bartes, die sie in die Plastik einführten. Der schöne Kopf in der Villa Ludovisi zu Rom und eine Doppelstatue mit fremden Ge- sichtszügen stammen aus dieser Zeit, die, außer auf dem Gebiete der Plastik, ganz spurlos vorüberging. Bauwerke aus dieser Zeit sind gar nicht erhalten. Aus dieser oder der thebanischen Zeit besitzen wir auch die denkbar schönsten Arbeiten der Goldschmiedekunst in dem Schmuck der Königin Aahhotep, Gemahlin des Pharao Kames. Wir bewundern da u. a. goldene Armspangen in Schlangenform, mit lapis lazuli und Türkisen verziert, so zierlich gearbeitet, daß sie noch heute den Arm einer Kaiserin zieren könnten; einen goldenen Dolch, goldene Fliegen als Halsband, vor allem eine 90 cm lange goldene Halskette aus zierlichem Goldgeflechte, die in allerliebsten Gänseköpfchen endet und den schönsten Skarabäus, den Ägypten besitzt, aus blauem Glasfluß mit Goldfäden durchsponnen, trägt; das goldene Bracelet (Fig. 36) mit dem Namenszuge ihres Gemahls schließt, wie noch heute üblich, eine goldene Nadel. Das Diadem der Königin ziert der Name des Pharao, den überaus schön gearbeitete Sphinxe gleichsam als Wächter umgeben. Nicht minder staunenswert sind die fein gearbeiteten kleinen Sachen, die wohl den Nipptisch der Königin

Fig. 30. Ägyptisches Armband.

zierten, besonders eine goldene Nilbarke. Wer diese Arbeiten gesehen, wird mir zustimmen, wenn ich sage, daß die besten Juweliere unserer Tage nicht feiner und kunstvoller zu arbeiten verstehen. Schließlich erwähnen wir noch, daß auch bereits Glas- und Fayence-Arbeiten der ältesten Zeit, wenigstens der der V. und VI. Dynastie angehören.

Mit dem Beginne des „neuen Reiches" nach der Vertreibung der Hyksos tritt auch die Kunst in eine neue, die dritte Periode.

Hier tritt allerdings das Realistische und Einfache zurück, dafür aber erhält das Ideale, das Seelische, die Empfindung ihren Ausdruck, und zwar macht sich dies neue Element ebenso in der Architektur, wie in der Plastik bemerkbar, gerade so wie in der Poesie dieser Zeit. Dies und das Streben nach Vergrößerung auf Kosten des Detail charakterisieren die Kunst in der Glanzperiode der Pharaonengeschichte. Weil aber uns das Ideale höher steht, als das Realistische, und wir letzteres nur in Verbindung mit ersterem als Zeichen der höchsten Kunst anerkennen, so können wir auch Brugsch nicht ganz zustimmen, wenn er sagt, daß die erste ägyptische Schule auf besserem Wege gewesen, als die in Rede stehende. In der ältesten Periode fehlte eben das Ideale gänzlich; jetzt beherrscht es die Form, die allerdings minder realistisch vollkommen ist, als früher. Diese Periode, die gleich nach der Vertreibung der Hyksos beginnt, erreicht unter der XIX. Dynastie ihre höchste Vollendung — es ist die Blüteperiode der ägyptischen Kunst.

„Was in der Architektur die ältesten Zeiten Herrliches geschaffen, das wurde in das Reich, dessen Mittelpunkt das weltberühmte, „hundertthorige"

Theben war, hinübergerettet, aber dort zu einer später nie wieder erreichten Höhe der Vollendung ausgebildet."

Seit der Hyksoszeit dienten, wie gesagt, als Totenstätten der Pharaonen die Gräber an Stelle der früheren Pyramiden. Die Felsengräber, denen wir schon zur Zeit der XII. Dynastie in Beni-Hassan begegnen, werden nun immer mehr vergrößert, und wie früher die Zahl der Steinmäntel der Pyramide die Regierungsjahre des Pharao bezeichnet, so kann man in der thebanischen Zeit die Lebensdauer des letztern füglich nach der Anzahl der in die Felsen hineingearbeiteten Grabkammern bemessen. Die schönsten und größten dieser Pharaonengräber finden sich in dem libyschen Gebirge der Thebais.

Bei weitem das Großartigste aber leistete die Architektur in den Prachttempeln der thebanischen Zeit. Damals entstanden die herrlichen Tempel Thebens, deren Ruinen wir jetzt noch in Karnak, Kurnah, Medinet-Habu und im sogenannten Ramesseum bewundern. Aber nicht nur Theben, sondern das ganze Reich wurde mit solchen Prachttempeln geschmückt. Aus dieser Zeit stammen in Nubien die Tempel von Semne, von Wadi-Halfa, besonders der herrlichste aller südlichen Bauten, der Tempel von Ipsambul [254], den Nil herab die von Elefantine, von Kom-Ombo, Eileythia, Erment, Abydos, Denderah, Memphis, und die Restauration des Sonnentempels von On (Heliopolis). Ja, bis zum äußersten Norden dehnten jene Pharaonen der Glanzzeit des ägyptischen Reichs ihre Bauthätigkeit aus, das beweisen die Tempelbauten der Sinai-Halbinsel [255].

Es sind durchgehends Prachtbauten im eminenten Sinne, die wir hier aufführten; ja, einzelne, wie das Ramesseum, sind wahre Juwelen der Architektur. Daß die Baumeister jener Zeit, ein Amenhotep, ein Mai u. a., schon in der thebanischen Zeit, wo eben erst der einheitliche Staat am Nile gebildet war, solche Prachtbauten schaffen konnten, das erklärt sich

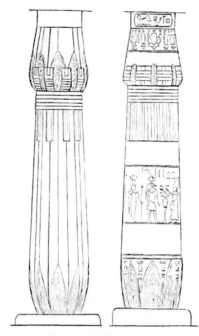

Fig. 37. Lotossäulen von Theben.

Skulptierte Säule vom großen Tempel zu Karnak.   Bemalte Säule vom Memnonium Ramses' II.

lediglich aus dem Umstande, daß sich bereits vorher, zur Zeit der XII. Dynastie, die ägyptischen Säulenordnungen ausgebildet hatten, die das schmückende Element der Prachtbauten der thebanischen Zeit ausmachen.

Fig. 38. Säule von Denderah mit Hathormaske.

Fig. 39. Kannelierte Säule von Medinet-Habu.

Das neue Reich bildete diese Säulen weiter aus: es erscheinen Masken als Kapitäle, ebenfalls Palmen- und Papyrus-Kapitäle. Auch der Blumenkelch erscheint als Kapitäl, und in diesen Kelchkapitälen, die man sogar auch umgekehrt findet, herrscht bald eine ungeheure Mannigfaltigkeit. Die Säulenschäfte werden übermalt oder auch mit Skulpturen bedeckt; ein charakteristisches Zeichen der thebanischen Blüteperiode ist die Einziehung des Säulenschafts nach dem Sockel hin — so hatte man einen großen Reichtum schmückender architektonischer Elemente (Fig. 37, 38 u. 39) [256].

Die Zeit dieses größten Aufschwunges ist die Regierungszeit Setis I. und seines Nachfolgers, Ramses' II. (ca. 1366—1300 v. Chr.); am Ende der Regierung des letztern beginnt bereits der jähe Verfall. —

Werfen wir nun einen Blick auf einige der Hauptbauten dieser Zeit, denn sie alle zu schildern, ist nicht möglich. Wenn man die herrlichen Kolossaltempel von Theben mit ihren zahllosen Gemächern und Säulenhallen, riesengroßen Räumen und den großen Binnenhöfen übersieht, so fragt man wohl erstaunt: wo ist hier der Zusammenhang mit den einfachen Tempeln und Pyramiden der ältesten Zeit? Der gelehrte Architekt Erbkam findet das allen Gemeinsame, also das Bindeglied, in dem kleinen Raume, der Cella, die sich als Kern aller thebanischen Bauten findet und das Bild des Gottes umschloß. So stammt, wie wir bereits bemerkten, die Cella des großen Karnaktempels aus der Zeit der Pharaonen der XII. Dynastie. Hier haben wir die älteste Form des ägyptischen Tempel, wie sie in der sogenannten Felsenkapelle zu Surarie aus der Zeit der Pyramidenerbauer Chafra und Menkera sich ebenso findet, wie in den Riesentempeln von Karnak und Ipsambul. Das andere that die Zeit hinzu. Diese Cella blieb Mittelpunkt der großen Bauten: an dieselbe stießen Räume für die Priester, ein großer Raum für das Volk, Räume für die Tempelgeräte,

Einbalſamierungsraum, Bibliothek, Sternwarte u. ſ. w. So wachſen die Dimenſionen mit den Räumen, Vorhof reiht ſich an Vorhof, zum Tempel führt eine Sphinxallee, den Eingang zieren Pylonen, die Vorhöfe Obelisken u. ſ. w. Das iſt zugleich Entſtehungsweiſe und Bild eines Tempels der thebaniſchen Blütezeit. Die einzige weſentliche Abweichung in der Anlage zeigt der Tempel von Deir=el=Bahri, da dieſer auf einem Terraſſen=Funda= mente ſteht. Höchſt wahrſcheinlich nahm ſich die Erbauerin, die Königin Hataſu, Vormünderin des Pharao Thutmes III. während ſeiner Minder= jährigkeit, aſiatiſche Bauten dabei zum Vorbilde [257].

Zunächſt feſſelt den Blick das Koloſſale dieſer Tempel: der große Saal von Karnak wird von 134 Rieſenſäulen getragen, ſeine Länge mißt 90 m; der obere Teller jeder Säule hat 6 m Durchmeſſer; die Steinbalken, die von dieſen Säulen getragen werden, ſind 6,6 m lang, 1,2 m dick und 1,8 m hoch, es ſind die ſtärkſten Säulen, die je im Innern eines Gebäudes verwendet wurden; die Deckplatten haben 11,4 m in der Länge, die Pylonen erheben ſich bis zu 43½ m in Höhe. In dieſen hypoſtylen Saal könnte man, was die Grundfläche betrifft, bequem die ganze Kathedrale von Paris hineinſetzen. Der ganze Ruinenkomplex des Tempels von Karnak mißt von Süden nach Norden etwa 2000 Schritt, und faſt eine Meile hat man zurückgelegt, wenn man die Ruinen umwandert hat. — Karnak iſt der gewaltigſte Ruinenkomplex der Welt.

Ja, hier in Karnak iſt alles koloſſal: Räume und Säulen, Mauer= werk und Steinbilder. Verglichen mit dieſen Rieſenmaſſen, erſcheinen ſelbſt die Koloſſalbauten der alten und neuen Römer nur gewöhnlich, ja klein. Was wollen die Kolonnaden von St. Peter, was der Rieſendom ſelbſt, was das Koloſſeum, wenn man ſie an jenem Tempel, jenen Säulen bemißt; was wollen die römiſchen Triumphbogen beſagen gegen das Hauptportal von Karnak?! „Hier in Karnak erheben ſich aus dem Erdbeben der Welt= geſchichte dieſe Trümmer in rieſigen Triumphthoren, Mauerumwallungen, Obelisken und im Säulenwald ſo rieſengroß in glorioſer Majeſtät in die ſchweigſamen, ätherreinen Lüfte, daß es unentſchieden bleiben muß, ob die Jahrtauſende Sieger geblieben oder ob ihnen der Menſch in jenen faſt übermenſchlichen Werken Trotz bieten durfte.“ Aber der ſtaunende Blick bleibt in Karnak nicht an dem Koloſſalen haften, er findet hier in dieſen Rieſenmaſſen alles, was er von architektoniſcher Schönheit ſich je einbildete und ſuchen kann. Der erwähnte Pfeilerſaal des Menephtah, jener größte Raum der Welt, den je Menſchenhände für die Gottheit ſchufen, iſt ſo ſchön, daß „keine Sprache fähig iſt, einen Begriff ſeiner Schönheit zu geben, und es noch keinem Künſtler gelungen iſt, ſeine Form ſo im Bilde dar= zuſtellen, daß die, die ihn nicht mit eigenen Augen ſehen konnten, im ſtande geweſen wären, ſeine erhabene Schönheit zu faſſen“. Ebenmaß und Sym= metrie, Einfachheit und grandioſeſte Ruhe, Harmonie und Proportionen

in den großartigsten architektonischen Linien, Flächen, Ornamenten. Nichts ist hier verwirrt, kleinlich. Schönheit und Kraft der Formen vereinen sich mit dem Glanze der Dekoration, um diesen Tempel zum größten der von Menschenhänden verfertigten Architekturwerke zu machen, sagt Fergusson. „Hier oder an keinem Orte begreift die Seele, daß und wie die Baukunst eine versteinerte Musik sein kann und genannt werden darf."

Den persönlichen Eindruck, den ich in Karnak empfing, kann ich nur mit den nach meinem Besuche des Tempels niedergeschriebenen Worten [25] wiedergeben: Im Riesensaal von Karnak gestanden zu haben — das allein wiegt alle Beschwerden und Entbehrungen einer monatelangen, oft recht monotonen Nilfahrt tausendfach auf.

Fig. 40. Felsentempel von Ipsambul. (Vorderansicht.)

Ist aber der kolossale Saal von Karnak das Wunder der aufbauenden Architektonik, so ist der große Felsentempel von Ipsambul (Fig. 40 u. 41) das Meisterwerk der in Ägypten seit den frühesten Zeiten gepflegten Kunst, in lebendigem Felsen die Hauptformen des geschichteten Verbandes nachzuahmen. Proben davon sind die Gräber von Beni-Hassan, noch vollkommener das Grab des Pharao Seti zu Theben; aber die Krone dieser Felsenarchitektur bleibt der Tempel von Ipsambul in Nubien. Von Ramses II. erbaut, besteht er aus 20 Riesensälen, in die man durch 21 m hohe Statuenbilder eintritt, und die Riesenstatuen, die das Sanktuarium

im Innern des Felsens umgeben, imponieren ebenso durch Schönheit als
Größe. Die vier Ramseskolosse am Eingange sind die größten, die es in
Ägypten giebt, und jedem Reisenden fallen an diesen Kolossen die schöne
Arbeit und der Ausdruck der Milde und Kraft in den Gesichtern auf [259].
Die ganze Schönheit jener Architektur aber prägt sich im „Juwele ägyp=
tischer Baukunst", in dem Ramesseum, dem Tempel Ramses' II. in der
thebanischen Ebene, aus, dessen Decke 48 goldgelbe Sandsteinsäulen von
unvergleichlich graziöser Schönheit tragen.

Und so mögen wir alle genannten Tempel durchwandern — überall
bewundern wir die Verbindung der Steinmassen zu einem wohlgeordneten

Fig. 41. Halle des Felsentempels von Ipsambul.

Gesamtbau; überall weidet sich unser Auge an dem wundervollen steinernen
Schmuckwerk, überall imponiert uns die Würde und der königliche An=
stand der erhabenen Bildsäulen, und das alles charakterisiert uns diese
Zeit vom großen Thutmes I. bis zum nicht minder großen Ramses II. als
vollendetste Blüte der altägyptischen Kunst, großartig in der Auffassung
des Ganzen und geschmackvoll und fein in der Ausführung des Einzelnen [260].

Ein Gedanke legt sich bei Betrachtung dieser Riesenwerke an Umfang
und Schönheit nahe: diese Werke gingen hervor aus großartigen Ideen,
Schwung des Geistes und der Phantasie, Energie des Willens, das alles
in Verbindung mit einem einheitlichen, festen Gottesglauben — daher diese

Wunderbauten, daher dieser großartige Stil. Wir Kinder unserer Tage
haben von alledem nichts mehr: keinen allgemeinen Charakter, keine all=
gemeinen Ideeen, weil wir nicht mehr eins sind im kräftigen Gottes=
glauben, der allein einzelnen wie Nationen Geistesschwung und Willens=
energie verleiht — und darum haben wir auch keinen Baustil mehr.

Wir haben im vorstehenden nur von den Prachtbauten der Ägypter ge=
redet, wollen aber doch nicht ganz unerwähnt lassen, daß sie auch schon
früh treffliche Nützlichkeitsbauten aufführten. Freilich sind die alten Städte
fast spurlos zerfallen. Nur von dem schon erwähnten Tell=el=Amarna, der
Gründung Amenhoteps IV., haben sich Spuren erhalten, und dort war
man in der Lage, Grundrisse und Pläne von Häusern anzunehmen.
Sonst besitzen wir nur Abbildungen und Zeichnungen von Wohnhäusern,
die aber, da die Ägypter in ihren Abbildungen Grundriß, Aufriß und
Durchschnitt in naiver Weise durcheinander mischten, nicht immer leicht ver=
ständlich sind. Die Paläste der Pharaonen, die vielleicht spurlos ver=
schwunden sind, waren wohl ähnlich den heutigen orientalischen Palästen.
Die Häuser der Reichen hatten mit Mauern umgebene Höfe, und auf den
niedrigen Wohnräumen war eine Plattform, wie man sie noch heute häufig
in ägyptischen Dörfern sieht. Die Wohnungen der Armen werden schwer=
lich besser gewesen sein, als die heutigen Nillehmhütten der Fellachs.

Aber auch öffentliche Bauten in großem Stile vermögen wir aus
altägyptischer Zeit nachzuweisen. — So haben wir noch die Zeichnung
der ältesten Festung, die die Geschichte kennt: es ist die der Festung
Semne in Nubien, die zur Beschützung der Südgrenze jedenfalls vor der
Zeit des Pharao Thutmes III. (ca. 16 Jahrhunderte v. Chr.) erbaut
wurde; dieselbe zeigt Gräben, Dämme und Türme [261]. Endlich besitzen
wir in der Seti=Halle des Karnaktempels noch eine Abbildung einer Nil=
brücke — es ist die älteste historisch nachweisbare Brücke der Welt [262].

Leider war die Blütezeit dieser Kunst nur von kurzer Dauer. Mit
Ramses II. endet sie, und die Kunst verfällt rasch, d. h. sie fiel der
Stagnation, der Erstarrung anheim. Indessen so zähe hielten die Ägypter
am Eigenartigen, Nationalen fest, daß die Perserherrschaft ihre Kunst gar
nicht berührte und daß selbst unter der griechischen Herrschaft der Ptole=
mäer der Tempelbau nicht wesentlich alteriert wurde. Nur sehr wenig
Griechisches nahm die Architektur auf. Dieser griechische Einfluß trifft
eigentlich nur die Säule, die sich schlanker und zierlicher gestaltet und gern
in freistehenden, heiteren Bauten, wie im Kiosk beim Tempel von Philä,
verwendet wird. Das Große und Ganze wird aber dadurch nicht be=
rührt. Zwar haben die späteren Epochen, die ptolemäische, griechische und
römische, Spuren z. B. am Tempel von Esneh hinterlassen, doch —
alles blieb symmetrisch, ein Grundplan beherrscht das Ganze, und der
Tempel ist trotz alledem wesentlich ein ägyptischer geblieben. In diesem

wie in anderen Punkten blieb Ägypten das einzige Land, das sich vor dem alles verschlingenden Hellenismus nicht beugte. Daß diese herrliche Baukunst erstarrte, hat seinen Grund darin, daß die Ideeen, die sie geschaffen hatten, mit der ägyptischen Religion zerfielen. Der neue Geist der christlichen Weltreligion herrschte zu kurze Zeit und unter zu ungünstigen Verhältnissen im Nilthal, als daß er diese Kunst hätte neu beleben können, während das Christentum in die anderen Länder, die dem Scepter der römischen Herrschaft unterstanden, größtenteils dauernd einzog und daher die griechischen Säulen in seine Tempel stellte und der griechisch-römischen Kunst darin Dauer und Fortbildung verlieh.

Werfen wir nun zum Schluß noch einen Blick auf die Skulptur und Malerei der thebanischen Periode, so müssen wir zunächst zugestehen, daß die Lebenswahrheit und Naturtreue der ersten Zeiten nicht wieder erreicht worden sind; dagegen wurden Leben und Geist diesen Bildwerken eingehaucht. Als vorzügliches Beispiel mag die seelenvolle Büste des Pharao Meneptah im Museum von Bulaq dienen. Daß selbst Kolossalbildsäulen seelenvoller Ausdruck gegeben werden konnte, beweisen die Ramseskolosse in Ipsambul, deren wir bereits Erwähnung thaten. Die Lebenswahrheit aber wurde besonders durch den alle Naturtreue erdrückenden konventionellen Typus verwischt — das zeigt sich so recht an den sogenannten Memnonsäulen, den sitzenden Bildstatuen des Pharao Amenhotep III. im thebanischen Felde. Dagegen tritt uns in dieser Zeit in oft staunenerregender Weise das in der alten Zeit unbekannte Talent der Komposition entgegen. Die besten Skulpturbilder entstanden in der Zeit Setis I. und Ramses' II. Aus Setis Tagen stammen z. B. die vortrefflichen Skulpturen in der großen Halle des Karnaktempels. Als klassisches Muster aber dieser Periode erscheint das Bild der Schlacht Ramses' II. gegen die Cheta im Tempel zu Abydos. Da wird im Relief von unbekannter Meisterhand der Zug der Krieger, das Wogen der Schlacht, der Sturm auf die Feste, die Niederlage der Feinde, das Lagerleben der Ägypter in großer Lebendigkeit vorgeführt. Und dazwischen streute der geniale Bildhauer Episoden von packender Wirkung: Spione werden eingefangen, der Pharao wird von den Seinigen abgeschnitten, von den Feinden umringt. Dazu ist außerordentlich wirkungsvoll der malerische Ausdruck der Cheta, die wohlgeordnet, in einzelne Völker geschieden und in Trachten unterschieden dargestellt sind — ein wunderbar reiches Schlachtenbild, bei dem wir gerne das Mangeln der Proportionen, Perspektiven u. s. w. übersehen.

In den Felsengräbern des thebanisch-libyschen Gebirges erscheint dann noch das dekorative Element der Malerei in Verbindung mit der Skulptur besonders effektvoll. Freilich ist von der Vollendung, wie sie die Malerei der christlichen Zeiten erreichte, keine Rede: es fehlt nicht nur Perspektive, Projektierung und Proportion (Fig. 42), es fehlt vor allem auch die richtige

Sculptur und Malerei aus dem Tempel in Abydos: Niederlage der Cheta im Kampfe mit Ramses II.

Gruppierung (Bild: Niederlage der Cheta) — aber jene altägyptische Malerei hat doch ganz besondere Vorzüge, so z. B. kannte man eine Farbenmischung, deren Geheimnis bisher unenthüllt blieb. Mit größtem Staunen sah ich in den Königsgräbern von Theben die völlig frisch erhaltenen kolorierten Stuckbilder. In der sogenannten Vierpfeiler-Vorkammer des Seti-Grabes weiß man nicht, ob man mehr die Schönheit und Lebhaftigkeit der bildlichen Darstellungen oder die Harmonie und Frische der Farben bewundern soll. Da erscheint Seti, wie er die Barke besteigt zur Reise in die Unterwelt; Matrosen ziehen sie; er erscheint vor Ra, das Gericht beginnt, nach dessen Schlusse Seti zu Ra-Osiris gelangt. Hier erblickt man auch die berühmte Gruppe der damals bekannten vier Menschenrassen genau charakterisiert: die Europäer, die Ägypter, die Neger und Asiaten.

Wenn wir, sagt der General Heilbronner, nichts mehr fänden, als das Schlachtbild auf dem einen der Pylonen von Luxor, so würde die Anlage und Verteilung der Figuren in demselben hinreichen, um uns die höchste Vorstellung von dem Zustande der ägyptischen Kunst jener Zeit zu geben. Die Wut, mit der die ägyptische Armee sich auf die Feinde stürzt und sie in die Festung zurückwirft, ist vom höchsten Effekt — ein Bild, würdig, von Heß entworfen zu werden. Der siegende König, kolossal, wie immer, dargestellt, steht auf seinem Streitwagen. Hinter ihm entfaltet sich die fliegende Fahne. Sein Helm ist mit dem königlichen Diskus geziert; die Gestalt, voll Mut und Feuer, ist malerisch schön. Zu seinen Füßen liegt ein Löwe, und an den Pferden in vollem Laufe ist alles Leben. Federn wehen auf den Köpfen, und die Zügel schlingt sich der Sieger um den schönen Leib. Das Gewühl der Schlacht tobt über Toten und Verwundeten weiter. Die Feinde werfen sich in wilder Flucht kopfüber der Tiefe eines Walles zu, der die Festung umschließt. Die Pferde stutzen vor dem Abgrunde, und das allgemeine, vom Gedränge der Fliehenden und der Sieger erzeugte Herabstürzen ist hier in hartem Fels so lebhaft dargestellt, daß es dem kühnsten Pinsel Ehre machen würde.

Genug — feurige Auffassung, Technik und Farbengebung zeigen in gleicher Weise eine großartige Kunstfertigkeit. Noch in die lange Regierungszeit Ramses' II. fällt auch für die Skulptur und Malerei der Beginn rapiden Verfalles. Nur selten wird noch Gutes geleistet; dahin gehören: der Kopf des Pharao Tarrhaka und die Alabasterstatue der Königin Ameneritis (XXV. Dynastie) zu Bulaq. Aber — wie das Licht noch einmal vor dem Erlöschen aufflackert, so erlebte auch die ägyptische Kunst noch eine kurze Periode des Wiederauflebens in der Zeit der XXVI. Dynastie, die mit Pharao Psametik aus dem saitischen Königshause anhebt (etwa 666—528 v. Chr.), weshalb man auch von ihr als der „saitischen Kunst" redet. In den Werken dieser ägyptischen Renaissance kehrte freilich die Naturwahrheit der Periode des alten Reichs und der ideale Schwung aus

Setis I. und Ramses' II. Zeit nicht wieder, aber sie zeichnen sich durch Weichheit, Zierlichkeit und Abrundung der Formen aus. Treffliche Muster dieser Art sind im Museum von Bulaq in der Gruppe der Isis und des Osiris und der als Kuh dargestellten Göttin Hathor erhalten: so

Fig. 42. Porträt der Königin Tii. (Thebanische Periode.)

minutiös sein und elegant hatte man früher nie gearbeitet. Aus dieser Zeit stammt auch der Sargdeckel des Horemheb der saitischen Dynastie, aus grünem Basalt, den ich in Bulaq sah, in den so fein wie eine zarte Federzeichnung die Bilder der Erd- und Himmelsgöttin eingraviert sind. Diese Kunst ist weich und rein, überaus fein und keusch. Nach dieser turzen Periode verfällt die ägyptische Kunst schnell. „Besonders in der Skulptur und Malerei ist sie nur noch ein auswendiggelerntes Pensum, das bis zum Überdruß wiederholt wird." Ihr mußte auch der Gräcismus keine Neubelebung zu geben. Dem stand schon das Vorurteil der auch in ihrem Untergehen noch stolzen Ägypter entgegen, die, wie Herodot sagt, die Griechen wie unebenbürtige Wesen ohne Vergangenheit und Erfahrung betrachteten, mit denen man, ohne sich zu verunreinigen, nicht leben konnte. Den Griechen aber wurde das Nilthal eine Schule der Wissenschaft, eine Quelle der Civilisation und Kultur, die sie vielleicht mehr ausgenutzt haben, als man bisher geglaubt. Das aber wird jeder Kenner der alten Kunst zugeben, daß die Ägypter bis zum Beginne der griechischen Kunst die größten Künstler des Altertums waren, und daß bis dahin die ägyptische Kunst rings um sich her denselben Einfluß geübt hat, wie später die griechische.

5. Fürst und Volk, Volksklassen, Volkswirtschaft: Ackerbau, Handel, Handwerk. Familie und gesellschaftliches Leben.

a. Fürst und Volk.

Man ist gewöhnt, sich im alten Ägypten das Verhältnis von Fürst und Volk zu einander recht unerquicklich vorzustellen. Auf der einen Seite der Pharao und sein Hof: ihm gehört das ganze Land, er gebietet und saugt durch seine Steuerbeamten das Volk aus — auf der andern Seite ein durch Abgaben und Fronden gedrücktes, kümmerlich und armselig sein Leben fristendes Volk. Ob dieses Bild so ganz zutreffend ist, erscheint doch sehr fraglich. Einmal erscheinen überhaupt auf allen Denkmälern und in allen Urkunden die Ägypter als ein mildes, gemütliches und gutherziges Volk; das bezieht sich sowohl auf den Pharao und die Herrschenden als auf die Untergebenen, und das allein spricht gegen jenen Druck. Wohl war die königliche Gewalt eine unbegrenzte, aber darum noch keine drückende. Von Menes bis auf Psametik kann die Bevölkerung am Nil sich höchstens unter einigen Gewaltherrschern in vorübergehenden, schwerbedrängten Zeiten unglücklich gefühlt haben. Zudem gebot die Religion und Moral dem Pharao Milde und Wohlthätigkeit gegen die Untergebenen, wie wir an anderer Stelle nachgewiesen haben. Freilich hat man sich dem gegenüber auf die Pyramiden berufen und in ihnen steinerne Beweise für die drückendsten Fronden erblickt, die alles freie und fröhliche Leben niederhielten. So urteilt schon der alte Herodot. Und in der That, wenn wir vernehmen, daß an der Chufu-Pyramide 20—30 Jahre lang 100 000 Menschen arbeiteten, die alle drei Monate abgelöst wurden, oder daß unter Ramses IV. zur Fortschaffung von Steinen für thebanische

Prachtbauten 8365 Mann, 5000 Soldaten, 2000 Arbeiter und 50 Leiter der Karren, deren jeder von sechs Ochsen gezogen wurde, sowie 130 Steinmetzen nötig waren, und daß von diesen nicht weniger als 900 beim Transporte starben [263], — so scheint es unabweisbar, sich das Verhältnis zwischen Pharao und Volk als ein drückendes zu denken. Indessen — so gar schroff dürfen wir diesen Satz dennoch nicht hinstellen. Um gleich bei den Pyramiden zu bleiben, so ist schon der Umstand, daß die Pharaonen diese ihre Grabmonumente nicht lieber ins Nilthal setzten, wo sie doch nicht der Gefahr der Verschüttung durch Sand ausgesetzt waren, schon Beweis genug, daß sie die rücksichtslosen Despoten nicht waren, die mit dem Glücke ihres Volkes und Landes nur ein wahnsinniges Spiel trieben. Wenn Plato lehrt, daß die Toten keinen Raum mit ihren Denkmälern einnehmen sollen, auf dem die Lebenden Nahrung gewinnen könnten, so haben die Pharaonen diesem richtigen Gedanken volle Rechnung getragen: daher rückten sie ihre Pyramiden in die Wüste, und nach der Hyksoszeit höhlten sie sich, um das schmale nubische Kulturareal nicht zu beeinträchtigen, ihre Gräber und Tempel in den Bergen und Felsen aus. Was dann die Frondearbeiten betrifft, vermittelst deren man diese Bauten ausführte, so sind wir weit entfernt, das Drückende derselben zu leugnen — aber trotzdem schließen auch sie die Rücksicht auf das Volkswohl nicht aus. Schon Aristoteles bemerkt, daß die Bauarbeit an den Pyramiden für das während der langen Überschwemmung arbeit- und verdienstlose Volk nicht immer unerwünschte Fronde gewesen sein möge. Ferner — das Pharaonenvolk tritt uns in den Urkunden überall als ein heiteres, lebenslustiges Volk entgegen: das wäre bei despotischem Drucke unmöglich gewesen. Man hat zwar diesen Gegengrund nicht gelten lassen wollen, weil, wie man sagt, auch die heutigen Ägypter trotz des doch allgemein zugegebenen despotischen Druckes der Regierung im allgemeinen als heiteres Volk erscheinen. Indessen — dieser Vergleich ist nicht stichhaltig. Denn, daß beim heutigen Fellach der Druck seiner Lage, über den er oft genug sich ausläßt und den er täglich fühlt, nicht seine von Haus aus heitere Gemütsart gänzlich verdirbt, hat seinen Grund, wie wir später sehen werden, im Fatalismus der heute im Nilthale herrschenden Religion, die die Moslemin alle Schicksalsschläge mit stumpfem Gleichmut tragen lehrt. Endlich erscheinen auch inschriftlich die Pharaonen milde und wohlthätig gegen das Volk. So wird Seti I. „Vater und Mutter für jedermann" [264] genannt, Pharao Ameni durfte sich rühmen: „keinen Armen bedrückt, keine Witwe bedrängt, keinen Hirten verjagt und in Jahren der Hungersnot sich der Notleidenden angenommen" zu haben [265], und der Pharao Usurtasen II. wird geradezu als „Wohlthäter" bezeichnet [266].

Abgesehen von dem Umstande, daß noch lange nicht alle Frondearbeiten für den Nutzen des Pharao unternommen wurden, sondern auch viele für das allgemeine Wohl, wie wir unten sehen werden, so führen wir als thatsächlichen Beweis der Sorge des Pharao für das Volk an, daß z. B. Seti I. da, wo er Bergwerke ausbeuten ließ, stets öffentliche Brunnen für die Arbeiter anlegte [267], und daß Ramses III. sogar Bäume und Sträucher im Nillande anpflanzen ließ, „damit die Bewohner im Schatten ruhen konnten" [268], eine Fürsorge für das Volk, die wir bei allen ägyptischen Herrschern unserer Zeitrechnung bis auf Mohammed Ali vergeblich suchen. Diese Sorge der Pharaonen für sein Wohl erkannte auch das Pharaonenvolk an. So heißt es in einer Denkschrift in Redesieh auf Seti I.: „Ein gutes Werk hat König Seti gethan, der wohlthätige Wasserspender … nun können wir hinaufziehen wohlbehalten und können erreichen das Ziel und bleiben am Leben." [269]

Endlich war doch auch die Macht des Pharao gesetzlich nicht so unumschränkt, wie wir uns das vorzustellen pflegen. Höchst interessant ist in dieser Beziehung eine Mitteilung Plutarchs, wonach zur Zeit der Pharaonen die Richter einen Eid zu schwören gehabt hätten, der u. a. den Satz enthalten habe: daß sie dem Pharao nicht Gehorsam leisten wollten, falls derselbe einen falschen Urteilsspruch befehlen sollte [270]. Daß ein solcher Eid bestanden, zeugt entschieden für die Klugheit und Gerechtigkeit der alten Ägypter. Wie nahe liegt hier der Gedanke, daß auch in der Geschichte der christlichen Staaten Momente eingetreten sind, wo ein solcher Eid der Richter — der aber leider nicht existierte — verhängnisvolles Unheil von einzelnen und ganzen Nationen abgewehrt haben würde. Sollte nicht in diesem wie in so manchen anderen Punkten der mächtige Stand der ägyptischen Priester die Schranken der Pharaonenmacht gehütet haben?

Wir haben über die Regierung und Verwaltung des Pharao an anderer Stelle das Nötige gesagt und wenden uns jetzt zunächst den gesellschaftlichen Zuständen im alten Ägypten zu.

b. Volksklassen.

Man giebt jetzt ziemlich allgemein zu, daß nicht, wie man früher meinte, im alten Ägypten die einzelnen Stände fest gegeneinander abgesperrte „Kasten" gebildet haben, wie etwa in Indien. Wohl aber gab es bestimmte Korporationen, deren Zahl allerdings schwer anzugeben ist [271]. Jedenfalls bildeten solche Korporationen die Priester resp. Gelehrten, die Beamten und die Krieger; ferner wohl die Kaufleute, die Landleute und Handwerker. — Übrigens war die Sonderung der Stände so wenig schroff, daß z. B. Priester zugleich Generäle, Gouverneure, Architekten sein konnten [272], und so finden wir oft mehrere verschiedenartige öffentliche Ämter in einer Person vereinigt. Aber auch aus den niedersten

Ständen konnte man durch persönliche Tüchtigkeit sich zu den höchsten Würden aufschwingen. Wir erinnern uns, daß ein solcher aus niederem Stande emporgekommener Mann der große Ti war, ein Hofbeamter der V. Dynastie, Gemahl einer Pharaonentochter [273], und daß ein Erbprinz des Hauses Usurtasen ausdrücklich erklärt, daß „dem, welcher unter seinen Leibeigenen sich hervorthat, jede Stellung und Ehre offen gestanden habe, wie es des Brauches sei". Auch die Kinder aus den niedersten Ständen wurden bei den alten Ägyptern gerade so wie bei uns in die Schulen geschickt, um auf diese Weise Zutritt zu den öffentlichen Ämtern zu erhalten. Als Beweis dafür dient eine uns erhaltene Ermahnung eines alten Schreibers aus der Zeit der XII. Dynastie, worin dieser seinem Sohne die Schattenseiten der Handwerke aufzählt und ihm sagt: „nur die wissen= schaftliche Bildung bewirke, daß man zu Ehren käme". Im höchsten An= sehen stand der Priesterstand, was er neben seiner religiösen Stellung dem Umstande verdankte, daß er zugleich den Gelehrtenstand repräsentierte. Die Priester waren die alleinigen Inhaber der maßgebenden Kenntnisse: auch Künstler und Architekten, Dichter und Gesetzgeber rekrutierten sich aus ihnen. Bei solcher Sachlage ist es begreiflich, daß die Pharaonen bei den Priestern erzogen wurden und, nachdem sie auf den Thron gelangt, von ihnen umgeben blieben. Es liegt im Geschmacke unserer Zeit, bei dieser Gelegenheit hämische Bemerkungen über Abhängigkeit des Pharao von den Priestern zu machen. So bemerkt auch der neueste französische Darsteller der altägyptischen Geschichte, Ménard, daß es im Interesse der Priester lag, die Pharaonen zu beherrschen und die Rolle von Mumien spielen zu lassen [274]. Dagegen sagt unbefangen und sehr richtig der deutsche Historiker Dümichen, daß gerade diese Abhängigkeit von den besser unterrichteten Priestern ein festes Band um König und Volk schlang und so frühzeitig zu geordneten öffentlichen Einrichtungen führte, die die Ägypter befähigten, in glänzender Weise den Reigen der Kulturvölker des Altertums zu er= öffnen. Erst als diese Einrichtungen und der ganze Staat verfielen, tritt das Streben der Priester nach Herrschaft hervor und bildete dann, wie wir bereits oben bemerkten, eines der wichtigsten Symptome des Ruines Ägyptens.

Diese Priester und Gelehrten führten den gemeinsamen Titel: Ge= heimnislehrer der heiligen Sprache und Geheimnislehrer Pharaos. Im Nillande war so die höchste und mächtigste Aristokratie die des Wissens.

Wie schon früher bemerkt, gab es auch einen Geburtsadel: er bestand aus jenen Familien, in deren Händen die Verwaltung der einzelnen Nomen lag. Das Erbrecht wurde aber so gehandhabt, daß es sowohl Erbtöchter als Erbsöhne gab, und ebensowohl eine Erbfolge durch Heirat, als durch Geburt [275].

Als hervorragende Klassen der Bevölkerung haben wir uns auch wohl die Beamten, die Ackerbauer, Kaufleute und Handwerker zu denken. Von den Beamten war bereits früher die Rede. Indem wir zu den übrigen Klassen übergehen, haben wir sie vorzugsweise vom volkswirtschaftlichen Gesichtspunkte aus zu betrachten.

c. Volkswirtschaft. — Öffentliche Arbeiten. Ackerbau. Handel. Handwerk.

Im volkswirtschaftlichen Interesse arbeitete zunächst der Pharao selbst durch die von seinen Beamten ausgeführten öffentlichen Arbeiten. Daß selbst Pyramiden- und Tempelbauten dem allgemeinen Interesse dienten, das verdienstlose Volk beschäftigten und ernährten, haben wir bereits bemerkt. Eine dem allgemeinen Wohle ausschließlich dienende öffentliche Arbeit war die Anlage des sogenannten Möris-Sees durch Amenemhat III. (XII. Dynastie). Er war ein künstlich ausgegrabener See, der dazu diente, in der Zeit des hohen Niles von diesem angefüllt zu werden, um bei niedrigem Nilstande durch Kanäle die Ländereien der memphitischen und Fajum-Landschaft zu bewässern. Zu ähnlichem Zwecke legte Pharao Seti I. einen Kanal zwischen dem Nil und dem Roten Meere an, den Ramses II. ausbaute und Necho II. zu restaurieren begann: er sollte auch der Schiffahrt dienen. Herodot erzählt, daß das Orakel den Necho vor der Vollendung desselben gewarnt mit den bemerkenswerten Worten: „er werde nur für die Fremden arbeiten" [276], ein Wort, das durch die neueren Schicksale des Suezkanals seine Bestätigung erhielt. Als gemeinnützige Arbeiten der Pharaonen haben wir ferner auch die Anlage von Brunnen anzusehen. Einen solchen legte, wie bemerkt, Pharao Seti I. bei Redesieh an; aber schon zur Zeit der XI. Dynastie wurden Brunnen in der Wüste von Hamamat auf dem alten Karawanenwege von Koptos nach Kosseir am Roten Meere angelegt; andere Brunnen ließ Ramses II. bohren [277]. Endlich gehört zu den volkswirtschaftlich wichtigen öffentlichen Arbeiten der Pharaonen die Ausbeutung der Bergwerke in Nubien und im Sinai [278], zu denen ebenfalls die Kräfte des Volkes verwandt wurden, und der Steinbrüche, besonders des Moccatam, von Hamamat und von Suan am ersten Katarakt [279]; gab es auch keinen ständigen Betrieb in diesen Steinbrüchen, so begreift sich doch, daß bei den vielen öffentlichen Bauten im Lande auch viel in diesen Steinbrüchen gearbeitet wurde. Die Haupterwerbsquelle für die Nilthalbewohner war natürlich damals, wie heute, der Ackerbau.

Es ist hier der Ort, wo wir einiges über die Bodeneigentumsverhältnisse im alten Ägypten sagen müssen.

Die ursprüngliche Eigentumsform in der Geschichte der Menschen ist die des Privatgrundeigentums [280], das durch Erbrecht auf den ältesten Sohn überging. Bezüglich der Israeliten ist das unbestreitbar [281]. Was die Ägypter betrifft, so ist es seit Herodot allgemeine Ansicht geblieben, daß die Pharaonen Eigentümer des Bodens gewesen. Das aber ist eine ganz irrige Ansicht, wie noch kürzlich nachgewiesen wurde [282]. Der bekannte Putiphar zur Zeit des ägyptischen Joseph erscheint als Grundeigentümer [283], und dasselbe gilt von allen Ägyptern jener Zeit [284]. Erst durch Joseph wurde das gesamte Land Eigentum des Pharao, und die Einwohner nahmen es dann als Lehen von ihm zurück. Nur die Priester behielten ihr Grundeigentum. Später erscheinen auch die Krieger im Besitze von steuerfreiem Grundeigentum. Von allen anderen wurde dem Pharao das Fünftel des Ertrags als Steuer gereicht. Es gehörten nun zwei Drittel des Landes den Priestern und Kriegern, das übrige Drittel dem Pharao. So war's zur Zeit Herodots und Diodors von Sizilien, also bis in die Zeit der römischen Republik [285].

Das aber ist sicher, daß vor dieser Zeit das· Privatgrundeigentum allgemein bestand. Schon zur Zeit des Pharao Snefru der III. Dynastie berichtet ein Beamter, daß er seine Ländereien von seinen Vorfahren geerbt habe [286]. Auf den Abbildungen in den Gräbern der Ägypter erscheinen diese stets als Grundeigentümer. Ja, selbst die Handwerker haben ein kleines Eigentum, mindestens einen Gemüse oder Obstgarten besessen [287].

Wenn nun Ménard meint, es sei eine traurige Mission gewesen, die der Patriarch Joseph in Ägypten dadurch erfüllt, daß er eine Hungersnot benutzte, dem Volke sein Grundeigentum dauernd zu nehmen, so ist darauf zu erwidern, daß er dagegen Sorge trug, daß der Pharao das ganze Volk während langjähriger Mißernte vor Hungersnot bewahrte, und ferner, daß ja der Pharao den Ägyptern das Land als Lehen zurückgab, wohingegen er die Steuer des Fünftels verlangte — ein Steuersatz, der im Vergleich zu den Steuern unserer hochcivilisierten Nationen und in Erwägung, daß es niemals außerordentliche Steuerauflagen gab, und endlich, daß die heutigen Ägypter unter viel härterem Drucke leben, als ihre berühmten Vorfahren, was Ménard selbst zugiebt, durchaus nicht als gewaltig drückend erscheinen kann. Diodor schon berichtet uns, daß die Einkünfte der königlichen Domäne hinreichten, nicht nur die Ausgaben der Regierung zu decken, sondern auch die treuen Dienste, die man leistete, zu belohnen. Heute wird das Volk am Nil und auch anderswo durch immer neue Steuerauflagen gedrückt.

Was nun den Ackerbau betrifft, so wissen wir, daß die Ägypter schon in der ältesten Zeit die Felder pflügten oder den Boden mit einer Hacke lockerten und die Saat dann von Ochsen eintreten ließen. Übrigens sind wir in der Lage, den Ackerbau schon von der Zeit der IV. und V. Dynastie an in den Grabbildern zu Sakkarah, dann zu Beni-Hassan (XII. Dynastie) und Theben kennen zu lernen, und hier sehen wir denselben bereits auf einer hohen Stufe der Entwicklung: Pflügen, Säen, Ernten, Austreten der Frucht durch Stiere oder durch sogenannte Dreschschlitten — das alles geschah in jener Zeit ähnlich wie heute. Die Saat wird auf einer Darstellung von Ochsen in den noch nassen Nilschlamm eingestampft, so wie viel später es auch Herodot berichtet. Der Nilpflug hat schon dieselbe Form, in der ihn jetzt noch der Fellah handhabt, ebenso die Sichel und Hacke. Die Frucht wird nicht auf Wagen, sondern auf Eseln und von Menschen eingeführt; genau so, wie noch heute. Auch die Bewässerungsvorrichtungen, die Ziehbrunnen, sind dieselben, die man noch heute am Nil sieht. Besonders blühend erscheint auch der Weinbau in allen seinen Phasen bis zum Keltern der Trauben und dem Klären des Weins. Die Krüge zum Aufbewahren des letztern im Keller haben dieselbe Form, wie wir sie aus römischer Zeit noch in Pompeji sehen [288].

Auf allen diesen Gräber-Darstellungen offenbaren sich ein reger Fleiß der Ackerbauer und ebenso tüchtige Kenntnis der Bodenkultur, so daß wir das Urteil Herodots, „daß die ägyptischen Landleute mehr Erfahrung hätten, als die Bauern anderer Völker", auch bereits für jene ältesten Zeiten gelten lassen müssen.

Außer dem Ackerbau finden wir am Nil schon sehr frühe einen lebhaften Handel. Schon zur Zeit vor der XII. Dynastie bestand der Karawanenweg von Koptos am Nil zum Roten Meere durch das heutige Wadi Hamamat. Zur Zeit der XII. Dynastie galt Ägypten der Welt bereits als Mittelpunkt aller Kultur, und von allen Seiten holten die Völker Waren und Erzeugnisse aus dem Nilthale; wir finden damals schon Libyer vom Westen und Asiaten vom Osten am Nile Handel treiben. In Äthiopien (Nubien) blühte der Handel bereits zur Zeit der XVIII. Dynastie. Wir wissen, daß die Königin Hatasu, die Tochter Thutmes' I., die während der Minderjährigkeit Thutmes' III. die vormundschaftliche Regierung führte, eine Flotte ausrüstete, die nach Punt zog und auch Handel in Arabien trieb [289]. Da Südarabien (Punt) mit Indien Handel trieb, so trat man durch diese Verbindung mit Punt zugleich in indirekte Handelsbeziehung zu Indien. Man kaufte von diesen arabischen Handelsleuten Parfümerien, Gold und Edelsteine [290]. Ja, diese ägyptischen Schiffe kamen bereits bis zum Cap Guadarfui [291]. Geldmünze gab es im Nillande erst zur Zeit der Ptolemäer. Vor dieser Zeit war das Kaufmittel im Binnenhandel Kupfer, das man wog. Die Gewichtseinheit war ein uten = 91 Gramm, und dieses wurde in je 10 kat geteilt. Im Handel mit dem Auslande bediente man sich als Kaufmittel des Goldes oder Silbers in Form von Ringen [292]. Ein anderes Mittel, Gegenstände und Produkte anderer Länder nach Ägypten zu bringen, waren die Kriegszüge der Pharaonen. Es tritt in dieser Beziehung sehr deutlich das Streben der letzteren hervor, als Kriegsbeute stets solche Gegenstände vor anderen zu wählen, die bis dahin am Nile unbekannt waren. Wir erinnern uns, daß Pharao Thutmes aus einem Siegeszuge fremde Vogelarten heimbrachte, die ihn mehr freuten als alle andere Kriegsbeute. Auf Kriegszügen brachten die Pharaonen lange vor den Helden der Ilias aus Asien eherne Harnische, kostbare Streitwagen, das Pferd und den Wagen als Transportmittel [293]. Das waren aber sehr wichtige Dinge. Ganz gewiß war z. B. der Transportwagen mit Pferd für jene Zeiten eine ebenso wichtige Erfindung, als für unsere Tage die der Eisenbahnen und Dampfwagen. So war Ägypten der Mittelpunkt des Weltverkehrs, der durch Handel und Kriege vermittelt wurde. Was nun die Handelswaren betrifft, so konnte das Nilland als Tauschmittel bieten: Gold aus Nubien [294], Kupfer und Türkisen aus der Sinai-Halbinsel [295], Getreide aller Art aus dem Nilthal. Ägypten war auch sehr reich an Mineralien. Manche derselben nennen wir noch heute nach ihren ägyptischen Fundorten, so Ammonium (von der Oase des Ammon), Syenit (ein Granit) von Syene, Natron oder Nitrum von dem Berge Nitria, Alabaster von der Stadt Alabastron, Topas von der Insel Topazion und Saphir von der Insel Sapirene am Roten Meere. Dafür tauschte man ein: aus Arabien Gold, Silber, Ebenholz, Elfenbein, Gewürze, Affen, Hunde; aus Phönizien Gold, Silber, Zinn, Eisen; aus Assyrien Zeuge, Byssus, Stickereien, Wolle, Purpur, Korallen, Rubine u. s. w. Von dem erwähnten Zuge nach Punt (Südarabien) brachte Königin Hatasu bis dahin unbekannte Bäume, Weihrauchbäume, in Kübeln nach Ägypten und ließ sie in ihren Gärten in Theben anpflanzen — das erste Beispiel von Acclimatisationsversuchen, das die Geschichte kennt. Als Kriegssteuer lieferten Syrien und Palästina unter Thutmes III.: Olivenöl, Wein, Honig, Wolle, Leinwand, Harz, Palmwein; Mesopotamien: Pferde, Ziegen, Rinder, Früchte, Farben, Edelsteine; Cypern: Erz, Blei, Elefantenzähne; Phönizien: Pferde, Balsam, leider auch Neger. Überhaupt kamen sowohl durch Handel als Kriegszüge Sklaven ins Nilthal, so z. B. nach der Eroberung von Avaris, der Residenz der Hyksos [296]; und ebenso brachte Thutmes I. aus Äthiopien Sklaven mit [297], und Hatasu aus Punt. Bei dieser Gelegenheit wollen wir nicht unerwähnt lassen, daß nach Ausweis der Abbildungen und Inschriften in den Tempeln die Kriegsführung gegen die unglücklichen Neger bereits damals, wie noch heute, eine sehr grausame war. Man bemächtigte sich der Weiber, fing die Leute ab, trieb ihre Herden fort und legte Feuer an die Ernte. Das sind aber keine größeren Rohheiten, als die, von welchen die neueste Geschichte der Kämpfe in Afrika berichtet. Man war überhaupt in der Kriegsführung grausam: das beweist schon der Umstand, daß man, wie die Siegesbilder der Pharaonen zeigen, den Kriegsgefangenen die Hände abhauen ließ. — Übrigens ist dabei nicht der Umstand zu übersehen, daß nach Beschluß des Krieges die Pharaonen alles thaten, um die bösen Folgen desselben zu verwischen, wofür wir ein klassisches Zeugnis bereits aus der Zeit der XII. Dynastie besitzen, da Amenemhat I. in der Instruktion an seinen Nachfolger Usurtasen I. sagt: „Ich sorgte, daß der Trauernde nicht mehr trauerte ... daß die fortwährenden Schlachten aufhörten ... ich führte Getreide ein, so daß bald die Hungersnot beseitigt war ... ich verscheuchte Löwen und Krokodile aus dem Nilthale." 295 Auch ist wohl zu bemerken, daß jene Knechtschaft nicht Sklaverei in unserem Sinne war, wie sie es selbst heute am Nile keineswegs ist.

Abgesehen hiervon aber „wurde bereits 34 Jahrhunderte vor unserer Zeitrechnung durch Handel und Kriegszüge in glücklicher Wechselwirtung vom Euphrat bis zu den Ufern des Nil das Beste ausgetauscht, was der sinnende Mensch und die Hand des kundigen Meisters zu bieten vermochten und was der beginnende große Völkerverkehr von Land zu Land als ein schönes Erbteil den kommenden Geschlechtern überlieferte".

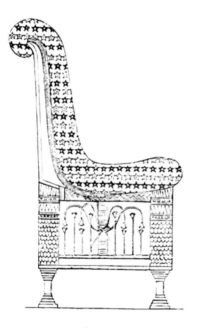

Fig. 43. Ägyptischer Lehnstuhl.

Außer den Priestern, Kriegern und Kaufleuten interessieren uns vom volkswirtschaftlichen Standpunkte aus noch besonders die Handwerker und überhaupt die arbeitende Klasse. Was die Leistungen der Handwerker betrifft, so sind wir mit Grund erstaunt über die Trefflichkeit derselben. Erklärlich wird letztere durch den Umstand, daß auch die Handwerker in Klassen eingeteilt waren. Jedwedes Geschäft und jede Handarbeit wurde von besonderen Personen betrieben: Auf diesem Principe der Teilung der Arbeit beruhte die Vollkommenheit der Manufakturen und endgültig auch der ägyptische Wohlstand.

Über den Stand der Manufakturen sind wir hinreichend durch die Darstellungen in den Gräbern unterrichtet. Schon die ältesten derselben, die zu Sakkarah, geben uns reichen Aufschluß. Da wird uns z. B. der Schiffbau vorgeführt. Man bediente sich schon derselben Werkzeuge, wie wir sie kennen: der Säge, des Meißels, des Hobels, der Hämmer und Beile. Man zimmerte die Schiffe aus Suntbaumholz in der Form der heutigen Nil-Dahabien. In dieser Periode des alten Reichs bediente man sich der sogenannten lateinischen Segel. Auch Steuer und Ruder fehlen nicht. Übrigens verfertigten die alten Ägypter schon früh kleine Fahrzeuge aus Rohr, Binsen und Papyrusstengeln [299], wie es noch heute die Sudan-Neger thun. Wenn Strabo von „thönernen Fahrzeugen" der Ägypter redet [300], so weist uns diese Bemerkung darauf hin, daß sie bereits aus Nilschlamm Krüge verfertigten und mit Binsen zu Flößen aneinanderreihten, und sie so den Nil hinabtrieben, wie es noch heute geschieht. Wir beobachten ferner im Grabe des Ti (V. Dynastie) bereits die Tischler, Steinmetzen, Bildhauer, Glasbläser (Fig. 44), Topfbäcker (Fig. 45) und Lederarbeiter 2c., und dabei ergiebt sich, daß man schon in jener Zeit den Blasebalg, den Heber, ja sogar das Lötrohr kannte. Als ich die Gräber von Sakkarah durchwanderte, hatte ich oft das Gefühl demütigender Enttäuschung, indem ich auf den Darstellungen, die doch von den Handwerken, Geräten und Fertigkeiten einer Zeit reden, von der

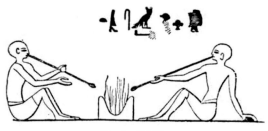

Fig. 44. Glasbläser.

uns mehr als vier Jahrtausende trennen, immer wieder auf Dinge stieß, die ich für eine Errungenschaft unserer Zeit gehalten. So war's mir mit dem Lötrohr und dem Heber ergangen, so mit der Glasbläserei, so ging's mir, als ich auf den Darstellungen der Schiffe bereits bewegliche Masten sah. Nicht minder staunte ich bei den Jagdbildern über alle die Jagdgeräte, die wir heute noch gebrauchen: so den Wurfspeer, die Harpune, Netze, Fallen, sogar den Lasso. Vögel fing man mit Netzen. Eigentümlich sind in den Gräbern Darstellungen von Vogeljagden in den Sümpfen des Delta (Fig. 46). Man näherte sich auf dem Gewässer den von Wasservögeln stark belebten Gebüschen auf Papyrusbooten und schlug mit Stöcken nach denselben, was eine große Geschicklichkeit voraussetzt. Selbst Jagdhunde hatte man bereits. Die Straußen wurden z. B. mit Hundemeuten gejagt. Auch Wildjagden kannte man. Noch mehr wuchs mein Staunen, als ich die Behandlung der Haustiere sah: da erblickte ich einen Hühnerhof; da „nudelte" man die Gänse bereits gerade wie heute; die Ochsen schlachtete man, wie man es noch in unseren Schlachthäusern sieht.

indem man die Hinterbeine des Tieres zusammenschnürte, einen Vorderfuß aufband, so daß das Tier zum Falle brachte und es dann mit einem Hiebe tötete. Merkwürdig ist übrigens, daß Antilopen und Gazellen unter den

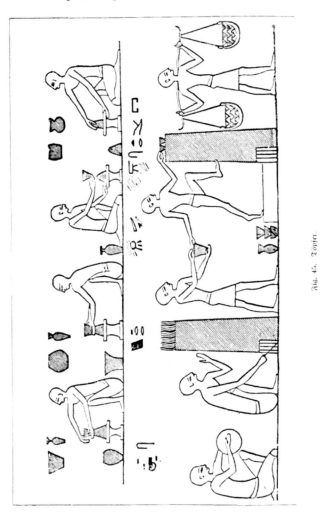

Fig. 45. Töpfer.

Haustieren erscheinen. Nach der Hyksoszeit findet sich die Antilope nicht mehr unter den Haustieren, dagegen finden sich bis dahin unbekannte Rassen von Haushunden. Die Pferde wurden wohl erst zur Zeit des neuen Reiches eingeführt. Der Fischfang wurde mit Netzen oder auch mit Angeln ausgeübt.

Bei Betrachtung dieser Steinbilder in den Gräbern bei den Pyra=
miden und in Sakkarah drängen sich wichtige Beobachtungen auf. Zu=
nächst — hätten wir auch keine weiteren Anhaltspunkte: diese Darstellungen
munterer Arbeit, die in den beigegebenen Inschriften mit meist launigen
Bemerkungen begleitet werden, reichen allein hin, die Erzählung des alten
Herodot, daß die Pyramiden=Pharaonen rauhe Despoten waren, deren
Lust es gewesen, ein in Mühsal und Entbehrungen schmachtendes Volk zu
drücken, in das Gebiet der Fabeln zu verweisen. Vor allem aber gelangt
man bei Beobachtung der Handwerke und Geräte zu der Überzeugung,
daß jene alten Ägypter bis zu den jüngsten Tagen, wo bei uns Dampf=
schiffe und Maschinen in Bewegung gesetzt wurden, sich bezüglich ihrer

Fig. 46. Ägyptische Vogeljagd mit Stöcken.

technischen Fertigkeiten und Kenntnisse vor uns nicht zu schämen brauchten.
Zum Belege für diesen Satz möge auch der Umstand dienen, daß am
Tempel von Denderah die Spitzen der vier hohen Masten am Eingange
mit Kupfer beschlagen waren, „um — wie es in der Inschrift am Tempel
heißt — zu zerbrechen die Unwetter vom Himmel". Demnach haben wir
bei den Ägyptern bereits nichts Geringeres, als die ersten Blitz=
ableiter [301]. Ganz gewiß — ziehen wir die Errungenschaften der
Dampfkraft ab, so bringt uns die Frage: was dürfen wir von technischen
Fertigkeiten und Kenntnissen noch auf Rechnung der späteren Jahrtausende
setzen? geradezu in Verlegenheit.

Trotzdem aber war das Los der arbeitenden Klassen wohl nicht ge=
rade ein rosiges. Man pflegt zum Beweise dafür einen alten Papyrus,

der gerade diese Verhältnisse in jener Zeit des alten Reiches bespricht, anzuführen [302]. Er enthält eine Ermahnung eines Schreibers aus der Zeit
der XII. Dynastie an seinen Sohn, in welcher jener in den grellsten Farben
die Lage der arbeitenden Klassen schildert. Da heißt es: „Wenn der
Steinmetz in der harten Arbeit seine Arme abgenutzt hat ... so sind
seine Kniee und sein Rückgrat gebrochen, da er vom Sonnenaufgange an
niedergekauert sitzt ... Der Barbier rasiert bis in die Nacht herein ...
geht von Haus zu Haus, um seine Kunden zu suchen, und bricht die Arme,
um den Magen zu füllen ... Der Schiffer fährt den Fluß hinab, um
seinen Lohn zu verdienen ... kaum langt er zu Hause an, so muß er
wieder fort ... Der Schuster bleibt ewig Bettler, seine Gesundheit ist
die eines toten Fisches ... Der Weber muß im Hause sitzen und genießt nicht die frische Luft ...“ Und so geht's weiter.

Indessen diesen Ermahnungen liegt, wie der Verlauf derselben zeigt,
die Absicht zu Grunde, dem Sohne den Vorzug der wissenschaftlichen Bildung vor dem Handwerke zu zeigen, genau wie bei uns, wo der Handwerker lieber seinen Sohn in die Schule schickt, um ihn zur Beamtenlauf-
bahn vorzubereiten, statt ihn sein Handwerk lernen zu lassen. Und dann —
passen jene Schilderungen nicht auch auf das Handwerk in unseren Tagen?
Was sagen sie denn mehr, als daß der Handwerker nur mit Arbeit und
Mühe sich durchschlägt? Ganz genau dasselbe könnte ein Vater unserer
Tage, der Handwerker ist, seinem Sohne sagen und thut es gewiß nicht
selten. Genug — wir halten die Lage der arbeitenden Klassen bei den
alten Ägyptern für nicht wesentlich schlimmer, als sie es in unseren
Tagen ist.

d. Religiosität der Ägypter. Familie. Geselliges und Privat-Leben.

Unter den Charaktereigenschaften des ägyptischen Volkes tritt keine so
entschieden hervor, als seine Religiosität. Schon Herodot berichtet, daß
die Ägypter alle anderen Völker an Frömmigkeit überträfen. Die Religion
war der Beweggrund aller ihrer Handlungen. Das wird einem sofort
klar, wenn man die noch erhaltenen Dokumente und Inschriften liest:
die meisten Texte haben unmittelbaren Bezug auf Religion. Das geht so
weit, daß sogar Werke medizinischen Inhaltes, wie der Papyrus Ebers,
und wohl gar solche, in denen Schönheitsmittel u. s. w. angegeben werden,
dennoch als eigentlich religiöse Bücher bezeichnet werden müssen, da selbst
die medizinischen Vorschriften sich den religiösen Geboten und Gebräuchen
unterordneten. Aber auch abgesehen davon, lassen die Ruinen der Tempel
am Nil keinen andern Rückschluß zu, als den auf tiefe Frömmigkeit seiner
Erbauer. Diese Tempel, so zahllos, so großartig und schön, besonders der
Wunderbau von Karnat, „der größte und schönste aller Räume der Erde,

in denen der Mensch der Gottheit eine Wohnung bereitet", reden zu uns von der Frömmigkeit des ältesten Kulturvolkes, von seiner Ehrfurcht vor der Gottheit und von der erhabenen Vorstellung, die es sich von derselben machte. Man wende nicht ein, daß diese Tempel vorwiegend dem Ruhme und der Verherrlichung ihrer königlichen Erbauer galten. Wer diese herrlichen Räume betrachtet, sagt Brugsch ebenso schön als treffend, der fühlt, mit welch erhabenen Gedanken vom Wesen der Gottheit erfüllt die alten Baumeister diese Räume zu Tempeln sich vorbildeten, nicht nach dem Maßstabe der Größe des Herrschers, wohl aber der Größe der Gottheit, die der Macht des erstern ja nur die Mittel lieh. „Geschaffen hat der Pharao diesen Bau," heißt es in der Tempel-Inschrift von Karnak [303], „für seinen Vater, den Ammon=Ra, den Herrn des Himmels ... Der Tempel ist herrlich, wie das Firmament des Himmels, und ist zu ewiger Dauer ausgeführt."

Und wie der Bau, so redet auch die innere Ausschmückung der Tempel vom religiösen Sinne der Ägypter. Noch in ptolemäischer Zeit erkennt man den staunenswerten Fleiß, die Sucht jenes Volkes, die Tempelwände bis zu den kleinsten Winkeln hin mit dekorativen Bildern und Schriften zu schmücken. Wohl mag auch bei dieser Ausschmückung, wie beim Baue selbst, die Eitelkeit der Pharaonen eine Rolle gespielt haben. Aber — daß diese ihre Ehre gerade in schöne Bauten zu Ehren der Gottheit setzten, spricht nichtsdestoweniger für ihren und des Volkes religiösen Sinn. Des Pharao Usurtasen I. Grundsatz war: „Nur Bauten zu Ehren der Gottheit sollen das Andenken eines Königs erhalten!" [304] und der große Thutmes III. ist weit entfernt, für solche Tempelbauten irdischen Lohn zu erwarten. Der Gott, dem er den schönen Tempel in Theben errichtet, soll ihm vielmehr „wegen dieses herrlichen Monumentes, das er ihm errichtet, ein reines Leben droben bei ihm geben" [305]. Dieselbe fromme Gesinnung bethätigte der berühmte Pharao auch, da er nach seinen bekannten glänzenden Eroberungszügen zunächst „der Gottheit seinen Dank darbrachte und vor allem des Ammon=Ra gedachte, dessen Tempel in Ape (Theben) er aus der Kriegsbeute reichlich mit Geschenken versah" [306]. Das ganze Leben und Treiben der Ägypter war von religiöser Weihe durchweht. Das beweist schon eine Aufzählung der religiösen Feste des Jahres. Da erfahren wir von einem Feste des neuen Jahres, einem der fünf Schalttage desselben, einem Monatsfeste, von zwölf Halbmonatsfesten, einem Feste der Nilüberschwemmung, des Sothisaufganges, einem Schiffahrtsfeste, einem Feste der Berge und der Ebene, einer „Sandfeier", einem Feste des Jahresschlusses [307]. Religiöse Wallfahrten finden wir schon in der ältesten Zeit. Die Erstlinge aller Früchte wurden, ebenso wie bei den Juden, der Gottheit im Tempel geopfert [308]. Vor wichtigen Unternehmungen pflegte man erst zu beten: so betrat niemand den Karawanenweg vom Roten Meere

zum Nil, ohne sich vorher durch Gebet dem Schutze der Gottheit zu
Koptos zu empfehlen [309]. Wie uns der jüdische Geschichtschreiber Josephus
berichtet, hatten die Ägypter auch die Gewohnheit, stets vor dem Essen zu
beten [310]. Die Toten ehrte man durch Opfer und Gebete, und dieser
Totenkult war ebenso alt als eifrig gepflegt. „Der Überlebende,“ heißt
es in Abydos, „soll die Totenstätte besuchen und das Gebet von den
Totenopfern sprechen.“ [311] Sehr bezeichnend für ihren religiösen Sinn
ist es auch, daß das Zeichen für Ra, den höchsten Gott, stets an den Anfang eines Wortes gesetzt wurde. Kann ferner echte und tiefe Frömmigkeit trefflicher und deutlicher sich aussprechen, als in dem schon erwähnten
Gebete, das der Dichter Pentaur dem in der Schlacht von den Seinen
verlassenen und von Feinden umzingelten Pharao Ramses II. in den Mund
legt: „Wo bist Du, mein Vater Ammon? Kann der Vater seines Sohnes
vergessen? ... Wohlan, niemand ist, der mich hört ... nie habe ich
Deine Gebote übertreten ... und dem, der sie befolgt, muß Gutes zu teil
werden ... Du giltst mir mehr als Millionen Krieger ... nichts gelten
die Thaten der Menschen ... Du giltst mir mehr als sie — Dich rufe
ich an!“? Und derselbe fromme Ton durchweht die so oft in den ältesten
Gräbern wiederkehrende Formel [312]: „O ihr Priester, wenn ihr liebt das
ewige Leben und verachtet den Tod, so verherrlichet euren Ruhm an eueren
Kindern, indem ihr den Göttern dankbar seid!“

Dieser religiöse Sinn erhielt sich bis in die spätesten Zeiten der
ägyptischen Geschichte: er redet ebenso frisch und entschieden noch aus der
schon erwähnten Grabschrift des Priesters Abehu zur Zeit, da das Nilland schon unter der Fremdherrschaft der Perser seufzte: „O Du Herr,
ich war Dein Knecht, der nach Deinem Willen that ... Du hast mir
Gutes erwiesen hunderttausendfach ... Da ich Dir gehorsam war, wurde
mir kein Haar gekrümmt ... Du gabst mir ein langes Leben und des
Herzens Frieden ... Nun ist Dein Sohn eingegangen ins Himmelreich,
um zu schauen den Gott, der droben ist.“ In solchen Worten spricht sich
alles aus, was die Religion dem Herzen geben kann: Dank gegen Gott,
Friede im Bewußtsein gethaner Pflicht, Zuversicht und Gottvertrauen selbst
im Tode.

Ganz gewiß — angesichts solcher Zeugnisse können wir bei den alten
Ägyptern nicht, wie bei ihren heutigen Epigonen, zweifeln, daß den äußeren
religiösen Übungen die innere Gesinnung entsprach.

Nachdem wir die Religiosität als Charakterzug der Ägypter kennen
gelernt, giebt es keine Frage von größerem Interesse, als die nach dem
Familienleben dieses Volkes. Ist es im allgemeinen wahr, daß, je ge-
sunder das Familienleben, desto blühender auch das Staatsleben ist, so
dürfen wir aus dem vortrefflichen Blütestand des ägyptischen Staates in
seiner besten Zeit einen Rückschluß auf den guten Zustand der Familie

8*

machen. Für die Familie aber ist nichts von so durchschlagender Be=
deutung, wie die Stellung des Weibes.

Wir wissen, daß die ursprüngliche gottgewollte Einrichtung der Ehe
als monogamische, d. h. zwischen einem Mann und einer Frau, bei
sämtlichen Völkern vor Christus mehr oder minder in Verfall geraten,
daß mehr oder minder die Vielweiberei an die Stelle der Monogamie
getreten war. Die kulturhistorische Bedeutung des ägyptischen Volkes
nun beruhte hauptsächlich darauf, daß sich bei ihm der ursprüngliche
Charakter der Ehe am reinsten erhalten hatte. Die Polygamie ist mit der
hohen Stellung, welche die ägyptische Frau als „Herrin des Hauses" ein=
nahm, schlechterdings unvereinbar. Mehrere Frauen zu haben, widerstritt
dem herrschenden Gebrauche, und wenn einige wenige Pharaonen, wie es
scheint, mehrere Frauen hatten, so folgten sie darin fremder Unsitte [313].
Nach Diodor geschah es erst spät, daß man es duldete, wenn ein Ägypter
mehrere Frauen heiratete [314]. Die Monogamie fand noch Herodot im Nil=
thale vor. Damit hing zusammen, daß die Frauen eine hochgeachtete
Stellung hatten, wie wir sie bei keinem andern der alten Kulturvölker,
auch nicht bei den hochgebildeten Griechen, finden. Ehrenvoller und rich=
tiger kann das Verhältnis der Gattin zu ihrem Gemahle und im Hause
nicht bezeichnet werden, als wir es im öfter erwähnten Grabe des Ti
(V. Dynastie) finden, wo von seiner Gattin Neserhotep gesagt wird: „Sie
war ihrem Gemahle ergeben in heißer Minne und holdseliger Liebe", und
wo sie genannt wird: „die Herrin des Hauses, die Gebieterin und einzige
Geliebte ihres Gemahls". Auch das spricht für die hohe Würde der
Frau im Hause, daß es Brauch war, den Namen der Mutter sogar vor
dem des Vaters anzugeben [315]. Die Stellung des Weibes war eine so
geachtete, daß, wie wir im Verlaufe unserer Erörterungen sahen, bereits
zur Zeit der II. Dynastie ein Gesetz erlassen wurde, das die Frauen für
erbberechtigt erklärte. Schön und treffend wird das Verhältnis des Mannes
zu seiner Frau charakterisiert in dem aus der Zeit der XII. Dynastie
stammenden Papyrus Prisse, in dem der Nomarch Ptah=hotep, Sohn eines
Pharao der V. Dynastie, u. a. sagt: „Wenn du weise bist, so ... liebe
deine Frau ohne Zank und Streit, ernähre sie, schmücke sie ... mache ihr
Freude alle Tage deines Lebens: sie ist ein Gut, das würdig seines Be=
sitzers sein muß. Sei niemals roh gegen sie ..." [316] Im demotischen
Papyrus des Louvre wird dem Mann zur Pflicht gemacht: „Behandle
deine Gattin nie schlecht ... sie soll an dir ihren Beschützer finden! [317]

Die Frauen hatten auch eine freiere Stellung, als bei allen anderen
Völkern des Altertums. Während selbst bei den Griechen die Frauen im
Frauenhause eingeschlossen blieben und den häuslichen Arbeiten obliegen
mußten, auch nur, wie noch heute bei den orientalischen Völkern, mit
Frauen Besuche wechseln durften, sagt uns Herodot, daß die ägyptischen

Frauen sich öffentlich zeigten, Einkäufe machten u. s. w. Die Gemälde zeigen uns die Frauen mit Männern in geselligem Verkehre. So entsprach die gesellschaftliche Stellung der ägyptischen Frau so ziemlich der der Frauen in unseren Tagen.

Daher blühte in jenen alten Zeiten am Nil auch Familienglück in unserem Sinne. So erscheint auf einem Bilde der thebanischen Gräber der Pharao Chunaten im häuslichen Kreise von Frau und Töchtern. Die Mutter liebkost ihren kleinen Sohn Anch=nes=aten, den sie auf dem Schoße hält. Sie und die Töchter nehmen sich Almosen spendend der Armen an. In Medinet=Habu zeigt ein Bild den Pharao, wie er mit seinen Töchtern Spiele macht.

Die Kindererziehung der alten Ägypter war nicht, wie jetzt überall im Oriente, durch Haremswirtschaft eingeschränkt. Die freie Stellung des Weibes ermöglichte eine freiere Erziehung, und die Würde der Mutter und Herrin des Hauses gestattete den weiblichen Einfluß auf die Erziehung, den das Kind noch zu allen Zeiten als einen wohlthätigen im Leben bewährt fand.

Wir wissen auch, in welchem Geiste die Erziehung der Jugend geleitet wurde. Es war der Geist unbedingten Gehorsams gegen die Eltern. Jener alte Ptah=hotep, von dem wir eben redeten, giebt bezüglich der Erziehung folgende treffenden Ratschläge: „Wenn du verständig bist," sagt er, „so erziehe deinen Sohn in der Liebe zu Gott. Wenn er redlich ist und sich bemüht für dich, und dein Besitztum mehrt, so gieb ihm den besten Lohn. Ist aber dein Sohn schlecht, so wende dein Herz nicht von ihm ab, denn du bist sein Vater, sondern ermahne ihn! Wenn er aber lasterhaft ist und dein Gebot übertritt, so schlage ihn, wie er es verdient ... Besser ist Gehorsam denn alles, was lieb und gut ist. Herrlich ist der Sohn, der annimmt des Vaters Rede. Er wird deshalb alt werden, denn es liebt Gott den Gehorsam, aber den Ungehorsam haßt er."

Das sind goldene Regeln der Kindererziehung: Regeln, die verdienten, daß man sie in unseren Tagen Fürsten und Vätern als mustergültig für Schule und Haus wieder vorhielte. Hier finden wir bereits entschieden die beiden Grundsäulen einer gedeihlichen Erziehung betont: Gottesfurcht und Gehorsam. Diese altägyptische Erziehungsweisheit enthält echte Pädagogik. Die Liebe des Vaters zum Sohn war sprichwörtlich. „Ich that Gutes, wie der Vater dem Sohne", heißt es auf der sogenannten naophoren Säule im Vatikan. Die Kinder wurden zunächst im Hause erzogen; die Denkmäler und die Museen zeigen uns vielerlei Kinderspiele, u. a. auch zierliche Gliedergruppen (Fig. 47 u. 48). Sobald es anging, wurden die Knaben in die Schulen geschickt. Vorbildung mochten auch die Knaben von der Mutter erhalten, die wir uns infolge ihrer freien Stellung als wohlgebildet zu denken haben. Die Mädchen wurden wohl ganz von ihr

unterrichtet. Daß die Pharaonen sich die Lehranstalten und den Unter=
richt sehr angelegen sein ließen, haben wir bereits oben bemerkt. Die

Schulbildung befähigte ja
auch zu allen Stellungen.
Daß sie überhaupt in Ach=
tung stand, beweisen die
Ermahnungen jenes oben
erwähnten alten Schreibers
(XII. Dynastie) an seinen
Sohn, in denen es u. a.
heißt: „Ich möchte, daß du
liebst die Wissenschaft wie
deine Mutter . . . sie ist
wichtiger als alle sonstige

Fig. 47. Kinderspielzeug (bewegliche Holzfigur).

Fertigkeit und nicht ein leeres Wort auf Erden; der, welcher sich bemüht
hat, aus ihr Nutzen zu ziehen von seiner Kindheit an, wird in Ehren
stehen . . . Wer Kenntnisse besitzt, ist dadurch allein besser als du . . . Wenn
du einen einzigen Tag in der Schule Nützliches gelernt hast, so ist das
für alle Ewigkeit; die Geistesarbeit ist dauerhaft wie die Berge.“

Daß man in den Schulen aber auch außer dem Unterricht die Er=
ziehung im Auge hatte, ist sicher. Bescheidenheit und ehrerbietiges Be=

Fig. 48. Ballspiel.

nehmen lobt noch Herodot an der ägyptischen Jugend; er hebt hervor, daß
unter den Griechen nur die Lacedämonier mit den Ägyptern verglichen
werden könnten in dem Punkte der Achtung und Ehrfurcht, die die Jugend
dem Alter zolle. Wenn ein Greis, so erzählt er, an einen Ort komme,
wo sich ein junger Mann befinde, so erhebe sich dieser von seinem Sitze.

Überhaupt hielt man im Verkehr untereinander auf gegenseitige
Achtung und Höflichkeit. Nach demselben Herodot machten die Ägypter,
wenn sie sich begegneten, eine tiefe Verbeugung und senkten die Hand bis

aufs Knie — eine Art des respektvollen Grußes, die man noch heute im
Nilthale beobachtet.

Im übrigen liebten die Ägypter, die, wie wir schon früher erwähn=
ten, bei tiefem religiösem Ernste ein sehr heiteres Volk waren, sehr die
Geselligkeit. In den Gräbern finden wir zahlreiche Abbildungen, auf
denen gesellige Zusammenkünfte (Fig. 49) mit Gastmählern dargestellt sind.

Fig. 49. Damengesellschaft.

Dabei zeigt sich, daß in der thebanischen Zeit des Glanzes des Nilreiches
auch die gesellschaftlichen Formen verfeinert erscheinen. Da werden nicht
nur Speisen und Getränke aufgetragen, sondern wir finden auch die Tafeln
mit Blumen geschmückt, und die Kleidungen, besonders der Damen, sind
reicher als früher [319]. Beim Essen lag man nicht, wie es griechische und
römische Sitte war, sondern man saß entweder am Boden, wie noch heute

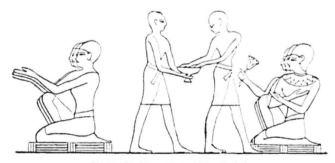

Fig. 50. Die Handewaschung bei der Mahlzeit.

am Nil, oder auf niedrigen Stühlen. Die Speisen wurden auf Platten
serviert, die man umhertrug. Flüssiges genoß man aus kleinen Schalen.
Wohl gab es auch Löffel, aber Messer und Gabeln findet man nie ab=
gebildet, woraus zu folgern ist, daß die alten Ägypter, wie noch die
heutigen, sich der Finger zum Essen bedienten. Vor und nach dem Essen
wusch man die Hände (Fig. 50). Von den Fleischspeisen waren in der

Pharaonenzeit Hahn und Huhn unbekannt, im übrigen aber hatte man eine große Auswahl derselben. Man trank Wein, auch Dattelwein; aber das eigentliche Nationalgetränke war ein Gerstenbier, haq genannt, ähnlich dem buza der heutigen Nubier.

Bei den geselligen Zusammenkünften tritt allerdings häufig Unmäßigkeit hervor. Die Trunksucht besonders scheint ein Fehler bei den Ägyptern gewesen zu sein. Dabei fällt es unangenehm auf, daß man auf jenen Gräber=Darstellungen auch Frauen diesem Laster verfallen erblickt. Gelegenheit zu solchen Festgelagen boten außer den Familienfesten besonders auch die religiösen Feierlichkeiten. Vor allem berühmt waren die Feste der Isis im Tempel zu Denderah. Aber auch da fehlte es dann nicht an Unmäßigkeit und Ausgelassenheit, ähnlich wie bei unseren sogenannten Kirmessen und Kirchweihfesten. So sagt eine Inschrift zu Denderah: „Die Leute von Denderah sind trunken von Wein; Blumenkränze ruhen auf ihren Häuptern"; und ähnlich lautet eine Inschrift im Tempel zu Edfu. Ja, in späterer Zeit soll es am Nile sogar ein Fest der Trunkenheit gegeben haben [319]. Trotzdem aber — und das darf nicht übersehen werden — galten Unmäßigkeit und Trunksucht als strenge verboten; beide erscheinen unter den 42 Todsünden.

Herodot erzählt uns bekanntlich, daß man bei den Gastmählern in Ägypten eine hölzerne Mumie umhertrug, wobei dann der Träger den Festgenossen die Worte zurief: „Auf diesen blickend trinke und ergötze dich, denn gestorben wirst du ein solcher sein!" Das wäre neben dem Ernste — les extrêmes se touchent — auch Leichtsinn. Indessen — solche frivole Sentenzen mögen allerdings in der späten Zeit, wo Herodot reiste, am Nil existiert haben; in der ältern, bessern Zeit finden wir keine Spur davon. Die entgegengesetzte Ansicht beruht auf einer Mißdeutung von Stellen in den Lebensregeln des öfter genannten Ptah=hotep im Papyrus Prisse [320]. Dem gegenüber predigt den Ernst des Lebens das sehr alte sogenannte Lied des Harfners im Grabe Ramses' III., in welchem es heißt: „Sei eingedenk des Tages, wo du hinfährst zum Lande des Jenseits; nicht kehrt einer von dort zurück. Es nützet dir dann nur, daß du gerecht bist und verabscheuest jegliche Übertretung." [321]

Was die ägyptischen Frauen betrifft, so tritt bei ihnen auf den Abbildungen natürlich auch die Erbschwäche aller Evatöchter, die Eitelkeit, hervor. Sie erscheinen meist sorgfältig geschmückt, und schon in der ältesten Zeit bedienten sie sich der Schminke, mit der sie, wie noch heute die Frauen am Nil, Augenbrauen und Augenränder schwarz färbten und — eine Absonderlichkeit — die Augen durch einen unter denselben gezogenen grünen Strich zu markieren suchten. Schon zur memphitischen Zeit finden wir, daß semitische Einwanderer dem Pharao Chnum=hotep als angenehmes Angebinde Augenschminke bringen, die masmut genannt wird. — Die

Tracht der Frauen bestand aus langen Kleidern, einem Gürtel um die Taille und einer Agraffe auf der Schulter. Mit Vorliebe wählten sie lebhafte Farben für die Kleiderstoffe. Die Haare trugen sie lang, um den Kopf mit einem Bande zusammengehalten, das oft über der Stirne eine Lotosblume zierte; zu beiden Seiten hingen Flechten herab. Übrigens trug man durchgehends Perücken und falsche Flechten. Ferner hatten die Damen offene Schuhe, die mit Bändern befestigt wurden. Ganz besonders liebten sie Schmucksachen: Diademe, Arm= und Halsbänder, auch Fußspangen, von denen allen in Bulaq noch allerliebste Muster erhalten sind. Endlich waren auch Spiegel (Fig. 51), Parfums, Pomade und Fächer (Fig. 52 und 53) in Gebrauch. Man wirft den ägyptischen Frauen in neueren Darstellungen auch Leichtsinn vor. Dazu fehlt es nicht an Anhaltspunkten.

Fig. 53.
Fächer.

Fig. 52.
Fächer.

Fig. 51. Spiegel.

In der Heiligen Schrift wird uns die Verfüh= rungsgeschichte durch Pu= tiphars Ehefrau erzählt, und eine Zug für Zug gleiche Verführungsge= schichte berichtet uns der Papyrus d'Orbiney [322]. Indessen — ob man aus solchen Erzählungen einen Schluß ziehen darf auf die Leicht= fertigkeit der ägyptischen Frauen im allgemeinen, ist doch sehr fraglich. Wenn z. B. in der erwähnten Erzählung der von dem Weibe be= stürmte Mann antwortet: „Warum diese große Sünde, so zu mir gesprochen ist? Nicht sage sie noch ein= mal!" so beweisen diese Worte, daß die Ehrbarkeit doch die allgemeine Sitte war. Für strenge Sitte spricht aber auch die harte Strafe, die das ehebrecherische Weib erwartete. Es wurde ihm die Nase abgeschnitten. Dem Herodot erzählten ägyptische Priester, daß man den Ehebruch der Frauen damit gestraft habe, daß man letztere lebendig begrub.

Die Frauen der niederen Stände trugen ein einfaches, dunkelfarbiges, langes Gewand mit Ärmeln, ähnlich dem der heutigen Ägypterinnen aus dem Volke (Fig. 54). Die Männer der arbeitenden Klassen hatten meist nur ein einfaches, weißes, leinenes Lendentuch, das bis auf die Kniee reichte, zuweilen auch kurze Beinkleider. Bei Vornehmeren war dieses Lenden= gewand oft reich verziert und fiel nach vorne in spitzem Winkel herab. Aus der steifen, abstehenden Form dieses Kleidungsstückes bei den Pha= raonen hat man geschlossen, daß unter demselben eine Art von Reifrock

Fig. 54. Eine Ägypterin der jetzigen Zeit.

getragen wurde. Herodot redet auch von leinenem Unterkleid (Tunika) und Mantel.

Die Männer aus dem Volk gingen barhaupt und bartlos; die Köpfe der Kinder wurden glatt rasiert, nur ließ man zu beiden Seiten und auf der Scheitelhöhe kleine Haarbüschel stehen. Bei den vornehmeren Männern aber waren Perücken in Gebrauch und falsche Kinnbärte. An den Füßen

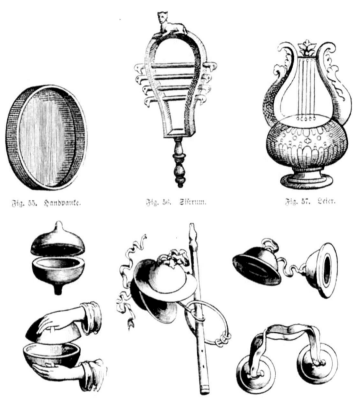

Fig. 55. Handpauke.   Fig. 56. Sistrum.   Fig. 57. Leier.

Fig. 58. Zimbeln (Castagnetten) und Flöte.
Altägyptische Musikinstrumente.

trug man Sandalen aus Palmblättern oder Papyrusstengeln, aus Leder oder aus Leinen; oder man hatte Schuhe aus Geflecht, wie man sie noch heute am Nil in Gebrauch sieht.

In den Unterhaltungen hatten die Ägypter eine große Mannigfaltigkeit. Die meisten derselben sind noch bei uns beliebt. So veranstaltete Pharao Thutmes III. einst ein Preisschießen mit Speeren [329]; in Denderah fand bei den Festen der Isis ein Baumklettern mit Preisen statt; die Gräberbilder zu Sakkarah, Beni-Hassan u. s. w. zeigen uns, daß man bereits gymnastische Künste, Ringübungen, Ball- und Brettspiele, Possenreißer, Affenführer, Akrobaten u. s. w. kannte. Endlich unterhielt man sich auch, wie die Grabbilder zeigen, gerne durch Barken- und Gondelfahrten auf dem Nil.

Die Darstellungen in den Gräbern und urkundliche Mitteilungen lehren uns aber auch, daß die Ägypter schon frühe Freunde von Musik,

Fig. 59. Harfenspieler, Malerei von Beni-Hassan. (Aus der Zeit der VI. Dynastie.)

Gesang und Tanz waren. Kein Fest fand ohne diese Unterhaltungen statt. Daß man schon im hohen Altertum die Musik am Nil pflegte, erzählt auch bereits Plato. Als Instrumente hatte man nach Angabe der Denkmäler das sogenannte Sistrum (Fig. 56), ein Klapperblech mit drei oder vier Querstäben; ferner die Laute, ein Saiteninstrument mit vier Saiten, dessen Resonanzboden nicht wie bei der italienischen Mandoline und unseren Streichinstrumenten in der Mitte unter den Saiten, sondern am unteren

Ende derselben war; es muß sehr alt sein, da es schon im hieroglyphischen Namen „Memphis" als Zeichen ☥ vorkommt; dann die Harfe, die man mit den Fingern spielte; die Leier (Fig. 57) mit sieben Saiten, ein Instrument semitischen Ursprungs, das zur Zeit der XII. Dynastie nach Ägypten kam; die Zither, ebenfalls semitischen Ursprungs; endlich Pfeifen, Flöten, Trompeten, Trommeln und Pauken (Fig. 55). Diese Instrumente erscheinen bereits alle in den Gräberbildern von Sakkarah. Die ägyptische Harfe ist dadurch charakterisiert, daß sie einen geschweiften Rücken hat; zur Zeit des Moses gab es in Ägypten auch Harfen von dreieckiger Form (Fig. 59 u. 60). Das Tamburin war rechtwinklig und wurde auf beiden Seiten geschlagen, die Trommel hatte cylindrische Form und war aus Metall oder Holz konstruiert. Der Takt wurde durch Händeklatschen gegeben; letzteres ersetzte aber auch wohl die späteren Castagnetten (Fig. 58). Die Musik wird man sich möglichst einfach vorstellen müssen. Bei den Harmonieen herrschte wohl die kleine Terz vor, um den sogenannten Moll-Accord zu gewinnen [324].

Fig. 60. Ein Sänger, von Flöte und Harfe begleitet.

Auch der Gesang war beliebt; schon Clemens Alexandrinus erwähnt der ägyptischen Sänger. Gesang in Verbindung mit Musik (Fig. 60), besonders mit Harfe und Zither, ertönte bei den religiösen wie bei den weltlichen Festen. Das Wort ánini im Papyrus Anastasi IV hängt nach Lauth mit dem arabischen ánieh, d. i. Sängerin, zusammen. In den Grabbildern von Sakkarah halten die Sänger die eine Hand gegen das Ohr, entweder um die eigene Stimme nicht zu hören, oder um die Anstrengung beim Singen zu paralysieren. Das geschieht noch gerade so von den heutigen Sängern am Nil, wie ich es oft sah. Demnach wird, wie das Wort, so auch der Gesang selbst in alter Zeit dem heutigen geglichen haben, und so hätten wir uns die jetzt noch am Nil übliche Weise, den Gesang mit eigentümlich vibrierender und leiernder Stimme vorzutragen, sehr alt zu denken. Dabei wird für jene alten Zeiten dasselbe gelten, was auch noch heute für die südlichen Völker gilt, daß nämlich die Grenzscheide zwischen Gesang und Deklamation, Melodie und psalmodischem Vortrag nicht strenge zu ziehen ist. Dazu stimmt auch, daß nach Lauth das Wort χω sowohl „sagen" als „singen" bedeutet. Lieder und Hymnen enthalten die Papyrus eine ganze Reihe auf Ptah, Ammon, auf den Nil, die Pharaonen u. s. w. Auch Sängerinnen gab es schon in den ältesten Zeiten; so enthält der satyrische Papyrus in Turin eine Darstellung von vier Sängerinnen, die in noch heute am Nil üblicher Weise auf unterschlagenen Beinen sitzen und zur Pfeife singen [325].

Übrigens ist, was die ernsteren, besonders die in den Tempeln beim Gottesdienst üblichen, einfachen Gesänge und Melodieen betrifft, wohl nicht mit Unrecht darauf aufmerksam gemacht worden, daß vielleicht der Gregorianische Kirchengesang diese alte, einfache Weise erhalten hat [326]. In Bezug auf Musik und Gesang der spätern Zeit ist nicht zu übersehen, daß Plato berichtet: es hätten beide in Ägypten nie große Fortschritte gemacht und die Priester sängen am Isisfeste alljährlich dasselbe Klagelied.

Der Tanz wurde im alten Ägypten, wie auch noch im heutigen, in der Regel nur von Frauen aufgeführt und bestand, wie die Bilder in Sakkarah zeigen, in einer Art rhythmischer Schreitbewegung, bei der man die Arme über dem Kopfe zusammenhielt oder einen Arm in die Hüfte stemmte und mit dem andern Luftbewegungen machte, war also wohl ähnlich den Tänzen, die man noch heute am Nil aufführen sieht. Rundtänze und gemeinsames Tanzen von Männern und Frauen waren unbekannt. Sehr häufig machen die professionellen Tänze den Eindruck von akrobatischen Leistungen, so die in den thebanischen Gräbern dargestellten.

Es zeigen uns die Bilder auch bereits Maskeraden und Mummenschänze. Auch scheinen die Tänzerinnen am Nil nicht gerade immer sehr decente Tänze aufgeführt zu haben, wohl ebensowenig, wie noch heute. Jedenfalls hing das Volk sehr an theatralischen Aufführungen und am Tanz; so wissen wir, daß, als das Christentum längst diese heidnischen Lustbarkeiten aus guten Gründen verdrängt hatte, man in Alexandrien noch unter Kaiser Anastasius (ca. 500 n. Chr.) Schauspiele und morgenländische Tänze aufführte [327]. Endlich veranstaltete man zur Belustigung des Volkes auch bereits bei den Ägyptern Stiergefechte, wie noch heute in Spanien. Mit Einem Worte — die bildlichen Darstellungen zeigen uns, daß bei den alten Ägyptern ebensowenig heiterer Sinn und Freude an Musik, Gesang und Tanz fehlten, wie bei ihren heutigen Nachfolgern am Nil, die bei allen mühseligen Feldarbeiten und bei allem Drucke von Steuern und Fronden dennoch stets Zeit und Stimmung haben, ihre „Fantasia", d. i. eine Unterhaltung, die aus Musik, oder Gesang, oder Tanz, oder aus allem diesem zusammen besteht, zu feiern.

Wir haben die Ägypter in ihrem Leben beobachtet; es erübrigt noch, uns ihre Gebräuche bei Tod und Begräbnis vorzuführen.

Sobald der Tod die Augen eines Ägypters geschlossen hatte, begann für die Angehörigen die Zeit der Trauer. Als Zeichen derselben ließ man Bart und Haupthaare wachsen und trug weiße Kleider. Sofort nach dem Tode wurden die Klagen um den Toten im Hause begonnen, und diese lauten Klagen setzten die Verwandten fort bis zur Einbalsamierung der Leiche. Die Frauen beschmutzten dann, ähnlich den noch heute im Orient vorhandenen Klageweibern, ihr Gesicht mit Staub und sangen, indem sie in den Händen als Symbole der Auferstehung grüne Zweige trugen, zum Tamburin ihre Klagen.

Die Einbalsamierung der Leiche geschah nach Herodot so, daß man das Gehirn und die Eingeweide aus derselben entfernte, das leere Innere dann mit Droguen, Myrrhen, Kaneel und sonstigen gewürzigen und stark duftenden Substanzen füllte und so den Körper während 70 Tagen in Salz liegen ließ. Nach Ablauf dieser Zeit wurde die Leiche gewaschen und in Bandagen von Leinen, die mit aufgelöstem Gummi getränkt waren, eingewickelt. Diese Weise der Einbalsamierung war kostspielig. Für die Armen gab es ein einfacheres und billigeres Verfahren: man brachte in die Leiche eine Flüssigkeit, surmaïa genannt, und legte sie dann 70 Tage lang in Natron. Nach dem 70. Tage wurden erst die einzelnen Finger, dann die ganze Hand und so alle Glieder, endlich der ganze Körper umwickelt und letzterer dann in den Sarkophag gelegt. Zwischen den Bandagen pflegte man allerlei Gegenstände einzuwickeln, wie Schmucksachen, Halsketten, Ringe, oder auch Instrumente, die der Verstorbene im Leben zu gebrauchen pflegte: so beim Schneider die Scheere, beim Kaufmann das Maß, bei Kindern ein Spielzeug u. s. w.

Nun folgte die letzte Behandlung des Leichnams. Man legte eine weiche Masse auf den bandagierten Körper, die trocknend wirkte, sich verhärtete und so den Behälter bildete, in dem unmittelbar die Leiche blieb (Fig. 61). Die Mumie wurde nun mit symbolischen Figuren bedeckt, das Gesicht bemalt, und reiche Verzierungen, oft auch Vergoldungen, angebracht. Auf dem Kopfe der Mumie sieht man wohl eine Lotosblume, oft auch

Fig. 61. Mumienbehälter.

Sternbilder, da die Seele die himmlischen Räume durchwandern mußte. Daher wurde der Körper auch mit aufgehobenen Armen gemalt. Das

Museum in Bulaq enthält Mumien, die überaus reich verziert sind. Diese so ausgestattete Mumie wurde dann in den eigentlichen Sarkophag (Fig. 62) gelegt, der aus Holz oder Stein bestand. Die Steinsarkophage zu Bulaq zeigen zum Teil außerordentlich feine und schöne Ciselierungs-Arbeiten im Innern und Äußern, was um so bewunderungswürdiger ist, als das Material aus Granit oder aus dem noch härtern Diorit oder aus Basalt besteht.

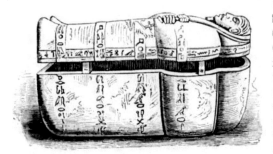

Fig. 62. Mumien-Sarkophag.

Fig. 63. Mumienkopf.

Die Überführung der Leiche in die Gruft geschah mit großen Feierlichkeiten (Fig. 64). Die erhaltenen Bilder zeigen, daß man den Sarkophag entweder auf Wagen oder auf Schlitten transportierte, oder auch auf Barken den Nil herabfuhr. Bei den Leichenbegängnissen der Vornehmen wurden Lotosblumen vorhergetragen, ferner die Früchte und Tiere zu den Totenopfern, Gegenstände, die dem Toten gehörten, sogar Möbel, auch der Wagen desselben, ferner eine Büste des Verstorbenen mit einem Skarabäus von ungeheurer Größe, dann goldene Vasen, Waffen, Halsketten, vergoldete Geier. Daran schlossen sich Götterbilder, von Priestern getragen, voran ein Hornsauge. Es folgten Körbe

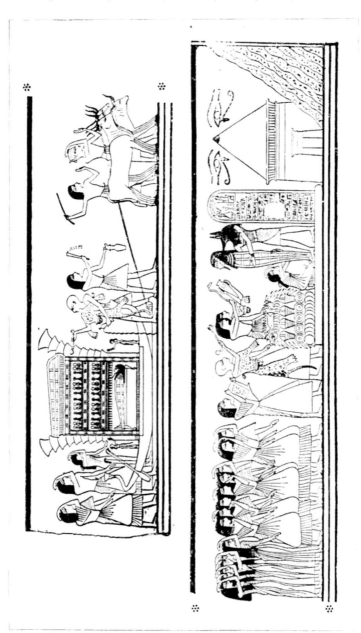

Fig. 64. Feierlicher Leichenzug.

mit grünem Laub, die Klageweiber und die Priester mit dem Leopardenfell, dem Zeichen ihrer Würde. Nun kam der Sarkophag mit Lotosblumen und den Bildern der Isis und Nephthys, den Symbolen des
Anfanges und des Endes, geschmückt. Den Schluß bildeten die Verwandten und sonstigen Leidtragenden, alle mit Halsketten und eigentümlichen kegelförmigen Kopfbedeckungen, in langen weißen Kleidern — alles
Zeichen der Trauer. Natürlich waren die Begräbnisse der Armen ganz
einfacher Art.

Am Grabe wurden nach der Beisetzung die Gebete gesprochen und
die Totenopfer dargebracht, und letztere wurden auch nach der Totenfeier
oft erneuert und sollten eigentlich stets fortgesetzt werden.

Hinzufügen wollen wir noch, daß die erwähnten Symbole: Lotosblumen, Skarabäus und grünes Laub die Unsterblichkeit und Auferstehung,
das Horusauge die göttliche Unsterblichkeit und Allwissenheit versinnbil-
deten, und daß die Einbalsamierung Sitte blieb bis in die christliche Zeit
hinein. Im Museum von Bulaq am Nil sah ich eine Mumie, auf der
nicht nur ägyptische, griechische und römische Figuren, sondern auch christliche Heilige und Engel gemalt waren: nebenbei gesagt, ein interessanter
Beleg dafür, wie das Christentum bei seinem Eintritt in heidnische Länder
die herkömmlichen Sitten zu schonen sich bemühte.

Schließlich sei noch bemerkt, daß zur Aufsicht über die Gräber eine
besondere Polizei bestand, da die mit den Mumien begrabenen Schmucksachen u. s. w. die Diebe anzogen. In der That wissen wir, daß man
schon zur Zeit des Pharao Ramses IX. die Pharaonengräber von Theben
plünderte [328], ja, daß in Theben eine förmliche Diebsgesellschaft bestand,
die sich zur Aufgabe gemacht, die thebanischen Gräber ihrer Schätze zu berauben, und daß an diesem sauberen Geschäfte sogar priesterliche Personen
teil nahmen. Diebe gab es überhaupt viele in Ägypten. Diodor erzählt,
daß es professionelle Diebe gab, die ihre Vorsteher hatten, bei denen man
nach erfolgter Anzeige gegen Erlegung des Viertels vom Werte der ge-
stohlenen Sache letztere zurückerlangen konnte. Das klingt unwahrschein-
licher als es ist, denn wer das heutige Ägypten bereist hat, wird dort
von Diebsgesellschaften gehört haben, die unter einem schech (Oberhaupte)
stehen, an den man sich im Falle eines Diebstahls zu wenden pflegt.

Im vorstehenden ist so ziemlich alles, was wir von der Kultur des
alten Ägypten wissen, erschöpfend besprochen worden. Indem wir alles
Gesagte überblicken, befällt uns Staunen und Niedergeschlagenheit zugleich.
Wir staunen über diese älteste Kultur der Menschengeschichte, die sich uns
so erhaben darstellt, daß wir sagen müssen: nur in dem, was wir dem
Christentum verdanken, stehen wir höher, freilich auch unendlich höher, als
das Volk der Pharaonen, in allem andern braucht letzteres den Vergleich
mit uns nicht zu scheuen. Das ist freilich demütigend für uns — aber

andererseits muß es uns doch auch mit Stolz erfüllen, wahrzunehmen, bis zu welcher Höhe der Mensch, nur gestützt auf die geringen Reste ur= sprünglicher höherer Mitteilungen und Gaben, sich erheben konnte. Schade, daß diese Kulturblüte von so kurzer Dauer war und ihr ein so jäher, rascher Verfall folgte. Da wird man unwillkürlich an die Wellenbewegung erinnert, die alle Menschen= und Kulturgeschichten aufweisen.

Jener Verfall hätte nur durch höhere Mittel aufgehalten werden können. Wohl wurden letztere dem ältesten Kulturvolke gereicht: es war auch das erste Volk der Geschichte, das die Keime eines neuen Geistes= lebens mit der Weltreligion des Heilandes empfing, die rasch und ganz das Nilreich durchdrang als seine erste Eroberung in der Welt. Aber zu kurz war diese Herrschaft, um die noch vorhandenen alten Reste und Kräfte der einstigen Kultur neu zu beleben und damit in die modernen Zeiten hinüberzuretten. Dem christlichen Geiste, der das Nilthal durchwebte und dort bereits begann, die herrlichsten Blüten zu treiben, traten als Tod= feinde die bekannten Grundfehler der Ägypter entgegen: Selbstüberhebung und Starrsinn. Diese waren es auch, die in den religiös=politischen Kämpfen dieses Volkes gegen die christlichen orthodoxen Byzantiner ersteres dem in frischem Fanatismus andringenden Islam, dem Vernichter jeglicher Kultur, in die Arme trieben, und damit war der Untergang der letzten Reste der ältesten, ehrwürdigen Kultur der Menschengeschichte ein unab= wendbares Fatum geworden. Da mußte das herrliche Theben in den Staub sinken und sich an ihm erfüllen Jehovahs Wort: „Ich will dich ganz und gar verunstalten," sprach er zu Niniveh, „...und ein Scheusal aus dir machen... Meinest du besser zu sein als die Ammonstadt, die an beiden Ufern des Stromes gelegen ist, umgeben von Gewässern, die Ammonstadt, deren Stärke das Meer und deren Mauern noch stärker als jenes? Ihre Macht war Äthiopien und Ägypten, sie war grenzenlos." [329] Wer heute Ägypten besucht, der begreift auch des Apulejus prophetisch klingendes Wort [330]:

„O Ägypten, Ägypten! Von deinem Glauben werden nur Fabeln übrig sein... und von deinen Thaten werden nur Worte in Stein ge= meißelt reden, und im Ägypterlande wird ein roher Nachbar seinen Wohnsitz haben."

Was die altägyptische Religion und Gesittung an guten Keimen ent= hielt, hat der Islam weggespült, und die Araber, die heute das Nilthal bewohnen, verstehen die Steindokumente, die ihnen die Retu hinterlassen haben, nicht mehr.

9 *

III.

Das heutige Ägypten.

I. Geschichtlicher Überblick vom Altertum bis auf die Neuzeit.

Unter der griechischen Herrschaft im Nilthal war Alexandrien, die Gründung des großen Alexander, Hauptstadt Ägyptens geworden — die Zeiten von Memphis und Theben waren für immer dahin. Eigentliches ägyptisches Gepräge hat aber Alexandrien nie gehabt; es war eine wesentlich griechische Stadt, die besonders durch griechische Wissenschaft und Kunst und durch den Handel rasch zu hoher Blüte gelangte — so zwar, daß sie einer ganzen Periode der Kulturgeschichte den Namen gab.

Der große Alexander war der erste Eroberer, der den weisen Grundsatz aufstellte: ein erobertes Land werde am besten nach einheimischem Rechte und nach den alten Landesgewohnheiten regiert. So geschah es, daß unter ihm und seinen Nachfolgern Ägypten seinen Charakter und seine Institutionen zum Segen des Landes im wesentlichen beibehielt.

Ptolemäus I., der Nachfolger Alexanders des Großen, gründete das sogenannte Museum in Alexandrien, das bald die erste Hochschule jener Zeit und der Sammelplatz der berühmtesten Gelehrten der Welt wurde. Hier lehrten, allerdings in verschiedenen Zeiten: der Mathematiker Euklid; der Philologe Eratosthenes; der Physiker Heron, der Erfinder des Heronsballes; der Astronom Timochares, der das erste Firsternenverzeichnis zusammenstellte; Konon, der Lehrer des berühmten Archimedes. Ebenso gehörten der Erfinder des Dilemma und der Rhetor Diodorus Kronos zu den alexandrinischen Gelehrten und der Anatom Herophilus, aus dessen Schriften der berühmte Galen später schöpfte, dessen anatomische Ansichten bis ins 15. Jahrhundert unserer Zeitrechnung in Geltung blieben. Hier lebte auch der Maler Apelles. Den kritischen Arbeiten der alexandrinischen Gelehrten jener Tage, eines Zenodot, Aristophanes, Aristarch u. s. w. verdanken wir die Erhaltung der hellenischen Litteratur, die auf die gesamte abendländische Wissenschaft und Bildung bis in unsere Tage hinein von unberechenbarem Einfluß geblieben. Unter Ptolemäus I., der den Ägyptern auch zuerst statt des bis dahin üblichen Kaufmittels, des zu Ringen verarbeiteten Metalls, goldene und silberne Münzen prägen ließ, blühte auch mancher Zweig der Kunst in Alexandrien, so die Bearbeitung des Bernsteins, der von seiner Gemahlin Berenice den Namen hat; die alexandrinischen Gemmen jener Zeit sind die am feinsten geschnittenen von allen, die man kennt, und hochberühmt waren auch die Webereien der Alexanderstadt.

Ptolemäus II. ließ die berühmte Bibliothek des Museums systematisch ordnen; sie zählte damals nicht weniger als 400 000 Papyrusrollen, die alles enthielten, was ägyptische Wissenschaft an Geistesschätzen gesammelt. An der Spitze dieser Bibliothek stand Demetrius Phalereus, den Cicero den größten Meister der Beredsamkeit nannte. Damals schufen alexandrinische Gelehrte auch die griechische Übersetzung des Alten Testamentes, die sogenannte Septuaginta. Überhaupt in Philologie (Grammatik) und Naturwissenschaften leistete das Museum das Trefflichste, wogegen man sich wenig um die sogenannten idealen Wissenschaften kümmerte. Die Naturwissenschaft unserer Zeit knüpfte überall an die Resultate, besonders aber an die Methode der Alexandriner an. Zu erwähnen ist hier auch, daß Ptolemäus II. dem ägyptischen Priester Manetho in Heliopolis den Auftrag gab, in griechischer Sprache eine Geschichte Ägyptens zu schreiben. Wir kennen diese wertvolle Geschichte nur noch aus den Bruchstücken derselben beim jüdischen Geschichtschreiber Josephus.

Auch das Serapeum ist eine Stiftung der Ptolemäer; es war ein Heiligtum des Osiris-Apis (Serapis), unter dem die Ägypter den in der Unterwelt herrschenden und alles wiederbelebenden Ptah und die Griechen ihren Gott Pluto verehrten — und so sollte das Serapeum eine Verschmelzung ägyptischer und griechischer Gottesverehrung und damit ägyptischen und griechischen Wesens vermitteln, ein verunglückter Versuch. — Schon unter Ptolemäus V. beginnt der Einfluß der mächtigen Römer,

Fig. 65. Kleopatra.

die sich in die unaufhörlichen Familienstreitigkeiten der Ptolemäer mischen, bis der römische Senat und in seinem Auftrage der berühmte Pompejus Vormund der Kleopatra (Fig. 65), der letzten Herrscherin aus ptolemäischem Geschlechte, wurde. Bekannt ist, wie das schöne, schwelgerische Weib erst Cäsar, dann Antonius umstrickte. Letzterer vergaß Vaterland und Pflicht und lebte in Ägypten an der Seite der Kleopatra in wahnsinnigem Luxus und üppigster Schwelgerei; bei den Festen wateten die Gäste in Rosen; nicht nur die Tage, auch die Nächte wurden bei Gastmählern durchschwärmt; allein die Wohlgerüche für die Festgemächer kosteten an einem

Abende an 400 römische Denare; Kleopatra ging in der raffiniertesten Genußsucht so weit, echte Perlen von unnennbarem Werte in Wein aufzulösen, um diesem einen pikanten Geschmack zu geben. — Aber nicht lange währte diese wahnsinnige Schwelgerei des Paares: Antonius wurde vom römischen Senate für einen „Feind des Vaterlandes" erklärt; Oktavian zog gegen ihn; die Schlacht bei Actium im Jahre 31 n. Chr. machte Ägypten zur römischen Provinz: Antonius und Kleopatra endeten durch Selbstmord.

An letztere erinnert in Alexandrien heute nur noch der aus Heliopolis herübergebrachte, einsam dastehende Obelisk aus der Zeit Thutmes' III., der unter dem Namen „Nadel der Kleopatra" die Erinnerung an die letzte ägyptische Königin erhält.

Unter den Römern wurde die Verwaltung des Landes mit der diesem Volke eigenen Meisterschaft eingerichtet: durch Hebung der Bodenkultur, Verbesserung der Kanäle u. s. w. wurde das Nilland bald die Fruchtkammer Roms und Italiens. Wohl war im Kriege Cäsars die berühmte Bibliothek Alexandriens ein Raub der Flammen geworden, aber statt ihrer wurde dann unter Marc Aurel die aus 200 000 Rollen bestehende Sammlung aus der pergamenischen Erbschaft Roms im Museum aufgestellt: und letzteres behauptete wieder seinen Vorrang. Wieder ward Alexandrien der Sammelplatz der Gelehrten, unter denen sich Männer finden wie Athenäus, der in seinen „Tischgesprächen der Gelehrten" ein Gemälde des socialen Lebens der Alexanderstadt entwarf, und der Satiriker Lucian;

Fig. 66. Die Pompejussäule in Alexandrien.

ferner Appian und der berühmte Astronom Ptolemäus, dessen Weltsystem über ein Jahrtausend allgemeine Gültigkeit behielt. Die Römer schonten anfangs auch die ägyptische Religion, bauten sogar Tempel im Nillande, z. B. das Heiligtum der Isis zu Denderah. Auch der Handel blühte: Kaiser Trajan vollendete den Kanal zwischen Nil und Rotem Meere, durch den noch bis ins 6. Jahrhundert n. Chr. die Handelsschiffe ihren Weg nach dem Osten nahmen. Heute erinnert an diese römische Herrschaft über das Nilthal noch die wunderschöne Pompejussäule in Alexandrien (Fig. 66), die der Präfekt Pompejus dem Kaiser Diokletian zu Ehren errichten ließ — ein Meisterwerk der Proportion und Kunstwerk griechischen Geschmackes.

Mittlerweile aber war bereits eine neue Weltmacht im Nilthale auf-

Nadel der Kleopatra.

getreten: die geistige Weltmacht des Christentums. Palästina war seine Wiege, Ägypten aber wurde das erste Land, das sich ihm unterwarf. Unter Kaiser Hadrian schon tritt die christliche Gemeinde in Alexandrien stark hervor; unter Septimius Severus war bereits das ganze Delta mit Christengemeinden übersäet. Erfolglos suchte die alexandrinische Wissenschaft im sogenannten Neuplatonismus, der die christlichen neuen Ideeen in die heidnischen Systeme eingliedern wollte, gegen die Religion des Erlösers anzukämpfen; umsonst bemühten sich in diesem Sinne ein Ammonius Sakkas, ein Herrenius, Plotin, Porphyrius und Jamblich. Durch das Edikt des Kaisers Theodosius erhielt das Heidentum den Todesstoß: im Serapeum wurde das Bild des Gottes zertrümmert. Schon unter Kaiser Aurelian war das Museum zerstört worden, das Serapeum wurde unter Marc Aurel eine Beute der Flammen. Nun blühte in Alexandrien christliche Wissenschaft: es erhob sich die berühmte alexandrinische Katechetenschule, die Pantänus gründete und an der Männer wie Origenes, Clemens von Alexandrien u. a. wirkten. — Die Geschichte des Christentums am Nil werden wir später berichten. Hier sei nur erwähnt, daß auch Ägypten seine Christenverfolgungen hatte, von denen u. a. noch die Katakomben Alexandriens Zeugnis ablegen. Nachdem dann das Christentum nicht ohne viel kostbares Märtyrerblut geopfert zu haben, den Sieg errungen, begannen die dogmatischen Streitigkeiten der Christen, erst gegen die Arianer, deren Hauptgegner der alexandrinische Erzbischof Athanasius war, und dann gegen die Eutychianer oder Monophysiten, gegen die der Patriarch von Alexandrien, Theophilus, auftrat. Leider aber hielt die große Menge der Ägypter in ihrer angeborenen Hartnäckigkeit an der durch das Konzil von Chalcedon im Jahre 451 verurteilten Irrlehre der Monophysiten fest; diese nannten sich par excellence: Ägypter, Gypter — woraus „Kopten" wurde; die Orthodoxen aber wurden, weil von der griechisch-römischen Herrschaft unterstützt, Melkiten, d. i. „Königliche" genannt. Der lange, wesentlich politische Streit aber zwischen Kopten und Melkiten wurde verhängnisvoll für Ägypten, das ohnehin schon durch die Einfälle der Blemmyer im Süden, die Zerstörung des Handels mit Arabien durch letztere, und durch das Aussaugungssystem der späteren griechisch-römischen Kaiser in Konstantinopel, denen Ägypten nach der Teilung unter Kaiser Theodosius im Jahre 395 zugefallen war, und deren Statthalter gelitten hatte.

Als die durch den neuentstandenen Islam fanatisierten Araber 641 in Ägypten einbrachen, warfen sich die gegen die byzantinische Herrschaft erbitterten Kopten, an ihrer Spitze der treulose römische Statthalter Makaukas, diesen in die Arme und stürzten sich so in namenloses Elend, die Reste der ägyptischen Kultur aber in die Fluten des alle höhere Kultur vernichtenden Islam. Die Reste wissenschaftlicher Bedeutung Alexan-

driens und seiner Bücherschätze hatten sich bereits nach Konstantinopel geflüchtet.

Bald rissen die muselmännischen Statthalter die Herrschaft über das
Nilland an sich: der Statthalter Ibn Tulum gründete im Jahre 870 eine
Dynastie, die prunk- und kunstliebend die neue Residenz des Landes, Kairo,
aus den Trümmern des gegenüberliegenden alten Memphis mit Prachtbauten maurischen Stils zu schmücken begann. Es folgte dann das Haus
der Ischschiden und von 969 an das der Fatimiden, die das Kalifat an
sich rissen. Letztere herrschten verhältnismäßig gut über das Nilland, und
mancher herrliche Bau der Residenz Kairo, wie die Azhar-Moschee und
die mit derselben verbundene Hochschule des Islam, verdanken ihnen ihre
Entstehung. Nur die unterworfenen Christen Ägyptens haben von Anfang
an die ganze Bitterkeit der neuen despotischen Herrschaft zu kosten gehabt.
Vielfache Seuchen verheerten zudem das Land, und als die Kreuzfahrer
unter Guido von Lusignan nach Ägypten kamen, mußte der letzte fatimi-
dische Kalif Ledinallah den Sultan Nurredin zu Hilfe rufen, dessen Feldherr Salaheddin dann 1171 den Thron an sich riß und die Dynastie der
Ejubiden gründete. Dieser Salaheddin drängte die Nubier, die vom Süden
vorrückten, zurück, eroberte Syrien und Palästina und vereitelte bekanntlich
den Erfolg des dritten Kreuzzuges unter Kaiser Barbarossa. Aber unter
seinen Nachfolgern gewann in Ägypten bald die aus Kaukasiern bestehende
Leibwache, die sogenannten Mamelucken (= Sklaven), die Oberhand, und
diese bestiegen um 1250 den Thron, den sie durch zwei Dynastieen, die
Bahariter und Borgiter, inne hatten — bis zum Jahre 1517. — Jetzt
traten immer mehr Verfolgungen der Kopten, Aussaugungen der Bauern
und Vernichtung aller Rechte und Gesetze in den Vordergrund; dazu
wüteten fast unaufhörlich Seuchen. Auch nach dem Siege des türkischen
Sultans Selim I. bei Aleppo über die Mamelucken im Jahre 1517 behielten letztere die faktische Herrschaft über Ägypten, und eine Zeit der
grauenvollsten Tyrannenherrschaft führte unaufhaltsam den Ruin des Landes
herbei. Dazu kam, daß durch die Entdeckung Amerikas und des See-
weges nach Ostindien durch Umschiffung des Kaps der guten Hoffnung
der ägyptische Handel einen vernichtenden Schlag empfing, und so darf es
uns nicht wundern, daß, als Napoleon Bonaparte, der große französische
Eroberer, nach Ägypten kam, das einst herrlich blühende Alexandrien nur
noch ein Dorf mit etwa 5000 Einwohnern und nach Volneys Schilderung
(i. J. 1783) die Lage des Bauernstandes eine trostlose war: fast alles
Grundeigentum in den Händen der Mameluckenbeys, die Bauern Taglöhner,
die Einfälle der Beduinen eine stehende Plage — Sklaverei und Tyrannei
überall.

Das während des Mittelalters von Europa vergessene Ägypten wurde
erst in der neuern Zeit wieder Gegenstand seiner Aufmerksamkeit. Man

blieb indes bei Vorschlägen und Plänen stehen. Was aber bereits im
16. Jahrhundert der Venetianer Marino Sanudo, schon früher der Por-
tugiese Albuquerque und im 17. Jahrhundert der große Leibniz — alle
drei, um dem Islam zu Gunsten des Christentums und seiner Civilisation
einen Schlag zu versetzen — vorgeschlagen, nämlich: Ägypten zu erobern,
das führte — freilich aus anderen Motiven — der geniale französische
General Bonaparte aus. Um den ostindischen Handel Englands zu schä-
digen und für die Franzosen die Herrschaft über das Mittelmeer zu gewinnen, landete er am 1. Juli 1798 zu Alexandrien, nahm es im Sturm,
schlug das Heer der vereinigten 23 Mameluckenbeys am 21. Juli in der
sogenannten Pyramidenschlacht und zog am 22. Juli als Sieger in Kairo
ein. Der Seesieg aber der Engländer bei Abukir, ein Aufstand in Kairo
und der unglückliche Verlauf seiner syrischen Expedition zwangen ihn, schon
1799 nach Europa zurückzukehren. Nach der Ermordung seines Nachfolgers, des Generals Kleber, und der Kapitulation des Generals Menou
gingen alle Erfolge der französischen Waffen in Ägypten wieder verloren.
Was aber nicht verloren ging — das waren die wissenschaftlichen Eroberungen der französischen Gelehrten, die mit Napoleon an den Nil gekommen: Männer wie Berthollet, Conté, Jallois, Jomard, Coutelle, Laurent,
Champollion u. a. veröffentlichten von 1809—1813 die Resultate ihrer
Forschungen und Entdeckungen im Nilthale in 26 Bänden, denen 12 Bände
Kupferzeichnungen beigegeben wurden. „Geweckt vom Donner der französischen Kanonen, erhoben sich die Kultur und Geschichte des Nilthals
aus tiefem tausendjährigem Schlummer"; vom Einrücken Napoleons datiert
das Wiedererstehen Altägyptens.

Den Thron aber bestieg bald der als Befehlshaber eines türkischen Hilfs-
corps im Jahre 1800 vom Sultan an den Nil gesandte Mohammed Ali, ein
Rumelier von niederer Herkunft. Nachdem er im Kampfe zwischen Türken
und Mamelucken eine zweideutige, zuwartende Stellung eingenommen, ließ
er sich in günstigem Momente von den Soldaten zum Pascha ausrufen.
Die Citadelle von Kairo, die jetzt die herrliche, von ihm erbaute und nach
ihm benannte Alabaster-Moschee schmückt, war Zeuge des feigsten und
blutigsten Aktes, durch den er sich der ihm hinderlichen Mameluckenbeys
entledigte. Unter dem Vorwande, mit ihnen beraten zu wollen, lud er
sie alle am 1. März 1811 auf die Citadelle und ließ sie dann — 480
an der Zahl — beim Rückritt in der engen Gasse, die zur Stadt hinab-
führt, überfallen und ermorden. Nur einer soll durch einen kühnen
Sprung mit seinem Rosse die 80 Fuß hohe Wallmauer der Citadelle
hinab entkommen sein. Trotz der lange widerstrebenden Haltung der Pforte
und der Einmischung der europäischen Mächte gelang es Mohammed Ali
durch glückliche Kriege und kluge Benützung der Umstände, zwar nicht die
unabhängige Macht der Pharaonen wiederherzustellen, wohl aber eine neue

Dynaſtie zu gründen, die bis heute, nur in wenigen Punkten durch die Pforte beſchränkt, über Ägypten herrſcht.

Was dieſe Dynaſtie bis heute für das Land gethan, und mit welchem Erfolge, werden wir des näheren weiter unten beſprechen. Eine Bemerkung aber kann ich hier nicht unterdrücken: Wenn ich jene enge Gaſſe der Citadelle hinabſtieg, legte ſich mir die Frage nahe: ob wohl die Dynaſtie, die auf dem Blute der hier ſo heimtückiſch Erſchlagenen aufgebaut wurde, für Ägypten von Dauer und Segen ſein wird? Von Dauer? — wer vermag in die Zukunft zu blicken?! — Von Segen? — ſoviel iſt ſicher, daß bisher weder auf den Perſonen der neuen Dynaſtie noch auf ihren Beſtrebungen Segen zu ruhen ſcheint. Die ſo viel geprieſenen ſogenannten Reformen Mohammed Alis und des vorletzten Chediven Ismail — wie Einführung europäiſchen Schulweſens, Freigebung des Handels, Verbeſſerung der Kanäle u. ſ. w. — haben bisher weder zur politiſchen Reife und allgemeinen Bildung der Ägypter, noch zu ihrem finanziellen Wohlſtande beigetragen; der unter Said Paſcha mit ſo großem Aufwande begonnene Bau des Suezkanals hat ſeit der Eröffnung im Jahre 1869 wohl den Fremden, beſonders den Engländern und Franzoſen, greifbaren Nutzen gebracht, nicht aber den Ägyptern ſelbſt; alle Bemühungen Mohammed Alis und ſeiner Nachfolger, beſonders Ismail Paſchas, um volle Unabhängigkeit von der Pforte, ſind tläglich geſcheitert; und dann — der Gründer der Dynaſtie Mohammed Ali ſtarb von Irrſinn umnachtet einſam im Schloſſe zu Schubra; der deſignierte Nachfolger Ibrahim, der größte Feldherr der Dynaſtie, mußte, noch ehe er die Zügel der Regierung ergriffen, ins frühe Grab hinabſteigen; deſſen Nachfolger Abbas Paſcha endete durch Meuchelmord. Auch der folgende Vicekönig Said Paſcha hatte ein trauriges Ende. In der letzten Zeit hatte ihn faſt ſeine ganze Umgebung, die meiſt aus Schmeichlern beſtand, verlaſſen, ſein Nachfolger Ismail erwartete ungeduldig den Tod Saids. So ſtarb letzterer in völliger Verlaſſenheit; ſeiner Leiche, die ohne fürſtliches Gepränge zu Grabe getragen wurde, folgte kein Paſcha, kein Beamter, nicht einmal ein Verwandter oder Freund. Ismail Paſcha aber, Saids Nachfolger, muß heute auf italieniſchem Boden das harte Brot der Verbannung eſſen, und der gegenwärtige Chedive Taufik Paſcha konnte bekanntlich nur mit fremder Hilfe vor kurzem wieder auf den Thron, von dem ihn bereits eine mächtige innere Revolution geſtürzt, zurückgeführt werden und büßte ſeine Selbſtändigkeit ein. Bewährt ſich in dieſem wahrhaft tragiſchen Geſchicke der Dynaſtie Mohammed Alis vielleicht in beſonderer Weiſe am Nil die Wahrheit des Worts: die Weltgeſchichte iſt das Weltgericht?!

Auch das wollen wir hier bereits betonen, was unſere weiteren Ausführungen über das Wirken der jetzigen Dynaſtie in Ägypten des näheren begründen werden, daß nämlich Mohammed Ali und ſeine Nachfolger wohl bedeutende Erfolge bei ihren Eroberungen aufzuweisen haben: Mohammed Ali selbst, dann Ibrahim und besonders auch Ismail haben die Grenzen Ägyptens bedeutend, letzterer nach Süden hin sogar bis zum Äquator ausgedehnt. Aber — man darf nicht übersehen, daß Land und Leute dieser eroberten Strecken in Bezug auf Kultur sozusagen gar nicht in Betracht kommen: es sind vielfach wüste Landstrecken und halbwilde Bevölkerungen, die man gewonnen, und während ich dies schreibe, scheinen ja fast alle jene Eroberungen wieder in Frage gestellt zu sein. Was aber die inneren Zustände des Landes unter der neuen Dynastie betrifft, so ist es wahr, daß sie der Mißregierung der Mameluckenbeys ein Ende gemacht, aber freilich nur, um eine andere an deren Stelle zu setzen. Die richtige Bezeichnung dafür hat Alfred v. Gutschmidt gefunden, wenn er sagt: „Der jetzige Zustand ist noch trostloser, als der unter dem Mamelucken-Adel: es ist das Aussaugesystem Mohammed Alis, der orientalische Pascha-Unsitte und neufranzösische Civilisation zu einem widerlichen Brei zusammengeknetet hat."

2. Das heutige Volk Ägyptens.

Wer heute das Nilthal bereist, dem wird sofort eine überraschende — in der Geschichte einzig dastehende — Erscheinung entgegentreten. Die heutigen Bewohner Ägyptens nämlich, mögen sie nun uns als Kopten (Fig. 67 u. 68) oder Fellahs (Fig. 69) bezeichnet werden, tragen noch wesentlich dieselben charakteristischen Gesichtszüge, wie wir sie bei den alten Ägyptern auf den Monumenten sehen. Man stelle nur den ersten besten Fellah oder Kopten neben ein altes Pharaonenbild — und man wird sich sofort von dieser frappanten Ähnlichkeit überzeugen: bis heute hat sich nämlich durch die Jahrtausende hindurch die Eigenartigkeit der alten Retu trotzdem, daß Semiten (Hyksos) und Äthiopen, Assyrier und Perser, Griechen und Römer, Araber und Türken nacheinander über sie herrschten und mit ihnen sich vermischten — völlig erhalten. Gewiß — das ist eine einzige Erscheinung in der Geschichte, ist gleichsam ein ethnologisches Wunder. Wo sind die einst mächtigen, hochgebildeten und höchst eigenartigen Griechen geblieben, die doch um mehrere Jahrtausende später in die Geschichte eintraten? — ein Fallmerayer behauptete auf gute Gründe hin, daß in den heutigen Griechen kein Tropfen vom Blute ihrer berühmten Ahnen mehr fließe. Und selbst das jüngste der klassischen Völker des Altertums, welches Erbe des ägyptischen Reiches wurde und seinen Herrscherfuß überall hinsetzte — nur geringe Spuren finden sich in den Gesichtszügen und Gestalten der heutigen Bewohner der römischen Campagna, die die Züge und Formen der alten Römer in die Erinnerung rufen. Diese Ähnlichkeit mit den alten Retu tritt am entschiedensten bei den sogenannten Kopten am Nil hervor. Selbst der Name erinnert, wie gesagt, an ihre erlauchten Ahnen, denn noch heute nennen sie selbst sich Kypt (sprich: gypt). Bei ihnen hat sich auch, wie wir oben sahen, wenigstens im gottesdienstlichen Gebrauche bis heute noch die altägyptische Sprache erhalten. Daß das

Fig. 67. Koptin.　　　　　Fig. 68. Kopte.

Fig. 69. Fellah.　　　　　Fig. 70. Beduine.

(Nach Ebers, Ägypten.)

alles so kam, daß alle die genannten Völker des Altertums, die im Nilthal geherrscht, nicht die alte Rasse völlig vernichtet haben — das hat seinen Grund in der Zähigkeit altägyptischer Eigenart, die noch heute sich darin zeigt, daß erfahrungsmäßig z. B. Kinder aus Ehen von Türken mit Ägypterinnen der Nationalität der Mutter folgen und in der zweiten Generation nicht mehr von den Eingeborenen zu unter=

scheiden sind, und ähnlich soll es sich mit den Kindern von Europäern und Ägypterinnen verhalten. Daß aber die Kopten selbst von der ge-

Fig. 71. Fellahfrau mit ihren Kindern.

waltigen arabischen Überflutung nicht um ihre Eigenart gebracht wurden, sondern dieselbe weit mehr noch, als die Fellahs, erhielten und mit ihr sogar Sprache und Namen retteten, das verdanken sie dem Christentum, mit dem sie jene zugleich gegen den Islam verteidigten und durch die Jahrhunderte bis heute erhielten. Diese hartnäckige, energische Verteidigung der Religion, Sprache und Nationalität gegen eine, wie wir später sehen werden, Jahrhunderte lange ebenso konsequente, als in der Geschichte un= erhört grausame Verfolgung und Unterdrückung durch die islamitischen Araber fordert unsere ganze Bewunderung für diesen Rest der alten Retu heraus.

Unter den heutigen Ägyptologen ist mir nur bei Maspero ein Wider= spruch gegen diese Thatsache der Erhaltung altägyptischer Eigenart durch die Kopten begegnet. Maspero stützt sich dabei allerdings auf Cham= pollion[1]. Der Widerspruch beider aber ist um so unbegreiflicher, als sie für die Fellahs, die sich doch mit den Arabern vermischten, diesen Zu= sammenhang mit den alten Retu in Anspruch nehmen; wie also sollte jener nicht in bedeutend erhöhtem Grade bei den Kopten stattfinden, die sich, durch den religiösen Gegensatz veranlaßt, von der Vermischung fast ganz frei erhielten?

Heute zählt man noch etwa 300 000 Kopten in Ägypten. Sie bilden also etwas mehr als $1/16$ der jetzigen Gesamtbevölkerung des eigentlichen Ägypten, die man auf etwa fünf Millionen anschlagen kann. Am dich= testen wohnen sie im nördlichen Oberägypten: um Kuft (dem alten Koptos), in Luxor, Esneh, Denderah, Girgeh, Tahta, besonders aber in Siut, Achmim und im Fayum, auch in Kairo und Alexandrien. Die große Mehrzahl derselben ist also Städter. Sie widmen sich ausschließlich den höheren Gewerben und feineren Handarbeiten, sind Uhrmacher, Gold= und Silberarbeiter, Juweliere, Goldsticker, Weber, oder sie werden als Schrei= ber, Buchhalter, Notare und Rechner verwendet. Zu letzteren Thätig= keiten eignen sie sich durch besondere Fähigkeiten, die den Fellahs mangeln. Mit richtigem Blicke nehmen daher auch die europäischen Nationen aus den Kopten ihre Konsular=Agenten am Nil. Freilich an Charakter und Geist sind sie mit ihren Ahnen nicht mehr zu vergleichen: ihre Bildung ist gering, ihr religiöses Leben entartet, ihr Wesen ist düster und mürrisch, je nach Umständen kriechend oder herrisch, dabei sind sie geldgierig und bestechlich. Diese Fehler kann man getrost auf die jahrhundertelange Verfolgung und unerhört rohe Behandlung, die sie von den Arabern zu erdulden hatten, und die noch nicht gänzlich aufgehört haben[2], zurückführen. Verhängnisvoll war es dabei für sie, daß sie nicht an die lebendige Kirche, sondern an das stets totgeborene Sektierertum sich anschlossen. So blieb eine Regeneration unmöglich. Zwar nicht in so hohem Grade wie die Kopten, aber doch noch immer erkennbar, haben die Fellahs Ägyptens, die aus der Vermischung der eingeborenen Bevölkerung mit den eingewan= derten Eroberern, den Arabern, hervorgegangen sind, die Ähnlichkeit mit

den alten Ägyptern bis heute bewahrt — wohl der schlagendste Beweis
für die Zähigkeit altägyptischer Eigenart. Aber ihre Sprache und ihren
Namen haben sie mit ihrer christlichen Religion verloren: sie reden arabisch
und heißen fellahin, das aus dem arabischen fellaha, „pflügen" oder
„ackern", entstanden ist. Nur von den Städtern werden sie sehr bezeichnend noch heute ahe Faraûn, d. i. Pharaonenvolk, genannt. Und selbst
in ihrer arabischen Sprache haben sich sehr viele altägyptische Sprachreste
erhalten[3]. Diese Fellahs oder Bauern machen heute in Ägypten[3], der
ganzen Bevölkerung aus. Das Schicksal derselben, die sich aus Haß gegen
die byzantinische, christliche Herrschaft den islamitischen Arabern in die
Arme warfen, blieb unter den Ommaijaden und den abassidischen Kalifen,
unter den Fatimiden, Ejubiden und Mamelucken, ja auch unter der jetzigen
Dynastie des Mohammed Ali wesentlich stets das gleiche: sie sind die im
Schweiße ihres Angesichts arbeitenden Steuerzahler des Landes, die der
Effendina (so nennen sie den Vicekönig) und die Paschas, die Mudirs
(Gouverneure) und Effendis (Beamten) und die Schech-el-beleds (Ortsvorsteher), jeder in seiner Weise, nach Kräften aussaugen. Doch darüber
später. Beim Einbruche der Araber war die koptische, altägyptische Sprache
noch vorherrschend unter den damals christlichen Ägyptern. Je mehr aber
der Islam um sich griff, desto mehr mußte das Koptische dem Arabischen weichen. Aber noch im zehnten Jahrhundert, und sogar später
noch, war selbst in Unterägypten das Koptische in Übung, in Oberägypten natürlich noch länger. Nach dem arabischen Geschichtschreiber
Makrizi sprachen noch im 15. Jahrhundert die Frauen und Kinder fast
nur den oberägyptischen, saidischen Dialekt, eine Abart des Koptischen.
Erst mit dem 17. und 18. Jahrhundert verschwand letzteres völlig aus
dem Volksleben.

Die Wohnungen dieser Fellahs (Fig. 72) sind elende Lehmhütten,
aus Nilschlamm gemacht, die meist nur einen Raum haben, in dem
Menschen und Tiere wohnen, und nur eine Öffnung, die den Menschen
als Thüre und dem Rauch als Abzug dient. In solchen erbärmlichen Lehmhütten, die in verworrenen Gassen zu Dörfern aneinandergebaut stehen,
wohnen die heutigen Bewohner der schwarzen Erde (Kemi), die einst der
Griechen Lehrmeister waren und heute aller Welt Knechte sind. Die Zahl
der Ägypter war zur Zeit der arabischen Eroberung annähernd sieben
Millionen; infolge der elenden Verwaltung, der Unterdrückung der Kopten,
der Tyrannei der Mamelucken und des alles ruinierenden Islam, war die
Bevölkerung Ägyptens im Anfange unseres Jahrhunderts auf kaum die
Hälfte herabgesunken. Unter der jetzigen Dynastie ist die Einwohnerzahl
im eigentlichen Ägypten auf fünf Millionen angewachsen, während das
ganze dem Vicekönig unterstehende Land nach der Zählung von 1882 auf
etwa 17 Millionen Einwohner angegeben wird. Indessen ist zu bemerken,

daß wegen des durch den Islam verbotenen Eintritts in die Wohnhäuser von seiten der Beamten und wegen der fluktuierenden und unkontrollier-

Fig. 72. Fellah-Dorf.

baren Verhältnisse der Beduinen (Fig. 70), eine genaue Zählung der heutigen Bevölkerung des Nillandes unausführbar ist.

2. Das heutige Volk Ägyptens.

Finden wir in den Kopten Reste der alten Ägypter, in den Fellahs eine Mischung von diesen mit Arabern, so repräsentiert die dritte große Gruppe der heutigen Ägypter, die Beduinen, den reinen arabischen Typus. Die Beduinen (von bedu = Nomade) haben in der Abgeschlossenheit ihrer Wüsten ihre Sitteneinfalt bewahrt und sich vor Entartung zu behüten gewußt. In Sitten, Trachten, Sprache und Lebensweise bieten sie ganz gewiß heute noch dasselbe Bild, wie zur Zeit Abrahams. Alles ist bei ihnen noch patriarchalisch eingerichtet: Sie sondern sich nach Stämmen, die aus Familien bestehen; das Stammesoberhaupt übt alle Rechte, wie einst die Patriarchen; und auch heute blühen unter ihnen noch die Tugenden jener Zeit: Gastfreundschaft, Großmut, Worttreue. Nicht entnervt durch die Haremswirtschaft und die Laster der Städter, leben sie in großer Einfachheit und nähren sich meist von Datteln und Wasser. Ihr fast einziger Luxusgenuß ist der Kaffee, selten genießen sie Schaffleisch, Reis und Honig: auf diese Weise bleiben die Beduinen kräftig und gesund. Einen ungemein wohlthuenden Anblick gewährt so ein Beduine mit der schönen, edlen Gesichtsbildung, der hohen Stirn, dem feurigen Auge, dem hohen schlanken Wuchs und der stolzen selbstbewußten Haltung im Gegensatz zu dem oft stumpfen Gesichtsausdruck und der stets mehr oder minder gedrückten Haltung des Fellah. Die Erhaltung jener trefflichen Gaben verdankt der Beduine seiner Wüste, an der er mit ganzem Herzen hängt, so daß fern von ihr ihn Heimweh ergreift. Es war seit alten Zeiten arabischer Brauch, die jungen vornehmen Männer zu den Beduinen in die Wüste zu senden, damit sie dort Reinheit der Sprache und kühnen, männlichen Sinn lernten.

Der Nachfolger Mohammed Alis, Abbas Pascha, hatte eine Beduinin zur Gemahlin. Aber das Heimweh nach der Wüste ließ sie im Palaste nicht glücklich werden. Ähnlich erging's der Beduinengemahlin Meisûn des Kalifen Muawijeh, des ersten ommaijadischen Herrschers. Eines Abends hörte der Kalif die immer traurige Gattin ihr Wehe im Liede singen:

Lieber im Zelt, das die Winde durchbrausen,
Als im fürstlichen Schloß will ich hausen;
Lieber ist mir der Hund, der den Fremden beknurrt,
Als die Katze, die schmeichlerisch schnurrt.
Lieber in die gröbste Decke mich kleiden,
Als in Gewänder von Sammet und Seiden.
Lieber trab' ein Kamel meiner Sänfte nach,
Als daß ein stattliches Saumroß mich trag'! . . .
Des Sturmes Heulen ertönt meinem Ohr
Herrlicher, als der schönste Trompetenchor.
Ein Stückchen Brot in meines Zeltes Ecken
Wird besser als die süßten Bissen mir schmecken.
Nach der heimischen Wüste sehnt sich mein Herz,
Und kein Fürstenpalast lindert je meinen Schmerz.

Da entließ der Kalif seine Gattin, und überglücklich kehrte die Beduinin zu ihrem Stamm in die Wüste zurück.

Bei solcher Anhänglichkeit an Stamm und Wüste begreift sich, daß die Beduinen einen großen Wert auf Reinheit der Abstammung legen: in der That sind Mischungen mit fremden Rassen unter ihnen außerordentlich selten. Beduinen gab es natürlich auch schon zur Zeit der alten Ägypter. Aus der Zeit des Usurtasen I. besitzen wir den Bericht eines Ägypters, Namens Sineh, der unter die Schasu (hieroglyphischer Name für Beduinen) verschlagen wurde und einen noch erhaltenen Bericht über die Lebensweise derselben giebt, der noch heute auf die Beduinen paßt[4]. Jene Schasu an der ägyptisch-syrischen Grenze lebten damals wie heute unter Häuptlingen, zogen damals wie heute von Weideplatz zu Weideplatz und machten im Falle der Not Einfälle in die kultivierten Nilniederungen. Seit Mohammed Ali haben diese Einfälle aufgehört, und die zu Ägypten zählenden Stämme sind tributpflichtig. Die Beduinen des Fayum sind seßhaft geworden und treiben Ackerbau; die des Sinai leiten die Warentransporte zwischen dem Nil und Syrien ꝛc.; die der libyschen Wüste sind teils Araber, teils berberische Tuareg und führen die Pilgerkarawanen nach Arabien und die Handelskarawanen zu den Oasen; die Beduinen der arabischen und nubischen Wüste haben die Handelsstraße von Kenneh am Nil nach Koseir, die schon Karawanenweg bei den alten Ägyptern war, heute inne. Es sind dort zwei Stämme, die Ababdeh und Bisharim; jene leben als Nomaden in der südlichen Ostwüste bis zum Wendekreise, diese in den nubischen Bergstrichen zwischen dem Nil und dem Roten Meere. Diese Bisharim (Fig. 73) sind offenbar Berberstämme und Reste der alten Blemmyer, die

im Altertum den Ägyptern durch ihre beständigen Einfälle so viel zu schaffen machten. Heute sind sie ein friedliches Volk; im Namen „Bisharim" hat sich noch die alte Bezeichnung „bedscha" erhalten, wie diese Stämme noch bei Makrizi heißen. Die Bisharim sind in gewisser Abhängigkeit von den Ababdeh, sie leiten den Warentransport von Korosko durch die nubische Wüste bis nach Abessinien und in den ägyptischen Sudan. Die Ababdeh sind von dunkler Hautfarbe, haben große feurige Augen und tragen als charakteristisches Merkmal ihr reichliches, krauses Haar zu hohen Perücken

Fig. 73. Bisharim.

aufgebaut, die durch Fett und Nadeln gehalten werden. Einen schöneren Menschenschlag aber, als die Bisharim mit ihrem überaus feinen Gliederbau, zarter Olivenfarbe der Haut, lebhaften schönen Augen, dem feinen

Oval des Gesichts sah ich nirgends, selbst in Algerien nicht, das doch die durch ihre Schönheit berühmten Mauren bewohnen.

Nördlich von den Fellahs wohnen an den Katarakten und aufwärts in Nubien ebenfalls Berberstämme, sogenannte Barábra; auch die Libyer und die Bewohner der Oase Siwa gehören zu ihnen[5]. Nach Norden aber gehen sie allmählich in die Neger des südlichen Nubien über, so daß eine scharfe Abgrenzung der Berber nicht möglich ist. Übrigens sind sie den alten Ägyptern verwandt, wie wir bereits früher bemerkt haben. Daß der altägyptische Typus sich bei ihnen bis heute erhalten hat, mögen auch sie meiner Ansicht nach wohl ganz besonders dem Christentum verdanken; sie nahmen letzteres im sechsten Jahrhundert an, und dies christliche Berberreich Dongola verteidigte sich sehr lange gegen den Islam und fiel erst im Jahre 1320. Daher erkläre ich mir auch die von mir, wie wohl von allen Reisenden in Nubien, beobachtete Erscheinung, daß man dort nur sehr selten eine Moschee sieht und überhaupt der Islam nicht recht Wurzel gefaßt hat. Übrigens enthält, wie bereits früher bemerkt, die berberische Sprache der Nubier noch manche altägyptische Reste[6], und wer heute den Katarakt von Assuan passiert, wird wie ich die Beobachtung machen, daß sich noch aus altägyptischer Zeit dort der Brauch erhalten hat, daß die Schellalin (d. h. die berberischen Bewohner der Kataraktendörfer) die Nilschiffe durch die gefährlichen Stromschnellen ziehen, nicht aber die Matrosen der Dahabieh; so haben sich in Ägypten Eigentümlichkeiten durch die Jahrtausende erhalten.

Wie wir bereits früher erwähnten, ist das Kulturareal Nubiens außerordentlich klein, so daß die Nubier (Fig. 74) gezwungen sind, ihre Heimat in Mengen zu verlassen und, wie bei uns die Savoyarden und Schweizer, in der Fremde sich Geld zu erwerben. So findet man in allen Nilstädten bis nach Alexandrien Berber oder Nubier als Diener, Kutscher, Köche, Thürhüter, Saïs (Vorläufer) oder Dragomans (Dolmetscher), die, wenn sie sich einiges Vermögen erworben, in ihre Heimat zurückkehren und einen eigenen Hausstand gründen.

Nun bleiben uns noch zwei interessante Reste von Nilthalbewohnern alter Zeit zu erwähnen übrig. Mariette machte zuerst darauf aufmerksam, daß die heutigen Anwohner des Menzaleh-Sees im Osten des Nil-Deltas einen von den übrigen Ägyptern ganz verschiedenen Typus zeigen, der entschieden stark semitisch ist. Erinnert man sich nun, daß in diesen Gegenden schon sehr frühe phönizische Niederlassungen stattfanden, und daß dort die ebenfalls semitischen Hyksos ihre Sitze hatten, so ist die Annahme sehr begründet, daß wir hier noch Reste jener Hyksosvölker haben. v. Kremer bezeichnet zwar diese Annahme als wissenschaftlichen Somnambulismus, aber die bedeutendsten Autoritäten, wie der genannte Mariette, dann Brugsch und Ebers, sprechen sich entschieden für dieselbe aus. Diese semitischen Einwanderer hießen bei den alten Retu „Amu" oder (mit dem Artikel) Pi-

Fig. 74. Ein Nubier in Ägypten.

Amu, woraus der bei den arabischen Schriftstellern gebräuchliche Name Biamiten entstand[7]. Den Hyksostypus zeigen die breitnochigen Gesichter und die aufgeworfenen Lippen. Heute sind sie ein armes Volk von Fischern und Schiffern, das sich aber noch in seinen Sitten von den übrigen Ägyptern unterscheidet und ebenso in seiner Sprache, die — auch bezeichnend — viel Semitisches enthält. Auch hier stoßen wir wieder auf die interessante Erscheinung, daß die Erhaltung alter Eigentümlichkeiten am Nil durch die Zeit der islamitischen Herrschaft hindurch vorwiegend dem Christentum zu verdanken ist. Denn auch diese Biamiten waren Christen und hießen Malakin (andere Form für Melkiten); sie machten durch ihr zähes Festhalten am Christentum den Kalifen viel zu schaffen. So verteidigten sie mit der Religion ihre nationalen Eigentümlichkeiten und retteten auch die Sprache, die ein Dialekt des Koptischen ist.

Außer diesen Biamiten sind endlich auch noch die Ghagar, d. h. die Zigeuner des Nilthals, ethnographisch interessant. Sie ziehen den Nil hinauf und hinunter. Man findet sie in jeder Stadt und in jedem Dorfe als Hausierer, Kesselflicker, Affenführer, Schlangenfänger und Gaukler; ihre in üblem Rufe stehenden Weiber treten als Tänzerinnen, Wahrsagerinnen 2c. auf. Man nennt sie in Ägypten Ghawási; sie selbst aber nennen sich Berámikeh, und dieser Name weist auf das bekannte Geschlecht der Bermekiden hin, das einst das Kalifat inne hatte und von Harun-er-Raschid gestürzt wurde[5]. Sie transit gloria mundi! Ebenso sprechen die Gesichtszüge der Zigeuner Oberägyptens, der sogenannten Saaideh, d. i. Leute aus Said (Oberägypten), für einen asiatischen Ursprung.

3. Die Religion.

Mit der Eroberung Ägyptens durch die Araber im siebenten Jahrhundert begann die Ausrottung des Christentums im Nillande und die gewaltsame Einführung des Islam, der Religion Mohammeds[6].

Nun ist es allerdings richtig, daß trotz aller Gewaltmaßregeln es nicht gelungen ist, das Christentum am Nil ganz zu vernichten. Indes — der noch erhaltene Bruchteil der Christen ist so gering, daß wir im allgemeinen die Religion Mohammeds als die heute in Ägypten herrschende zu bezeichnen haben. Freilich erscheint der Islam hier einigermaßen modifiziert, worauf wir noch zurückkommen werden — aber der allgemeine Charakter desselben ist doch der gleiche, wie in allen mohammedanischen Staaten. Wenn hier nun auch nicht der Ort ist, eine nähere Darlegung der Glaubens- und Sittenlehre des Korán zu geben, so müssen wir doch diejenigen Momente aus beiden, die in kulturgeschichtlicher Beziehung von durchgreifendem Einfluß geworden sind, hervorheben.

Seine Lehre, die Mohammed aus altheidnischen, jüdischen und christlichen, zum Teil mißverstandenen Glaubenssätzen und Sittenvorschriften sammelte, stellten seine Anhänger, die sie durch seinen mündlichen Vortrag

vernommen hatten, nach seinem Tode ohne systematische Ordnung im so=
genannten Qorân, d. i. Buch, zusammen.

Aus den genannten Quellen gewann Mohammed folgende Glaubens=
sätze: 1. den Glauben an den Einen Gott; 2. den an eine absolute Prä=
destination des Guten und Bösen, sowie des Schicksals der Menschen hier
und dort; 3. die Lehre von den Engeln und Teufeln; 4. die vom Sünden=
fall und der Erbsünde; 5. von der Auferstehung und vom Weltgericht;
6. vom Paradies und der Hölle. Dazu fügte er dann noch zwei eigens
erfundene Glaubenssätze, nämlich 7. den, daß er selbst der letzte und höchste
der Propheten, und 8. daß der Qorân die einzige Quelle aller Glaubens=
und Sittenlehre sei, von deren Annahme Heil oder Unheil in Zeit und
Ewigkeit abhange. Von diesen Glaubenssätzen des Islam sind besonders
die Lehre vom starren Monotheismus, die von der absoluten Prädestination
und die von dem Qorân als einziger Quelle aller Wahrheit und alles
Rechts von verhängnisvollem Einfluß wie auf die Kultur aller islami=
tischen Völker, so besonders auch auf die der Ägypter geworden.

Mohammed stellte als Grundlehre den starren Monotheismus auf. Er
that das im Gegensatz zur Vielgötterei der Heiden, aber auch zur Drei=
einigkeitslehre der Christen, die er aus Unkenntnis oder Mißverständnis
als eine Zersetzung und Zerteilung der Einheit Gottes auffaßte. Dieser
eine Gott erscheint im Qorân als absolut herrschender. Wenn er nun
auch unzähligemal als „barmherziger und allgütiger Gott" bezeichnet
wird, so wird der wahre Begriff dieser Eigenschaften doch fast vollständig
aufgehoben durch die harte Lehre von der Prädestination, nach der sein
Wille absolut, durch nichts zu erbitten ist und auch nicht durch die Willens=
freiheit des Menschen sich selbst beschränkt hat. So ist es natürlich, daß
von einer eigentlichen Liebe zu Gott, einer Lebensgemeinschaft mit ihm,
einer Versöhnung des Menschen mit ihm im Qorân keine Rede ist. Überall
erscheint die Kreatur dem despotischen, rücksichtslos seinen Willen durch=
setzenden Gotte gegenüber. Indem nun der Qorân die höchste geistliche
und weltliche Macht auf den Kalifen übertrug, der als Nachfolger Mo=
hammeds Gottes Amt und Wollen auf Erden vertritt, so trug derselbe
wesentlich dazu bei, dem Despotismus einerseits und dem sklavischen Ge=
horsam andererseits Vorschub zu leisten. Bis auf Mohammed hatten mit
wenigen Ausnahmen die orientalischen Regierungsformen patriarchalischen
Charakter beibehalten, und in Ägypten speciell wurden, wie wir früher
sahen, auch die Pharaonen, denen man irrigerweise häufig Despotismus
vorwirft, durchgängig von Rücksicht auf das Volkswohl, von Wohlwollen
und väterlicher Milde bei ihrer Herrschaft geleitet. Letzteres fiel überall
da, wo der Islam eindrang, immer mehr fort; es entwickelte sich der
rücksichtsloseste Despotismus, wie ihn in allen orientalischen Staaten die
Geschichte zeigt, und wie in Ägypten ihn die Kalifen und in noch schärferer

Weise die Mameluken ausübten und so die Nation, das Volk, dem tiefsten Verfalle entgegenführten. Denn vor dem Despotismus schwinden alle nationalen Tugenden: Nationalgefühl und Vaterlandsliebe, amtliches Ehrgefühl und Pflichtbewußtsein — das alles wird verschlungen von Furcht und knechtischem Gehorsam. Wer heute am Nil reist, der wird bald zu der Überzeugung gelangen, daß das arme Fellachenvolk so weit gesunken ist, daß es von einem Anrechte auf Milde des Herrschers und von Verantwortlichkeit desselben für das Wohl des Volkes gar keinen Begriff hat, und daß ihm der absolute Despotismus zu Recht zu bestehen scheint; aber nur wenige mögen daran denken, daß diese falsche Vorstellung ihren tiefsten Grund in der falschen Gottesidee hat, die der Islam verbreitet.

Einen nicht minder verderblichen Einfluß hat in Ägypten, wie in allen Ländern des Islam, die Prädestinationslehre Mohammeds auf die Kultur gehabt. Nach derselben ist von Ewigkeit her alles von Gott unabänderlich bestimmt, und auch an seinem zeitlichen und ewigen Wohl oder Wehe kann der Mensch mit seiner Willensfreiheit wesentlich nichts ändern; durch letztere kann er nur die ihm bereits sichere Seligkeit erhöhen oder die unabänderlich vorherbestimmte Verdammnis mildern. Diesem starren, rücksichtslosen Willen Gottes gegenüber bleibt also für den Menschen nichts als stumme, dumpfe Ergebung, daher die Religion des Koran sehr bezeichnend Islam, das ist „Ergebung", „unbedingte Hingabe", genannt wird. Durch diese düstere, hoffnungs- und trostlose Lehre aber werden Freudigkeit des Schaffens, Ringen nach Verbesserung der Lebenslage, geistiger und religiöser Fortschritt — mit Einem Worte — alles geistige, sittliche und religiöse Streben vernichtet. Und auch bei diesem Punkte appelliere ich an die tägliche Beobachtung, die man am Nile macht. Überall tritt einem geistige Apathie und Interesselosigkeit entgegen; bei Glück und Unglück, beim Drucke seiner Lage, bei Schicksalsschlägen — immer bleibt der Ägypter von heute apathisch, gleichgültig; bei den aufregendsten Fällen von Not und Unglück sah ich nie, daß er etwas that, seine Lage zu verbessern, hörte ich unzähligemal das übliche „malêsch", „es macht nichts".

Gleichsam um das Maß voll zu machen, tritt dann endlich die abgöttische Verehrung des Koran hinzu. Der Koran und die an denselben anknüpfende mündliche Überlieferung, die sogenannte Sunna, sind ausschließliche Quelle aller Regeln für das religiöse, geistige und sociale Leben, für alle Gebiete des Wissens und Könnens. Ob der Kalif Omar bezüglich der großen Alexandrinischen Bibliothek das ihm zugeschriebene Wort: „Entweder steht das alles schon im Koran, und dann ist es unnötig, oder es steht nicht darin, und dann ist es verderblich", gesprochen hat, mag dahingestellt bleiben — jedenfalls bezeichnet es die religiöse Meinung der Moslemin vom Koran, und diese spricht das unerbittliche Todesurteil über jede Entwicklung, jeden Fortschritt, liege er nun auf dem Gebiete des äußern, des staatlichen und socialen Lebens, oder auf dem des Geisteslebens, der Kunst und Wissenschaft.

Freilich hat in allen diesen Richtungen der Islam unmittelbar eine große Bewegung hervorgerufen, auf einigen Gebieten der Kunst und Wissenschaft sogar eine gewisse Blüte, wie wir das an den betreffenden Stellen nachweisen werden: das hatte seinen Grund in dem Umstand, daß der Islam, verglichen mit dem arabischen Heidentum, entschiedene Vorzüge hatte und auch überhaupt manche gute Elemente enthält; vorzüglich aber ist dieser zeitweise Aufschwung dem Einflusse der religiösen Begeisterung zuzuschreiben, mit welcher der Islam wegen seiner Verheißungen anfangs aufgenommen wurde. Aber schon nach wenigen Jahrhunderten trat auf allen genannten Gebieten Erschlaffung und Stagnation ein, aus der sich die Völker des Islam — im Gegensatz zu den christlichen Völkern, die nach jedem Rückgang und Verfall sich auf den ewigen Kulturelementen des Christentums wieder zu neuem Aufschwunge erheben — bis heute nicht wieder aufgerichtet haben und auf den Grundlagen des Islam auch nie mehr erheben können. Den Nachweis dieser Stagnation im einzelnen werden wir für Ägypten bei Besprechung der Hauptzweige des äußern und des geistigen Lebens liefern.

Hier haben wir uns zunächst noch über die Sittenlehren des Islam zu verbreiten. Als solche stellt der Corân folgende auf: 1. Gebet und tägliche Waschungen; 2. Verehrung Gottes in der Moschee am Freitage und an den Festen; 3. Fasten, Almosen, religiöse Steuern, Sorge für Arme und Kranke, Gastfreundschaft; 4. die Wallfahrt nach Mekka, und 5. die Verpflichtung zum Kriege gegen die Ungläubigen.

Diese Vorschriften entnahm Mohammed nachweisbar aus den jüdischen Talmudisten und Rabbinen, aus den apokryphen Schriften der Christen und den Büchern medisch-persischer Magier. Selbst das Gebot der Wallfahrt nach Mekka ist wohl nur dem jüdischen Gebote der Pilgerfahrt nach Jerusalem nachgebildet. Neu und originell ist nur das letztgenannte Gebot des Krieges gegen die Ungläubigen. Daß man Unbilden mit Gleichem vergelten dürfe, lehrt zudem Mohammed ausdrücklich [10]. Diese Gebote und Grundsätze aber sanktionieren den fanatischen Haß gegen Andersgläubige und die Rache gegen Beleidiger. Das sind aber tief in das Leben der Völker, wie des einzelnen, einschneidende Dinge, die für den Völkerverkehr wie für das sociale Leben Verhältnisse schaffen, die gerade eine echte, wahre Kultur beseitigen und verhindern sollte.

Was nun Gebet und gute Werke, die der Islam vorschreibt, betrifft, so ist es wahr — und jeder, der die heutigen Ägypter kennen gelernt, wird es beobachtet haben — daß das ganze Leben und Treiben der Moslemin einen religiösen Charakter trägt. Wem hätte es nicht einen erhebenden Eindruck gemacht, wenn er den Nil hinauffahrend überall dieselbe

Pünktlichkeit in Verrichtung der vorgeschriebenen Gebete und religiösen
Übungen sah: die verrichtet der Ägypter unbekümmert um seine Umgebung
und seine eigene Lage (Fig. 75 u. 76); er betet, ob auch noch so viele
ihm zuschauen, seinen Rosenkranz [11] und breitet zu den bestimmten Stunden
seinen Gebetsteppich aus; überall, in der Amtsstube wie auf dem Felde,
auf dem Schiffe wie auf der Eisenbahn, bei der Arbeit wie bei der Er-
holung, sieht man ihn pünktlich seinen religiösen Pflichten nachkommen.
Ich habe mich angesichts der andächtigen, gesammelten Haltung der Beten-
den nie dazu entschließen können, mit einzustimmen in das so oft gehörte
und gelesene Urteil der Reisenden, daß das alles äußerlich und nicht von

Fig. 75. Muselmann im Gebet.

der betreffenden inneren Stimmung begleitet sei. Aber freilich das Vorhandensein dieser inneren Stimmung ist nicht Folge der Vorschriften des
Corán, sondern beweist im gegebenen Falle nur, daß der Mensch nach
seiner Natur und Herzensanlage eben nicht immer so handelt, wie das
System es meint. Denn sicher ist, daß der Corán nicht auf innere Heiligung und innere Stimmung, sondern nur auf die äußere Handlung
dringt. Und das bezieht sich auch auf die guten Werke, die der Corán
vorschreibt. Was soll man z. B. von dem Werte des Fastens für das
innere Leben sagen, wenn man sieht, daß der Moslem zwar im Rhamadan-
Monate während des Tages sich von Speise und Trank und sogar von

dem allgemein zur Gewohnheit gewordenen Tabakrauchen enthält, aber
dafür in der Nacht sich durch Genüsse aller Art zu entschädigen sucht?
Und selbst die an sich trefflichen Vorschriften des Corán: die der Mäßigkeit, der Nüchternheit, Gerechtigkeit, der Ehrerbietung gegen das Alter, der
Dankbarkeit, der Barmherzigkeit und Wohlthätigkeit dringen doch nur auf
die äußere That, die innere Gesinnung wird nie verlangt. Es kann ja
auch kaum sein. Der Corán kennt keine Sündhaftigkeit der menschlichen

Fig. 76. Muselmann im Gebet.

Natur, daher auch keine Erlösungsbedürftigkeit und dem entsprechende
Heiligung der Gesinnung und Besserung des innern Menschen, die mit
Gott versöhnt und seine Erbarmung bewirkt. Er weiß nur von einzelnen
Sünden, die Allah vergiebt, und befiehlt nur äußerliche Werke, die dem
einzigen Zwecke dienen, hienieden und drüben unser Glück zu machen: alle
Vorschriften dieser Art zeigen einen groben Eudämonismus und Egoismus.
Man vergleiche nur die zweite und achte Sure des Corán, worin die
äußerliche Annahme des Islam, nicht der innere Glaube, die äußeren

guten Werke, nicht die innere Gesinnung, gefordert, und der Haß und
Kampf gegen die Andersgläubigen befohlen werden [12], mit der Bergpredigt
Jesu, seinem Gebote der Liebe und dem dem Jünglinge erteilten Rate der
Vollkommenheit, und man wird den enormen Unterschied zwischen moham=
medanischer und christlicher Moral, von nur scheinbarer und wahrer
Kulturbedeutung derselben, für das Individuum wie für die Nationen,
sofort begreifen. Machtloser aber noch als durch das, was er gebietet,
ja geradezu verderblich und vernichtend für alle Kultur, ist der Islam im
Nilthal, wie überall, durch das, was er erlaubt. In höchst bedenk=
licher Weise zeigt sich nämlich der Corän den verhängnisvollsten mensch=
lichen Schwächen geneigt. Das zeigt sich zunächst in den Vorschriften be=
züglich des Eides und der Lüge. Letztere wird z. B. dem Ungläubigen
gegenüber entschuldbar erklärt; für den falschen Eid wird in der zweiten
Sure nicht, wie für alle anderen Vergehen, vom Corän, der ja auch das
Gesetzbuch der Moslemin ist, eine Strafe angesetzt; ja in der fünften Sure
wird erklärt, daß derselbe durch gute Werke, Kleidung oder Speisung von
zehn Armen, Auslösung von Gefangenen oder dreitägiges Fasten gesühnt
werden kann, also wieder nur durch äußere Handlungen.

Nicht minder bedenklich ist es, daß selbst der Mord vom Corän
nicht immer als gesetzlich strafbar erklärt wird, sondern im Falle, daß die
Angehörigen des Ermordeten damit einverstanden sind, durch ein Blutgeld
gesühnt werden kann.

Der verhängnisvollste Punkt im Corän aber ist ohne Zweifel der,
daß er die Polygamie sanktioniert. Der Wollüstling Mohammed gestattete
im Corän vier Frauen und das Konkubinat mit Sklavinnen [13] und er=
laubte dem Manne, durch einfache Willenserklärung, ohne Prüfung der
Gründe, jede Ehe zu trennen. Wie sehr durch solche Grundsätze, sowie
durch das böse Beispiel des „Propheten" selbst, der elf Frauen hatte, sie
willkürlich verstieß und durch Sklavinnen ersetzte [14], und endlich durch die
sinnlich ausgemalten Schilderungen des Paradieses [15] die Sittlichkeit und
das Familienleben gelockert und verderbt werden mußten, liegt auf der
Hand, und wir werden später auf diesen Punkt zurückkommen. Hier sei
nur bemerkt, daß der Ruin eines gesunden, sittlich=ernsten Familienlebens
den Verfall des Staatslebens nach sich ziehen muß. In der That ist in
Ägypten wie in allen Ländern des Islam die Polygamie der wunde Punkt,
an dem das ganze Volks= und Staatsleben krankt.

Wir haben im vorstehenden gezeigt, welche verderblichen Folgen der
Islam für die Ägypter gehabt hat. Wir wissen recht wohl, daß für die
Fehler und Schwächen eines Volkes nicht immer dessen Religion verant=
wortlich gemacht werden kann. Auch bei christlichen Völkern finden sich
Schäden im privaten und socialen Leben. Es liegt aber dem in unseren
Tagen so häufig hervortretenden Bemühen, den Verfall von christlichen

Nationen und Völkern auf ihre Religion zurückzuführen, entweder Un=
wissenheit oder absichtliche Bosheit zu Grunde. Gerade das Gegenteil
wäre angezeigt: man kann mit Fug und Recht behaupten, daß die wesent=
lichsten Schwächen und Fehler, an denen die Völker heute leiden, gerade
darin ihren Grund haben, daß letztere sich von den Grundsätzen und Vor=
schriften des Christentums entfernt, ja dieselben z. B. in den Revolutionen
geradezu mit Füßen getreten haben. Die Grundsätze und Vorschriften des
Christentums stehen solchen Schwächen, Fehlern und bösen Neigungen
Einzelner wie ganzer Nationen abwehrend und verbietend entgegen. In
Ägypten aber ist das anders: wie wir zeigten, finden gerade die Haupt=
fehler, an denen die Kultur seines Volkes Schiffbruch litt, ihre Sanktionierung
in der herrschenden Religion des Islam. Es ist deshalb auch ein ge=
waltiger Irrtum, eine Regenerierung des ägyptischen Volks= und Staats=
lebens von Reformen auf den Grundlagen des Islam zu erwarten. Un=
möglich! Auf den Grundlagen des Islam ist keine Besserung denkbar.
Die Kulturfrage für Ägypten, wie für den ganzen Orient, lautet nicht:
wie ist der Islam zu regenerieren? sie lautet vielmehr nur: wie ist er
zu beseitigen?

Um aber ein annähernd vollständiges Bild der religiösen Verhältnisse
im heutigen Ägypten zu geben, müssen wir noch kurz auf zwei Momente
hinweisen, die — unzertrennlich mit dem Islam verbunden — in Ägypten
jedem Beobachter besonders auffallen; wir meinen die leere Äußerlichkeit
der religiösen Übungen und den Aberglauben des Volkes.

Wer sich von der bis zur absoluten Sinnlosigkeit fortgeschrittenen Art
religiöser Übungen ein Bild machen will, der muß die sogenannten Zikr
der Derwische besuchen. Man traut seinen Augen und Ohren nicht, wenn
man die religiösen Übungen der sogenannten heulenden und jene der tan=
zenden Derwische sieht. Erstere stellen sich in zwei langen Reihen, das Ge=
sicht einander zugewandt, auf, schleudern unablässig den Kopf nach vorn
über die Brust, nach hinten in den Nacken und rufen, schreien, kreischen
oder stöhnen krampfhaft den Namen Allah, bis sie in volle Raserei ver=
fallen und oft wie tot niedersinken. Die tanzenden Derwische schwingen
sich auf geglättetem Boden bei den Tönen der Musik, die Arme nach oben
gestreckt, den Kopf auf die Schulter geneigt, mit immer zunehmender
Schnelligkeit so lange in kleinstem Kreise herum, bis die ganze Gesellschaft
einem durcheinander wirbelnden Knäuel wahnsinniger Menschen gleicht.

Am Muled=el=Nebbi, dem Geburtsfeste Mohammeds, sah ich den
obersten Schech der Saadieh=Derwische in Anwesenheit fast der ganzen
Bevölkerung von Kairo auf dem eigens hergerichteten Festplatze über dicht
aneinandergelegte Leiber von Derwischen (wohl 30—40 an der Zahl) auf
schwerem Rosse hinreiten. Die daliegenden Derwische, deren mancher einen
empfindlichen Denkzettel von des Pferdes Hufen bekam, waren vorher durch

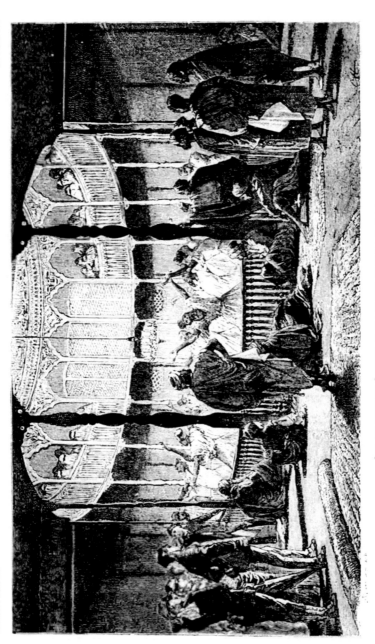

Zür der tanzenden Derwische in der Moschee El-Abbar zu Kairo.

Originalzeichnung von Theodor Robatin.

langes Fasten und jene wahnsinnigen Zikr-Übungen halb rasend gemacht, künstlich fanatisiert worden. Dieses tolle Schauspiel, Dôse genannt, findet alljährlich statt. Ein andermal sah ich, wie durch Zikr fanatisierte Derwische in die hingehaltenen stacheligen Blätter von Agaven und Kaktus hineinbissen und auf glühende Kohlen traten, so daß der ganze Raum vom übelriechenden Dunste verbrannten Fleisches erfüllt war u. s. w.

Und das alles — diese wahnsinnigen, thörichten Heulübungen, künstlichen Drehungen des Körpers, diese geradezu empörenden, sündhaften und nicht selten lebensgefährlichen Verletzungen durch Tritte von Pferdehufen u. s. w. sollen Akte der Gottesverehrung sein!

Es ist Unwissenheit oder Bosheit, wenn man diese Dinge mit den Selbstkasteiungen, wie sie in christlichen Klöstern geübt werden, hie und da in Reisebeschreibungen auf Eine Linie gesetzt sieht. Was haben die frommen Abtötungen, selbstauferlegten Unbequemlichkeiten und nie das durch die Rücksicht auf die Gesundheit gebotene Maß überschreitenden christlichen Übungen, die nur dem einen Zwecke dienen, dem Geiste, der Vernunft den Sieg über das sinnliche, widerspenstige Fleisch zu verschaffen oder doch zu erleichtern, Übungen, für die der Heiland selbst durch sein freiwilliges Fasten und seine Entbehrungen in der Wüste das Beispiel gab — was haben sie zu schaffen mit jenen tollen und unendlich wüsten und widerlichen Quälereien, die nur den einzigen Zweck verfolgen und auch erreichen, den Geist, die Vernunft durch fanatische Raserei zu umnachten und zu verdüstern? Ein Blick auf die stumpfen, blöden, tollen Gesichter jener Derwische nach den Übungen zeigt, wie der Mensch durch letztere nicht vergeistigt, wohl aber — vertiert. Und doch sind diese Übungen nicht etwa nur bei einer gewissen Sekte in Blüte und Ansehen — nein! das ganze Volk ist begeistert für dieselben und hängt diesen Derwischen mit abgöttischer Verehrung an. Ich hörte eines Abends in Kairo unsern Eseltreiber sich sehr abfällig über manche Punkte des Islam äußern. Als aber einer von meinen Bekannten eine Frage betreffs jener Derwische stellte, warf jener sich sofort zum fanatischen Verteidiger derselben auf.

Auf derselben Stufe steht dann die Heiligenverehrung und der Aberglaube in Ägypten, wie überall im Bereiche des Islam. Freilich ist die Heiligenverehrung erst lange nach Mohammed in den Islam eingedrungen, aber doch im ganzen Umfange desselben zu dauernder Geltung gelangt. Die Opposition gegen dieselbe durch die in Syrien entstandene Sekte der Wachhabiten wurde durch Mohammed Alis Sohn, Ibrahim, mit Waffengewalt beseitigt.

Auf welchem Standpunkte diese Verehrung von Heiligen steht, welchen Maßstab der islamitische Ägypter an einen vollkommenen Menschen seiner Religion anlegt, davon überzeugt man sich bald, wenn man sich die lebenden Heiligen, die sogenannten „Welis" am Nile ansieht, denn schon bei Lebzeiten genießen die Heiligen des Islam religiöse Verehrung. Solche Heilige sind zunächst in bunten Lumpen umherziehende Bettler, sogenannte Fakirs, die absolut keine andere Lebensaufgabe zu haben scheinen, als durch Betteln ihren Lebensunterhalt zu suchen und durch ihre Zudringlichkeit überall den Mitmenschen lästig zu fallen; ferner alle Irren und Wahnsinnigen, deren Geist, wie man glaubt, bereits bei Gott ist. Beide — Fakirs und Irre — starren meist von Schmutz und bedecken kaum ihre Blöße. Außer diesen umherziehenden „Heiligen" aber giebt es in Ägypten auch ansässige, zu denen man hinpilgert, seine Gabe bringt und die man um ihre Fürbitte ansteht. Einen solchen Heiligen bekam ich bei meiner Nilfahrt zu Gesichte: es war der „heilige" Schech Selim, der oberhalb des Dorfes Hau am Nile sich befindet. Ich war begierig genug, diesen mosleminischen Heiligen zu sehen. Und was sah ich? Da lag im Sande, hart am Ufer, ein uralter, schwarzleibiger und weißköpfiger Fellah, unendlich schmutzig und — ganz buchstäblich nackt. Sein Kopf mit den stieren Augen und den durchfurchten Zügen wäre das beste Modell eines Raubmörders gewesen, der er auch nach Aussage unserer Matrosen früher gewesen sein soll, ehe er das Metier eines „Heiligen" begann. Und um diesen vertierten, schamlosen Menschen, der sich nicht rührte, auf den Ellenbogen gestützt vor sich hinstierte und von Zeit zu Zeit unartikulierte Laute ausstieß, hockte eine ganze Menge großer und kleiner Moslemin, die ihn ehrfurchtsvoll grüßten, ihm ihre Gaben brachten und die unsäglich schmutzigen Hände küßten. Ja! seine Verehrung ist ganz allgemein bei allen Nilschiffern, die seine Fürbitte für die Fahrt erflehen.

Das also ist das Ideal, das sich die islamitische Bevölkerung Ägyptens von den Heiligen ihrer Religion bildet.

Was nun endlich den Aberglauben betrifft, so ist derselbe jedenfalls am Nil ganz besonders im Schwunge und größtenteils auch ganz eigentümlicher Art. Es ist allerdings richtig — der Mensch neigt überhaupt zum Aberglauben, und jedes Volk hat besondere Erscheinungen desselben aufzuweisen. Auch in unserem deutschen Volke steckt trotz Christentum und Bildung noch ein Übermaß von abergläubischen Vorstellungen und Gebräuchen. Aber trotzdem haben wir ein Recht, den Aberglauben am Nil hier besonders tadelnd hervorzuheben. Denn einmal giebt es wohl kein anderes Religionsgebiet, in dem der Aberglaube eine so allgemeine Verbreitung hat und in so mannigfachen Formen auftritt [16], wie im Islam und ganz besonders in Ägypten, dann zeichnet sich der Aberglaube dort vor dem in civilisierten Ländern, wo er doch in seinem Ursprunge einigermaßen vernünftig erklärt werden kann, durch völlige Sinnlosigkeit und Abgeschmacktheit aus, und endlich — das ist die Hauptsache — die herrschende Religion tritt dort nicht, wie anderwärts, gegen denselben auf, im Gegenteile: sie nimmt ihn in Schutz und Pflege.

Wer einmal am Nile gewesen, dem wird es bei einiger Beobachtungsgabe nicht entgangen sein, wie man auf Schritt und Tritt abergläubischen Vorstellungen und Gebräuchen begegnet. Ich mache hier nur auf einige derselben, die besonders auffallend sind, aufmerksam. Da steht denn an erster Stelle der Glaube an die „Afrit", d. h. böse Geister. Die finden sich überall und greifen überall in das Leben des Menschen ein: Unglück und Tod, Krankheit und Schmerzen, unbegreifliche Dinge, unerklärte oder unbekannte Naturerscheinungen — alles wird auf die Afrit zurückgeführt. Wie oft bin ich bei unseren schwarzen Nil-Matrosen auf den ernsthaftesten und hartnäckigsten Widerstand gestoßen, wenn ich ihnen zu lehren versuchte, daß in den dunkeln Gängen der Pyramiden und in den alten Grabkammern keine bösen Geister hausten. Unvergeßlich wird mir der Abend des 27. Februar 1877 bleiben. Ich saß auf der Terrasse des deutschen Konsuls in Luxor-Theben und beobachtete die Mondfinsternis jener Nacht. Da hörte ich plötzlich ein unbeschreiblich wüstes Lärmen und Schreien in den Gassen unter mir. Auf mein Befragen erfuhr ich, daß die Eingebornen das ungewohnte Naturereignis auf die Afrit zurückführten und sich wie toll vor Aufregung und Furcht gebärdeten.

Ein anderer allgemein verbreiteter Aberglaube ist der an die Macht des bösen Blickes. Als solcher gilt jeder bewundernde oder neidische Blick auf einen Menschen oder ein Ding. Derselbe soll den letzteren Unglück bringen. Man stellt diesen Aberglauben in den meisten Reisebeschreibungen mit dem ähnlichen, der in Italien und Griechenland gefunden wird, in eine Parallele; auch Lüttke thut dies in seinen kulturhistorischen Erörterungen [17]. Indessen — so wenig dieser thörichte Aberglaube in den genannten Ländern geleugnet werden soll — es liegt hier doch ein großer Unterschied vor, wie mich jahrelange Erfahrungen das gelehrt haben. In Italien z. B. begegnet man diesem Wahne doch nur selten, ferner nur beim ungebildeten Volke und dann — das ist die Hauptsache — tritt doch nicht die Religion auf seine Seite. In Ägypten aber ist dieser Aberglaube so allgemein, daß man ihn auch bei den sogenannten Gebildeten findet. Man wird — es ist das nicht übertrieben — in Stadt und Land Mütter sehen, die ihren kleinen Kindern die zahllosen Fliegen (bekanntlich eine ägyptische Landplage), die wie eine große schwarze Kruste das ganze Gesicht samt den Augenhöhlen besetzt halten — nicht abwehren, um es so vor den bösen Blicken zu schützen, und auch der vornehmste und gebildetste Kairener wird seinen Knaben beim Ritte zur Beschneidung ein Tüchlein vor das Gesicht halten lassen, damit ihn kein böser Blick treffe. Als ich mit einem Bekannten den sehr angesehenen, vornehmen und reichen Scheches-Sadat in Kairo besuchte, und er uns auch in seinen Garten führte, in dem seine kleinen Söhne spielten, machte uns der Dragoman darauf aufmerksam, daß es nicht angebracht sei, sich um jene Knaben zu kümmern.

Auch das hatte seinen Grund in der Furcht vor dem bösen Blicke, wie ja auch das strenge Verschleiern der Frauen zum Teil in dieser abergläubischen Furcht begründet ist.

Gegen diesen bösen Blick werden religiöse Übungen und Gebräuche empfohlen: man murmelt Sprüche des Corân, spricht bestimmte Segensformeln, wie: „Gesegnet sei der Prophet!" und trägt gegen denselben religiöse Amulette, z. B. Stückchen vom „Machmal" (dem Teppiche, der das Grab Mohammeds in Mekka geschmückt hat, und der von jeder islamitischen Nation jährlich gewechselt wird).

Endlich führen wir noch den Gebrauch der Amulette oder Talismane an: meist bestehen dieselben in Papierstreifen, die mit Corânsprüchen beschrieben sind und, in Leder eingenäht, um den Hals getragen werden. Sie sollen vor jedem Übel bewahren. Auch hier ist es wieder Unwissenheit oder Bosheit, wenn man in Reisebeschreibungen und sogar in wissenschaftlichen Werken (Klunzinger) diesen Amulettenkram mit der katholischen Reliquienverehrung zusammengestellt findet. Der Christ trägt Reliquien der Heiligen seiner Kirche, um durch dieselben an jene und an die Nacheiferung ihres Tugendbeispieles erinnert zu werden und sich ihrer Fürbitte bei Gott zu empfehlen. Das hat einen Sinn, und zwar einen sehr tiefen, schönen Sinn. Wo aber ist das im Islam der Fall? Oder hat es etwa einen Sinn, wenn man in Ägypten die sittenlosesten Menschen solche Amulette tragen sieht, die trotz ihrer Nichtswürdigkeit glauben, daß das bloße Tragen der Amulette, die auch oft nach Ursprung und Beschaffenheit albern sind [18], ihm nützen werde? Oder hat es einen Sinn, solche Amulette, wie es am Nil geschieht, auch von Eseln und Kamelen tragen zu lassen oder sie vor den Hausthüren aufzuhängen?

Damit hätten wir über den islamitischen Aberglauben der heutigen Ägypter eigentlich genug gesagt. Indessen, wer die abergläubischen Gebräuche und Sitten am Nil beobachtet, dem kann es nicht entgehen, daß manche derselben entschieden altägyptischen Ursprungs sind und dadurch ein besonderes Interesse gewähren.

Wahrscheinlich ist z. B. die oben erwähnte Feier der Überreitung der Derwische, „Dôse" genannt, eine Modifizierung der von Herodot geschilderten altägyptischen Feier zu Ehren des Typhon, bei der man Schlägereien veranstaltete, von denen der Volksglaube, gerade wie heute bei dem „Dôse", behauptete, daß niemand dabei Schaden leide. Selbst die heute üblichen Selbstquälereien der Derwische haben vielleicht ihr Vorbild in ähnlichen Ceremonien altägyptischer Zeit, die man nach Herodot beim Feste der Isis in Busiris aufführte.

Ein anderer Rest aus dem altägyptischen Heidentum ist sehr eigentümlicher Art. Man hängt an sogenannte Heiligen- oder Weligräber oder auch an Pfähle oder Bäume Fetzen und Lappen, weil man glaubt, so

Krankenheilung rc. bezwecken zu können. Einen solchen Baum sah ich
z. B. auf der Insel Rhoda, unter dem der arabischen Überlieferung nach
die Pharaonentochter das Mosesknäblein gefunden haben soll. Das erinnert wohl an die Sitte der alten Retu, die Bilder ihrer Götter oder
deren Tempel, um eine Gunst zu erlangen, zu schmücken und zu beschenken.
Auch gewisse Amulette haben sich aus alter Zeit am Nile erhalten. So
wird, wie man ehemals sogenannte Skarabäen trug, heute noch oft von
einer Mutter dem Kinde ein Skarabäus-Käfer, in Leinen genäht, auf die
Brust gehängt. — Ferner: heute legt der Fellah beim Beten seine goldenen Kleinodien ab. Das erinnert an die Anschauung der Retu, denen
das Gold als typhonisch galt [19]. — Wenn heute noch der Imâm am
offenen Grabe die Umstehenden auffordert: „Gebet Zeugnis über den
Toten!" und diese antworten: „Er war einer von den Tugendhaften", so
haben wir hier wohl einen Nachklang des Totengerichts, das in altägyptischer Zeit der Bestattung vorherging. Auch waren so manche Zaubereien,
magische Künste, Schlangenbeschwörungen u. s. w., denen man noch heute
am Nile begegnet, bereits in alter Zeit dort üblich. Endlich ist die Vorliebe für die Katzen, die man in Stadt und Land am Nil, im Gegensatze
zu der verächtlichen Behandlung der Hunde, die, in den Städten wenigstens,
herrenlos umherlaufen, beobachtet, wohl auf die Verehrung der Katzen in
alter Zeit zurückzuführen; und so mag es noch manche eigentümliche Gebräuche geben, die altägyptischen Ursprungs sind.

Zum Schluss der Erörterungen über die Religion der heutigen
Ägypter müssen wir noch von der Toleranz reden, die man diesen im
Gegensatz zu anderen Völkern des Islam nachrühmt.

Mit dem Islam, der Religion, die das Schwert gegen die Andersgläubigen zu ziehen befiehlt, ist Duldsamkeit gegen die letzteren, ist Toleranz
unvereinbar. Und dennoch begegnet man heute am Nil der erfreulichen
Thatsache, dass jede andere Religion ohne Anfeindung geduldet wird. Indessen darf man diese thatsächliche Toleranz nicht zu hoch anschlagen. Auch
der Ägypter verehrt den Corân als alleinige Quelle für die Normen
seines Glaubens und Handelns, und principiell ist auch er bis zum äußersten intolerant. Aber es fehlt ihm die Möglichkeit, diese Intoleranz zu
bethätigen. Seit Mohammed Alis Thronbesteigung wurde nämlich die
Duldung Andersgläubiger zu einer Regierungsmaxime, und jede Ausschrei-
tung wird seit jener Zeit energisch bestraft. Dazu kommt noch, dass die
europäischen Mächte wegen ihrer Interessen im Orient und wegen der
starken Kolonieen, die sie am Nil haben, ihren Konsuln es zur Pflicht gemacht, den Schutz ihrer betreffenden Landsleute mit aller Energie in die
Hand zu nehmen. So hält die doppelte Furcht vor der jetzigen Dynastie
und vor den europäischen Mächten das innerlich lobernde Feuer fanatischer
Intoleranz nieder. Bis in unser Jahrhundert, bis zur Thronbesteigung

Mohammed Alis war am Nil keine Toleranz zu treffen. Die Christen zur Zeit der Kalifen und Mamelucken wüßten davon zu erzählen. Und auch jetzt noch kann es keinem, der die ägyptischen Zustände eingehender an Ort und Stelle beobachtet, entgehen, daß die gepriesene Toleranz eine nur äußerlich erzwungene ist. In Schule und Moschee wird die Intoleranz gelehrt, und wer die Hochschule des Islam, die Moschee Azhar in Kairo, besucht hat, der wird gewiß darauf aufmerksam gemacht worden sein, daß er sich jeder Äußerung seiner Ansichten dort zu enthalten habe, da diese Hochschule die Pflanzschule fanatischer Intoleranz ist. Beim Volke gilt ohnehin nach wie vor das Wort „Nasrâni", „Christ", als Schimpfwort, und der Europäer wird am Nil oft genug hören, daß man ihm „jah Nasrâni, kelb awâni", „du Christ, du kläffender Hund", nachruft. Mit welchen Mitteln in den Schulen die Toleranz gepflegt wird, davon erlebte ich selbst eine Probe. Ich machte eines Tages einen jungen Ägypter, der sich nicht genug über die Kenntnisse und Fertigkeiten der „Christen" wundern konnte, darauf aufmerksam, daß doch wohl die Religion der Christen die Geistesbildung mehr zu befördern scheine, als der Islam, dessen Bekenner in diesem Punkte so tief unter den Christen ständen. Mein junger Achmed aber antwortete darauf entrüstet: Nein! nicht das sei der Grund, der liege vielmehr darin, daß, wie man ihm schon in der Schule gelehrt habe, die Christen den Mohammedanern in früheren Jahrhunderten ihre wissenschaftlichen Schätze, ihre Bücher und Schriften, gestohlen hätten. So bringt man schon den Kindern fanatischen Haß gegen die Christen bei, denen auch, wie Achmed mir dabei erzählte, wenn sie begraben werden, der Volksmund nachzurufen pflegt: „Da fährt ein Christ in die Hölle."

So glüht auch im Ägypter, freilich unterdrückt, der allen islamitischen Völkern eigene intolerante Fanatismus. Daß derselbe bei gegebener Gelegenheit auch auflodern und sich verhängnisvoll äußern kann, haben die letzten Vorgänge in Alexandrien gezeigt: nicht nur Haß gegen die am Nil zu einflußreichen Europäer war die Triebfeder jenes Blutbades; es hat auch ein gutes Stück islamitischen Fanatismus gegen „die Ungläubigen" da mitgespielt.

Angesichts dieses Hasses gegen das Christentum, den der Islam predigt, ist es eine ganz eigentümliche Erscheinung, daß nach einem im Volke lebenden Glauben am Ende der Tage Christus erscheint, alle Moslemin durch Pest und Krankheit zu Grunde gehen und nur noch Christen übrig bleiben werden [26]. So lebt selbst in den zahlreichen Bekennern des Islam eine der trostreichsten und wichtigsten der christlichen Prophezeiungen, die nämlich von dem einen Schafstalle und der einen Herde am Ende der Weltgeschichte, und diese eine Herde ist also auch nach islamitischer Tradition nicht etwa eine mohammedanische; die Religion des „Propheten" wird also nicht bis zum Ende der Zeiten dauern; sondern sie ist die Herde dessen, der gesagt: „Himmel und Erde werden vergehen, aber meine Worte werden nicht vergehen."

Überblicken wir nun alles über den Islam Gesagte, so müssen wir sagen: die Religion der heutigen Ägypter ist eigentlich gar nicht eine Religion zu nennen. Denn wenn man mit diesem Worte die Verbindung der Seele mit Gott bezeichnet, so fehlt diese wesentliche Einwirkung im Islam. Der Islam läßt den Menschen weit von Gott, der Mensch steht zu Gott im Verhältnisse des zitternden Sklaven zu dem unbarmherzig gebietenden Herrn; von einer sonstigen Beziehung zu ihm, einer Annäherung, einem Leben in Gott, einer Kindschaft Gottes, wie sie das Christentum lehrt, ist keine Rede.

Wenn man nun trotzdem gesagt hat, daß der Islam eine Kulturreligion ist, die Momente der Geistes- und Volksbildung enthält, so ist das zuzugeben, aber es muß entschieden betont werden, daß er diese Rolle nur bei sehr tief stehenden Völkern haben kann. Heute hat er sich bei allen Völkern, die er erobert hat, längst überlebt, und wir können nur wiederholen, daß die Kulturfrage des Orients heute lautet: Wie ist der Islam zu beseitigen? nicht aber: Wie ist er zu regenerieren? Daß diese Fragestellung die einzig richtige ist, wird vollends einleuchtend sein, wenn wir uns näher auf den Gebieten des Staatslebens, der Kunst und Wissenschaft und auf dem der socialen Verhältnisse Ägyptens orientiert haben werden.

4. Regierung und Verwaltung.

Geschichtlicher Überblick.

Mit der Eroberung Ägyptens durch die Araber wurde das Land eine Statthalterschaft der Kalifen, der Nachfolger Mohammeds; seit dem Jahre 969 rissen die ägyptischen Statthalter sogar das Kalifat an sich, bis der Osmanensultan Selim im Jahre 1517 das Nilreich mit dem türkischen Reiche vereinigte; und so blieb es bis zum Auftreten Mohammed Alis.

In dieser ganzen Zeit unterschied sich Regierung und Verwaltung Ägyptens wesentlich in nichts von der anderer Länder des Islam und, setzen wir gleich hinzu, auch die heutige Regierung ist wesentlich nicht anders.

Der Islam kennt keine Beschränkung der Herrschergewalt des Fürsten, kennt keine Rechte und Ansprüche der Unterthanen dem Monarchen gegenüber. Wir sahen, daß die altägyptische Moral auch an den Fürsten, den Pharao, strenge Anforderungen stellte, von ihm verlangte, daß er Rücksicht nähme auf das Wohl des Volkes, das Glück seiner Unterthanen. Solche Rücksichten aber fielen überall da fort, wohin der Islam seinen

Fuß setzte. Im ganzen Qorän findet sich keine Stelle, die eine Selbst=
beschränkung oder Begrenzung der Gewalt des Herrschers anordnete. Im
Gegenteil — die ganze Fülle geistlicher und weltlicher Macht wurde dem
„Propheten" und seinen Nachfolgern übertragen: der absoluten Willkür=
herrschaft wurde die religiöse Weihe erteilt.

So gab es bald in Ägypten nur noch Herr und Sklaven; die Zeit
der Statthalter und Kalifen ist im Grunde doch nur eine Zeit des
Despotismus.

Die ersten Jahrhunderte nach der arabischen Eroberung wurde Ägypten
im Namen der zu Bagdad residierenden Kalifen von Statthaltern regiert,
die ihre Residenz in dem vom Eroberer Amru gegründeten Fostat (bei
Kairo) hatten. Diese ersten Statthalter haben das Land in verhältnis=
mäßig gute Verwaltung genommen. Wie sehr aber Willkür und Despo=
tismus die Triebfedern auch dieser ersten islamitischen Regierung waren,
das haben, wie wir später sehen werden, am bittersten die Christen des
Landes erfahren, denen die bei der Occupierung vom Kalifen Omar feier=
lich gemachten Garantieen in schamlosester Weise gebrochen wurden, und
gegen die, um sie ihrer Religion zu berauben, von Anfang an alle rohen
Mittel des rücksichtslosesten Despotismus, wie Einkerkerung, Güterent=
ziehung, Zerstörung von Kirchen und Wohnhäusern, gewaltsame Strafen,
Foltern und endlich Mord und Massenmord in Anwendung gebracht wur=
den. Das schließt allerdings nicht aus, daß auf einzelnen Gebieten auch
Gutes geleistet wurde. So begünstigte der Sohn des berühmten Kalifen
Harun=er=Raschid, Mamûn, der, nachdem die Abbasiden im Jahre 750
den Thron der Kalifen bestiegen, von 813—833 die Statthalterschaft über
Ägypten führte, die Pflege arabischer Wissenschaften und legte die nach=
mals berühmte Gelehrtenschule in Fostat an; und einer seiner Nachfolger,
Ibn Tulûn, der sich von 870—884 zum unabhängigen Sultan von
Ägypten machte und eine eigene Dynastie, die der Tuluniden, gründete,
war nicht nur ein tüchtiger Feldherr, der die Grenzen Ägyptens über
Syrien hinaus bis nach Mesopotamien ausdehnte, sondern auch ein kunst=
liebender Fürst, der in einem neu von ihm geschaffenen Stadtviertel der
Residenz Fostat die noch heute erhaltene Moschee Ibn Tulûn baute, ein
Kleinod arabischer Baukunst, von dem wir weiter unten reden werden.

Als mit dem Jahre 969 der Fatimide Muizz den Kalifentitel an=
nahm, gründete er eine neue Hauptstadt als Residenz der Kalifen, und diese
Residenz — Kairo — wurde mit allem Glanze erbaut, freilich aber zu
gunsten dieses Werkes ein anderes, weit herrlicheres und interessanteres,
zerstört: denn das neue Kairo ließen die Kalifen aus den Trümmern des
alten Memphis bauen; noch der arabische Schriftsteller Abdallatif († 1232)
sah die letzten, allerdings noch herrlichen Reste dieser ältesten Residenz der
Welt, die nun als Steinbruch für die Stadt der Kalifen allmählich

Zu Seite 164.

Ansicht von Kairo.

völlig vernichtet wurde, so daß heute kaum mehr Spuren von ihr zu ent=
decken sind.

Übrigens war die Verwaltung der ersten Fatimidenherrscher eine
relativ gute: die Nilkanäle wurden sorgfältig im Stand gehalten, und der
Handel Ägyptens blühte durch den Verkehr mit Indien und Inner=Afrika.

Der Sohn dieses Muizz, der Kalif Aziz (975—996), bethätigte durch
die Gründung der noch heute bestehenden Universität El=Azhar seine Liebe
zur Wissenschaft. Vorübergehend eroberte der Fatimide Mustali im Jahre
1096 Jerusalem und die syrischen Küstenstädte. Der letzte Fatimide Le=
dinallah wurde dann 1171 durch Eyyub gestürzt, der für sich und seine
Dynastie, die Eyyubiden, die Herrschaft über Ägypten an sich riß, die
denselben bis zum Jahre 1250 verblieb. Von diesen Eyyubiden ist der
Sultan Saladin als Eroberer bekannt: er entriß den Christen das Ge=
lobte Land durch die Schlacht bei Hittin 1187, eine Eroberung, die aller=
dings unter seinem Sohne El=Adil wieder verloren ging.

Mit dem Jahre 1250 beginnt dann die Herrschaft der Mamelucken
(d. i. Sklaven), die als Leibwache der Sultane sich allmählich die Herr=
schaft angeeignet hatten und nun in zwei aufeinanderfolgenden Dynastieen,
der bachiritischen bis 1380 und der tscherkessischen bis 1517 über das
Nilreich herrschten. Unter den bachiritischen Mamelucken sind zu nennen:
Bebars (1260—1277), der die letzten Reste des Königreichs Jerusalem
zertrümmerte, dann Sultan Kalaûn (1277—1290), der gegen die an=
dringenden Mongolen kämpfte; ferner sein Nachfolger Aschraf=Chalil, der
die letzte christliche Besitzung in Palästina, Akkon, im Jahre 1291 zurück=
eroberte, und der kunstliebende Sultan Hassan, an den noch heute die
schönste der Moscheen Kairos, die Hassanmoschee, erinnert. Von den
tscherkessischen Mamelucken eroberte Sultan Bursbey die Insel Cypern. Im
übrigen ist aber von allen diesen Mameluckensultanen nicht viel Rühmendes
zu sagen: die Misère islamitischer Paschawirtschaft beginnt unter ihnen
immer mehr sich zu zeigen. Ihre Regierungen sind angefüllt mit Kämpfen
gegen die aufrührerischen Emire, die Statthalter der Provinzen, so zwar,
daß es eine Ausnahme ist, wenn einer dieser Sultane eines natürlichen
Todes stirbt. Ein entsetzlicher Steuerdruck vernichtete den Wohlstand im
Innern, und die unerhört hohen Zollauflagen drückten den ägyptischen
Handel, der durch die Umsegelung des Kap der guten Hoffnung durch die
Portugiesen endlich den Todesstoß erhielt.

Das Elend islamitischer Wirtschaft in Ägypten voll zu machen, wurde
letzteres durch des Osmanensultans Selim I. Eroberung im Jahre 1517
türkisches Paschalik. Fortan regierte dem Namen nach der Statthalter
des Sultans von Konstantinopel, in der That aber führten 24 Mamelucken=
beys die Regierung und Verwaltung: diese erhoben die Steuern und ge=
boten über das Heer. Unter dieser despotischen Mißwirtschaft wurden —

ein Beweis der Unfähigkeit in der Verwaltung — die Nilkanäle so vernach=
lässigt, daß sie versandeten oder vielmehr verschlammten, und während so der
Wohlstand des Landes vernichtet wurde, machte das System der Steuer=
erpressungen die Ägypter zu Bettlern. Wenn Volney sagt, daß die fran=
zösische Expedition unter Napoleon Ägypten in der traurigsten Lage fand:
das Land im Besitze der Mameluckenbeys, die Bauern als Taglöhner, die
Raubzüge der Beduinen als stehende Plage, das Volk als Sklaven — so
schildert er als Augenzeuge und teilt nur das endliche Resultat mit, das
eine ungehinderte islamitische Despotenherrschaft auf die Dauer überall er=
zielen muß und jederzeit erzielt hat.

Mit Mohammed Alis Erhebung begann scheinbar eine neue Zeit für
das Land. Ein organisatorisches Genie — gründete er eine neue Dynastie
und ein neues Staatswesen am Nil. Wohl stellte er letzteres auf moham=
medanischen Principien auf; aber er schuf eine Reihe von Einrichtungen,
die bisher im Bereiche islamitischer Staaten unbekannt gewesen und euro=
päischen, also auf christlicher Kultur beruhenden Mustern nachgebildet
waren. Als eine Verquickung dieser beiden Elemente stellt sich das mo=
derne ägyptische Staatswesen dar, das in seinen wesentlichsten Einrichtungen
auf Mohammed Ali zurückzuführen ist.

Suchen wir nun in folgendem einen flüchtigen Einblick in dies mo=
derne ägyptische Staatswesen zu gewinnen.

Der Regent des Landes, früher als Statthalter des Sultans von
Konstantinopel, jetzt als Vicekönig oder Chedive bezeichnet, ist in der innern
Verwaltung fast unabhängig, in der äußern Politik und im Kriegswesen
aber durch den Sultan bestimmt. Mohammed Ali erreichte die Bewilligung
der Erbfolge für seine Familie, jedoch nach orientalischer Weise so, daß
jedesmal das älteste Glied der Familie zu folgen hatte; erst der vorige
Vicekönig Ismail setzte die Erbfolge des ältesten Sohnes durch.

Die Regierungsmaschine wurde nach europäischem Muster eingerichtet:
an der Spitze die Ministerien des Äußern, der Finanzen, des Krieges,
welch letzterem merkwürdigerweise auch lange das Unterrichtswesen und
die öffentliche Gesundheitspflege unterstanden. Unter dem Ministerium
stehen die Mudirs, Gouverneure der großen Städte und der Provinzen,
deren Unterägypten fünf, Oberägypten sechs und der ägyptische Sudan
neun zählt. Diese Gouverneure haben für die öffentliche Sicherheit (Polizei),
die Eintreibung der Steuern und für die Gerichtsbarkeit in allen Prozessen
und Rechtsstreitigkeiten, die nicht religiöser Natur sind und als solche dem
Gerichtshofe des Kadi, Mehkemeh genannt, unterbreitet werden, zu sorgen.
Endlich hat der Mudir die öffentlichen Bauten, auch die Schleusen, Dämme,
Straßen u. s. w. zu überwachen, sowie die Veränderungen des Grund=
besitzes durch Kauf, Verkauf, Hypotheken u. s. w. zu ordnen. Unter den
Mudirs stehen die Kreisaufseher, Nazir, unter diesen die Bezirksvorsteher,

Hakim-Chatt, die ihrerseits die Ortsvorsteher, Schech-el-beled, beaufsichtigen. Man sieht, diese Verwaltungsmaschine ist genau unseren europäischen Einrichtungen nachgebildet. Aber — das wollen wir schon hier betonen — es ist auch nur ein abendländisches Gewand, unter dem ziemlich unverändert die althergebrachte orientalische Unordnung und der durch den Islam großgezogene und scharf ausgeprägte Absolutismus steckt.

Dieses anscheinend strenge Urteil ist in keiner Weise ungerecht. Wer unsern europäischen Regierungsorganismus kennt, der weiß, daß zur ersprießlichen Handhabung desselben an erster Stelle ein gebildeter Beamtenstand gehört. Wer aber Ägypten kennt, der weiß auch, daß die notwendige allgemeine und fachmäßige Bildung den Beamten völlig abgeht. Um dort in den Beamtenstand einzutreten, wird nur verlangt, daß man schreiben kann und praktische Buchhaltung, wie man sie durch einige Übung in den Bureaus bald mechanisch lernt, versteht — von einer eigentlichen geistigen Bildung oder von administrativen und juridischen Studien ist absolut keine Rede.

Welche Tragweite aber dieser Mangel hat, erhellt z. B. aus dem Umstande, daß keine ägyptische Behörde in der Lage ist, eine Erhebung des Thatbestandes, die doch für eine geregelte Rechtsprechung unerläßlich bleibt, vorzunehmen. So hängt beim Kadi, dem Richter in Erb-, Ehe- und Eigentumsstreitigkeiten, die Entscheidung regelmäßig von seiner individuellen Anschauung, seinem Charakter und leider natürlich auch von seinen Beziehungen zum Kläger und Verklagten ab. Es wird aus dem Gesagten sofort klar, daß dieselbe Willkürherrschaft, wie sie dem Chediven zusteht, auch von allen Beamten, vom Minister bis herab zum Schech-el-beled, in ihrem Bereiche ausgeübt wird. Ich wohnte einmal einer Amtsstunde des Mudirs von Assuan an und erstaunte nicht wenig, als die schwarze Excellenz alle Schriftstücke, die ihm der Schreiber überreichte, ohne sie nur anzusehen, sofort mit seiner Unterschrift durch Abstempelung seines Amtssiegels versah. So geschieht's leider meist.

Daß aber unter solchen Umständen von einer Pflichttreue des Beamten keine Rede sein kann, liegt auf der Hand. Im Gegenteil, diese Beamten sind gewissenlos bis zur Bestechlichkeit. Jeder, der den Nil bereist hat, weiß, daß ein backschiesch (Geldgeschenk) vom Kawassen, d. i. Diener, bis zum Pascha (Minister) hinauf kaum einmal seine Wirkung verfehlt. Als wir mit unserer Nil-Dahabieh den großen Katarakt passieren wollten und nun der Vorschrift gemäß beim Mudir um die Erlaubnis nachsuchten, ließ derselbe uns ohne Bescheid wieder gehen. Erst als wir ihn am andern Tage auf einen Wink unseres Dragoman zu einem reichlichen Diner eingeladen, gab er sofort nach demselben die erwünschte Erlaubnis. Und derartige Beispiele könnte ich noch manche anführen.

Zur Bestätigung unseres oben aufgestellten Urteils über die moderne ägyptische Regierung und Verwaltung wollen wir nur in zwei am meisten wichtige und auch an sich interessante Zweige derselben einen Blick werfen, ich meine in die Finanzverwaltung und das Gerichtswesen.

Obgleich der Stand der Finanzen in Ägypten nie veröffentlicht wird, so ist doch allgemein bekannt, daß seit vielen Jahren die Regierung durch Anleihen bei den europäischen Mächten enorme Schuldenlasten kontrahiert hat. Dieselben beziffern sich nach von Kremer auf mindestens 150 000 000 Mark. Fragen wir nun, wozu wurden diese enormen Summen in jenem doch so ergiebigen und an sich reichen Lande verwandt? so erfahren wir, daß nicht etwa nötige Ausgaben, wie Besoldung der Beamten oder Armee und Marine u. s. w., so große Summen verschlungen haben; ja nicht einmal der allerdings hohe Tribut an die Pforte — alles das läßt sich aus den jährlichen Steuererträgen bezahlen. Der Grund jener enormen Schuldenlast liegt vielmehr in den Luxusausgaben des Vicekönigs: seine Reisen, die zahlreichen prächtigen Schlösser, die er sich erbaut, die wahnsinnigen Verschwendungen für Cirkus, Theater [21] u. s. w. haben das Land arm gemacht; also rücksichtsloser Egoismus, nicht aber Sorge für das Volkswohl.

Derselbe Egoismus, die Sucht, auf Kosten des Volkes und selbst um den Preis der Vernichtung des Volkswohlstandes seinen Vorteil zu erreichen, zeigt sich im Steuerwesen.

Alles wird mit Steuern belastet, und wie rücksichtslos man dabei verfährt, mag der Umstand beleuchten, daß selbst jeder Dattelbaum besteuert ist — ein offenbarer Ruin der Baumkultur im Nilthale, die doch mit allen Mitteln zu befördern wäre.

Besonders bezeichnend ist auch die Art der Eintreibung der Steuern. Es herrscht hier dasselbe System, das einst so verhängnisvoll für das Römerreich wurde. Der Pascha verpachtet die zu erhebende Steuer an den Mudir, dieser an den Bezirksvorsteher und so herab bis zum Schech-el-beled. Jeder treibt nun so viel Steuern ein, daß er selbst noch eine schöne Bereicherung seiner Kasse dabei erzielt, und so zehren alle Beamten vom höchsten bis zum niedrigsten auf Kosten des armen Fellah, dem man sein mühsam erworbenes und dann sorgfältig verborgenes Geld oft genug durch Peitschenhiebe auf die nackten Fußsohlen abringt.

Sehr häufig werden auch von der Regierung schon im voraus später fällige Steuern eingezogen, deren Erlegung man aber am betreffenden Termin ignoriert. So ist alles darauf angelegt, die Herrschenden zu beglücken, das Volk aber zu Grunde zu richten. Zum Beweise, wie rücksichtslos die Regierung in finanzieller Beziehung verfährt, und wie alles darauf hinausläuft, den Vicekönig zu bereichern, wenn auch die Unterthanen und das Land darunter leiden, füge ich noch folgende teils von mir selbst beobachteten, teils allgemein bekannten Thatsachen an.

Einmal ist es ein Ruin der Staatsfinanzen, daß keine Scheidung vor=
genommen wird zwischen Staatskasse und Privatkasse des Chediven, Fiskus
und Daira, sondern beide untrennbar miteinander gemischt werden. Ein
fernerer Beweis für unsere Behauptung liegt in dem von mir selbst im
Lande beobachteten Umstande, daß eine Art von Corvée zur Zeit der Ernte
besteht, wonach alle Eisenbahnen, Fuhrwerke, Schiffe und Tiere zunächst
dem Vicekönig zum Transporte seiner Ernten zur Verfügung stehen. So
bringt der Chedive seine Ernte auf den Markt, und dann erst, wenn durch
Ansammlungen solcher Massen die Fruchtpreise bedeutend gesunken sind,
stehen dem armen Fellah die Transportmittel zur Verfügung. So be=
fördert man das finanzielle Wohl des Chediven, ohne den dadurch ver=
ursachten finanziellen Schaden, ja Ruin des Volkes zu beachten.

Endlich führe ich hier noch den Umstand an, daß, wenn die Regierung
in Geldverlegenheit ist, man sich des rücksichtslosen Mittels bedient, die Ge=
hälter der Beamten und Offiziere nicht auszuzahlen. Ich kannte während
meines Aufenthaltes in Ägypten einen Beamten, den die Regierung ins
Land gezogen und der sein seit Jahren nicht ausgezahltes Gehalt nur da=
durch eingehändigt erhalten konnte, daß er seine Entlassung nahm und
seine Rückreise nach Europa anmeldete. Doch genug — wo und wie man
die Verwaltung auch betrachten mag, ein gründlicher Beobachter kommt
stets zu dem Resultate, daß alle europäischen Mustern nachgebildeten, auf
Freiheit und Volkswohl hinweisenden Institute nur scheinbar existieren.
In Wirklichkeit steht eine Nation von Sklaven einem despotischen Herrn
und seinem Beamtenheere gegenüber und hat kein Recht — es sei denn
das, sich ruinieren und aussaugen zu lassen zu gunsten seiner Herren.
Nein, der Ägypter von heute hat kein Recht, nicht einmal einen sichern
Rechtsweg, auf dem er sich jenes verschaffen könnte — und das führt uns
auf die Gerechtigkeitspflege.

Es ist wahr: in Ägypten hat man zuerst das Princip der Allein=
gültigkeit des völlig unzulänglichen Corán für die weltliche Gesetzgebung
gebrochen.

Mohammed Ali war es, der zuerst eine Reihe von Sicherheitsgesetzen
für die Reisenden, Fremden u. s. w. aufstellte und damit jenes unselige
Princip brach. Seit 1852 Abbas Pascha ein Strafgesetzbuch für Ägypten
erließ, besteht die erste vom Corán abweichende Gesetzgebung.

Ganz gewiß ist das ein Fortschritt. Aber dem Lande ist damit nicht
gedient. Denn, wie bereits oben bemerkt, solange kein wissenschaftlich ge=
bildeter Richterstand besteht, giebt es keine Rechtsprechung im echten Sinne.
Die Instanzen aber dieser Gerichtshöfe, die Mudirieh in der Provinz, und
die höchste Instanz des großen Rates in Kairo sind thatsächlich nicht in
der Lage, nach festgestelltem Thatbestande zu urteilen, da zur Erhebung
eines solchen weder sie noch irgend eine andere ägyptische Behörde geistig

befähigt ist, und so herrscht heute in der Rechtsprechung noch ebenso, wie früher, Willkür, Parteilichkeit, Bestechung. Dazu kommt, daß man von oben herab auch keinen Wert auf Hebung der Gerechtigkeitspflege legt, hat man ja auch bei Feststellung der Gesetzgebung einen sehr wichtigen Teil ganz übergangen — und das allein verurteilt den ganzen Gesetzes= coder — man hat nämlich wohl Rechte der Unterthanen untereinander, Strafen für Übertretungen und Verletzungen derselben, fixiert — aber von einem Rechte der Unterthanen den Regierenden gegenüber, von Gesetzen, die erstere gegen Willkür der letzteren schützen, ist in allewege gar keine Rede. So ist in Ägypten heute noch praktisch dasselbe Verfahren, das auch vor jener Scheingesetzgebung üblich war: von dem Richter erhält in der Regel der Mächtigere, Reichere, Höhere vor dem Niedrigen und Armen Recht, und die Strafe des letztern besteht trotz gesetzlicher Abschaffung noch heute meist darin, daß ihm eine Bastonnade auf die nackten Fußsohlen verabfolgt wird. Wie tief das Volk durch solche jahrhundertelange Miß= regierung und =Verwaltung gesunken ist, und wie wenig auch der heu= tigen Regierung daran liegt, Ehrgefühl und Selbstbewußtsein im Volke zu heben, beleuchtet grell der bekannte Umstand, daß auch die Ortsvorsteher sehr oft mit solcher Prügelstrafe bedacht werden, nichtsdestoweniger aber in ihren Ämtern verbleiben und dadurch bei ihren Untergebenen nicht an Achtung einbüßen, falls sie solche überhaupt in Ägypten je haben. Zum Schlusse komme ich noch einmal auf den anfangs aufgestellten, nun auch wohl hinreichend beleuchteten Satz zurück, daß in Ägypten trotz des euro= päischen Gewandes der Regierung und Verwaltung letztere im Kern doch noch das Gepräge orientalischen Absolutismus trägt, der Herrscher und Beamte einzig bewegt; und bemerke nur noch, daß man sich in diesem Ur= teile nicht durch scheinbare konstitutionelle Einrichtungen im Lande irre machen lassen darf. Ich habe dabei besonders das in jüngster Zeit ein= gerichtete ägyptische „Parlament" im Sinne. Man glaube nur nicht, daß in demselben eine Vertretung des Volkes des letztern Interessen der Regie= rung gegenüber zur Geltung bringe. Bewahre! denn einmal ist dies „Parlament" keine Vertretung des Volkes, da nicht letzteres wählt, sondern die Regierung die Mitglieder desselben bestimmt, und zwar aus ihren Beamten, die gewiß keine Opposition machen, und dann — selbst diese haben durchaus keine irgendwie entscheidende, sondern nur eine beratende Stimme.

So ist alles, was die Dynastie Mohammed Alis an neuen Insti= tutionen geschaffen, nur auf den Schein berechnet. Wer noch daran zweifeln sollte, daß auch unter den von dieser viel gepriesenen Dynastie ins Leben gerufenen Reformen und Neuerungen der Geist des Despotismus und des rücksichtslosesten Egoismus weiter lebt und wirkt, den weisen wir darauf hin, daß der vor kurzem noch von der europäischen Presse laut als Re=

formator Ägyptens verherrlichte), nun verbannte Ismail Pascha in der umfangreichsten Weise sich des Systems der Corvée in seinem Interesse bediente. Tausende von Landbewohnern sind unter seiner Regierung zwangsweise zusammengetrieben worden, um sein Lustschloß Gezireh bei Kairo, das Palais Ramleh bei Alexandrien, eine Chaussee zu seinem Schlosse Abassieh in der Wüste u. s. w. herzustellen. Und zwar wurden sie monatelang ihren Feldarbeiten entzogen, um im Wasser und Schlamm stehend oder unter den Strahlen der ägyptischen Sonne, bei schlechter Kost und roher Behandlung, meist ohne jeden Lohn, für den Luxus des Vicekönigs zu arbeiten. Entzogen sich die Armen durch die Flucht, so fing man sie wieder ein und legte ihnen, um sie am Davonlaufen zu verhindern, Hölzer an die Füße, und zum selben Zwecke logierte man sie nachts auf Flößen mitten im Nile. (Lüttke.)

Nein, Rücksicht auf das Volkswohl kennt auch die Dynastie Mohammed Alis nicht. Wir wollen nicht die Personen allein, diese nicht einmal vorwiegend anklagen. Der Haupt- und Grundfehler liegt in dem Regierungssystem, nach welchem dem Herrscher und seinen Regierungsorganen unbedingtes Verfügungsrecht über Land und Leute, Personen und Eigentum der Unterthanen zusteht. Bei einem solchen Systeme aber giebt es keine Rücksicht auf Wohl oder Wehe des Volkes, kein Recht des letztern den Regierenden gegenüber: daher auch kein Nationalgefühl, keine Vaterlandsliebe, kein Volksglück — mit Einem Worte: kein gesundes Staatsleben. Dies System aber ist mit dem Islam enge und unzertrennlich verwachsen, und alle sogenannten Reformen der jetzigen Dynastie, mag man noch so enthusiastisch sie in Europa begrüßt haben, können dies System nicht wesentlich alterieren; wir können nur wiederholen, was so trefflich Gutschmidt darüber gesagt: „Mohammed Ali hat orientalische Pascha-Unsitte und moderne französische Civilisation zu einem widerlichen Brei zusammengeknetet." Solange — das ist sicher — der Islam am Nile herrschen wird, wird kein gesundes Staatsleben entstehen, und alle sogenannten Reformen sind purer Schein. Nur auf dem Boden der christlichen Kultur kann das anders werden; nur das Christentum tritt in gleicher Weise für ein Recht des Volkes und des einzelnen, wie für die Autorität des Herrschers und der Obrigkeit ein; nur unter seinem Schutze gedeihen Volkswohl und Vaterlandsliebe, die Grundlagen der Staatsblüte.

Was im übrigen die jetzt regierende Dynastie betrifft, so muß man, um gerecht zu sein, zugeben, daß sie von den islamitischen diejenige ist, die relativ noch am meisten sich bemüht hat, Gedeihliches zu schaffen. Wenn wir aber die Resultate der vielfach in Europa übertriebenen und zu sehr gefeierten Thaten derselben in Regierung und Verwaltung betrachten, so scheint uns nicht gar viel Bedeutendes geleistet worden zu sein.

Wohl hat Mohammed Ali, der von 1811—1849 regierte, einige bedeutende Kriege geführt. Durch seine Söhne Tusún und den kriegstüchtigen Ibrahim ließ er im Auftrag des Sultans von Konstantinopel die in Arabien gewaltthätig um sich greifende Sekte der Wachhabiten bezwingen. Nachdem er dann eine Armee aus einheimischen Fellahs an Stelle der bisherigen türkischen und ausländischen Soldaten gebildet, ließ er im griechisch-türkischen Kriege seinen Sohn Ibrahim den Griechen 1824 die Insel Morea entreißen, ein Erfolg, der aber nach der von der vereinigten Flotte der Russen, Engländer und Franzosen erlittenen vollständigen Nieder- lage bei Navarin 1827 wieder verloren ging.

In dem später gegen die Türken zur Erlangung der Unabhängigkeit von der Pforte geführten Kriege drang derselbe Ibrahim allerdings bis nach Kleinasien vor, besiegte auch 1839 das türkische Heer bei Nisibis — aber die erstrebte Unabhängigkeit von der Pforte vereitelten ihm die euro- päischen Mächte: ein englisch-österreichisches Heer schlug seine heimkehrenden Krieger im Libanon, und eine englische Flotte zwang Mohammed vor Alexandrien, sich der Pforte wieder zu unterwerfen, von der er 1841 nur die Erblichkeit der Thronfolge für das älteste Mitglied der Familie erhielt.

Diese im dynastischen Interesse geführten Kriege waren also nicht von dem erwünschten Erfolge gekrönt. Manches that Mohammed im Innern für Hebung der Industrie und des Handels, z. B. durch den Bau des Mahmudie-Kanals und durch Einführung der Baumwollenkultur, wobei aber nicht übersehen werden darf, daß die meisten derartigen Unter- nehmungen in seinem eigenen Interesse gemacht wurden. Es war ihm so wenig um das Wohl des Volkes zu thun, daß er ein Monopol- system einführte, wonach aller Ertrag des Bodens ausschließlich an die Regierung verkauft werden mußte, und zwar zu den von dieser fest- gesetzten Preisen. Die Regierung sollte dann aus dem Verkaufe an Ein- heimische und Fremde den Nutzen ziehen. Das ist das berüchtigte Monopol- system Mohammed Alis. Außerdem — gleichsam um seinen echt orientalisch- islamitischen Egoismus außer Zweifel zu setzen, zog er ein Drittel des ganzen Kulturbodens des Landes als Privatdomäne ein.

Mohammeds Nachfolger, Abbas, der von 1849—1854 regierte, schien keine andere Aufgabe zu kennen, als das von Mohammed Aufgerichtete wieder zu zerstören; er schloß die von jenem eingerichteten Schulen und löste die neugebildete Armee auf. Sein ganzes Treiben liefert den Be- weis, daß islamitische Herrscher im Grunde Willkürherrscher sind. Ihm folgte Said von 1854—1863. Diesem verdankt Ägypten allerdings einige nennenswerte Verwaltungsmaßregeln, besonders die Reinigung des großen Mahmudie-Kanals, dann die Aufhebung der berüchtigten Monopole Mo- hammed Alis und die Eisenbahn von Alexandrien nach Kairo, endlich die Förderung des Projekts der Erbauung des Suez-Kanals, bei dem freilich Engländer und Franzosen ein größeres Interesse hatten als Ägypten.

Bekannt aber ist auch andererseits Saids unsinnige Verschwendung und Prachtliebe und seine geradezu tollen Spielereien mit dem Militär, das nur zu seinem Vergnügen, ihm Paraden, Schaustellung und Manöver zu machen, bestimmt schien [22].

Der Vorgänger des jetzigen Vicekönigs von Ägypten, der jetzt in der Verbannung lebende Ismail, regierte von 1863—1879. Dieser so viel gepriesene sogenannte Reformator Ägyptens hat im Grunde doch nichts anderes gethan, als in der oben von uns geschilderten Weise Einrichtungen geschaffen, die äußerlich glänzen, wesentlich aber nichtig und wertlos sind. Wohl erlangte er von der Pforte das Recht direkter Erbfolge, also für den jeweiligen ältesten Sohn, aber nur mit großen Opfern und gegen bedeutende Erhöhung des jährlichen Tributs. Wohl hat er mit Glanz den Suez-Kanal eröffnet, aber — wie Lüttke treffend bemerkt — unter den Seufzern der für dies Werk geradezu ausgepreßten Unterthanen. Wohl hat er durch kostspielige Kriege sein Gebiet erweitert, in südlicher Linie bis fast an den Äquator, bis zu den Quellseen des Nils — aber, wie wir bereits bemerkten, dies ganze Terrain bietet keinen Kulturboden und seine Bevölkerung nimmt nicht an der Civilisation teil. Über das von Ismail berufene „Parlament" haben wir bereits geredet, und über seine in Europa so viel gepriesenen Unterrichtsanstalten, die er nach dem Vorgange Mohammed Alis in Ägypten gründete, werden wir im folgenden uns zu orientieren Gelegenheit haben. Hier sei nur noch erwähnt, daß er bekanntlich an Verschwendung und Vergeudung alle seine Vorgänger übertraf, so daß Ägypten durch Anleihen in Europa augenblicklich tief verschuldet ist.

5. Wissenschaft, Poesie und Kunst.

a. Wissenschaft.

Als die Araber im Jahre 641 v. Chr. an den Nil kamen, war dort von wissenschaftlichen Bestrebungen schon längst keine Rede mehr. Seit Kaiser Justinians Zeit war die Bedeutung Alexandriens verschwunden. Was es noch an Gelehrten und Bücherschätzen besessen, das war nach Konstantinopel übertragen worden. Die Stadt am Bosporus hatte die Alexanderstadt als Metropole des Wissens jener Zeit abgelöst.

Es läßt sich nicht leugnen, daß in Ägypten, wie anderwärts, der Islam dem Unterrichtswesen und manchen geistigen Bestrebungen einen Impuls gegeben. Da der Coran den Satz aufstellte, daß das Lesen desselben allein schon ein verdienstliches Werk sei, und da derselbe außerdem den Anspruch erhob, alles Wissenswerte zu enthalten, so begann bald eine Wissenschaft des Coran, seiner Sprache und seines Inhalts, wozu dann noch Untersuchungen über die Echtheit und Unverfälschtheit der mündlichen

Überlieferung, der sogenannten Sunna, kamen. Einer der ältesten Bio= graphen Mohammeds, der Geschichtschreiber Wâkidi, erzählt, daß die Ge= fährten Mohammeds nach dessen Tode sich allabendlich zu versammeln pflegten, um sich gegenseitig im Corân zu unterrichten. Es mußten sich nun bald Abweichungen besonders in der Auffassung der Lehren betreffs der praktischen Theologie geltend machen, und so entstanden nach und nach die vier großen theologischen Schulen: die Malikiten, die Hanifiten, die Schafiiten und die Hanbaliten. Dieses alles rief in immer weiteren Kreisen eine geistige Bewegung hervor, und so sehen wir bis zu den Zeiten der Kreuzzüge hin islamitische Wissenschaft in Blüte stehen. Aber gerade die Art der Anregung dazu schrieb auch von vornhinein die Grenzen dieser wissenschaftlichen Bewegung vor.

Bekanntlich gelangte im Bereich des Islam die Philosophie zu großer Blüte, besonders vom 10. bis 13. Jahrhundert, und zwar auf der Grund= lage des Neuplatonismus [23]. Es ist aber zunächst nicht zu übersehen, daß, wie neuerdings nachgewiesen wurde [24], die Träger dieser höhern wissen= schaftlichen Bewegung nicht die Araber waren, sondern Fremde: Perser, Spanier u. a., oft geradezu Christen. Es ist deshalb auch unrichtig, von einer „arabischen" Philosophie und von „arabischer" Wissenschaft zu reden. Daher ist es auch nicht zu verwundern, daß das unter arabischer Herr= schaft stehende Ägypten an dieser wissenschaftlichen Blüte keinen Anteil nahm.

„Jene schöne Bewegung auf dem Gebiete des Geistes ist ferner nach= weisbar von solchen Männern ausgegangen, die innerlich mit dem Islam zerfallen waren; von orthodoxen Moslemin hat sie sich nur Flüche zu= gezogen." — „Viel Forschen ist Ketzerei, da alles Wissenswerte im Corân steht," war das bald ausgebildete Ariom der islamitischen Gläubigen, und so erstreckte sich die Forschung hauptsächlich auf die im Corân herrschende Theologie und Rechtslehre. So sehen wir hauptsächlich die beiden letzteren Disciplinen zur Blüte gelangen in zahllosen Kommentaren zum Corân. Im übrigen wurden unter den Ommaijaden und Abbasiden besonders Über= setzungen griechischer, persischer und syrischer Werke geschaffen. Daneben gelangten im Bereiche des Islam die Gebiete der Grammatik, Mathematik, Astronomie, Medizin und die Dichtkunst zu besonderer Geltung. Das Studium der arabischen Sprache besonders wurde durch den Umstand, daß der Corân in dieser Sprache geschrieben war, bedeutend angeregt, und der= selbe Umstand verursachte auch die auffallende Erscheinung, daß in dem unermeßlichen Reiche des Islam, das in ethnographischer und sprachlicher Beziehung ganz verschiedene Völker umfaßt, die arabische Sprache die herr= schende wurde und geblieben ist.

In Ägypten speciell gründete der Kalif Hakim Biamrillah (im zehnten Jahrhundert) eine Bibliothek, „das Haus der Weisheit" in Kairo, wohin auch die bereits unter Mamûn, dem Sohne Harun-er-Raschids, in Fostat errichtete Gelehrtenschule verlegt wurde. Diese Gelehrtenschule, Medrêseh, soll an 100 000 Bände besessen haben. Zur Zeit Mamûns wurden hier die hervorragenden Werke fremder Kulturvölter übersetzt. Solcher mit den Moscheen verbundener Schulen hatte Kairo im zehnten Jahrhundert bereits gegen 76 [25]. Unter dem Fatimidenherrscher Aziz-Billah wurde die große, jetzt noch in Kairo bestehende Medrêseh der Azhar-Moschee gegründet. Außerdem gab es in Kairo noch eine Anzahl Herbergen, in denen arme Gelehrte Unterkommen fanden. Nach einer handschriftlichen Topographie Ilmawis gab es deren gegen 37 [26].

Durch die Kreuzzüge erreichte die Blüte islamitischer Wissenschaft allüberall ihr Ende: der Kriegslärm, der angefachte Fanatismus und die Fehden der neu erstehenden kleinen Dynastieen nach Zerfall des Kalifenreiches erstickten dieselbe. Unter der Herrschaft der Mameluken gingen in Ägypten vollends die letzten Reste der wissenschaftlichen Anstalten zu Grunde. Heute besteht von allen diesen nur noch die Hochschule an der Azhar-Moschee. Im äußern hat dieselbe noch jetzt viel Imponierendes. Es studieren alljährlich an derselben gegen 10 000 Studenten aus allen Ländern des Islam; Asien und Afrika und das türkische Europa senden die Jünger der Wissenschaft dorthin. Gegen 300 Professoren unter dem Schech der Azhar-Moschee als Rettor erteilen den Unterricht. Das reiche Vermögen dieser Azhar-Moschee ist seit Mohammed Ali unter staatliche Verwaltung gestellt. Es gewährt einen zugleich komischen und doch auch grandiosen Anblick, das Treiben in dieser Azhar-Moschee zu sehen. In großen, säulenreichen Hallen, die den offenen Hofraum umgeben, hocken da viele Gruppen von jungen Orientalen um ihre Lehrer, die je an einer Säule ihren Sitz aufgeschlagen. Jeder der letzteren trägt unbekümmert um seine Nachbardocenten laut vor, und ebenso ungeniert fragen und recitieren die Studenten laut durcheinander. Das alles ist zwar so ganz anders, als wir es in Europa gewohnt sind, macht aber doch den Eindruck großen Eifers auf Seiten der Lehrenden wie der Lernenden.

Fragt man aber nun nach den Leistungen an dieser Hochschule des Islam, so beschränkt sich alles auf Erlernung des Arabischen, der Sprache des Corân, und auf die theologischen und rechtlichen Bestimmungen desselben — ein sehr steriles Gebiet, das zudem nur nach den bereits vorhandenen zahllosen Kommentaren oder nach Kompendien, die in jüngster Zeit verfaßt wurden, gelehrt und gelernt wird. Reproduktion und Plagiate sind die Wörter, die ganz genau das heutige „wissenschaftliche" Lehren und Arbeiten in Ägypten bezeichnen. Nur eins wird den Studierenden der Azhar-Moschee ganz vortrefflich beigebracht, und das ist — ein glühender Fanatismus gegen die Andersgläubigen.

Da das Lesen des Corân allen „Gläubigen" zur Pflicht gemacht wurde, so liegt es auf der Hand, daß mit der Ausbreitung des Islam Schulen für das Volk entstanden. Man bezeichnet dieselben ganz entsprechend mit dem Worte Leseschulen. Denn Lesen und Auswendiglernen des Corân war der Endzweck und das Ziel aller dieser Volksschulen, die den Namen Kuttâb führten. Auf diesem Gebiete nun hat Mohammed Alis Dynastie (besonders der Gründer derselben und der vorige Chedive Ismail Pascha) eine sogenannte Reform eingeführt. Mit Beihilfe europäischer Pädagogen wurde ein neues System dieser Unterrichtsanstalten geschaffen.

Man errichtete Primärschulen, dann Mittelschulen und endlich Specialschulen für verschiedene Fächer. Die ersteren sollten Lesen und Schreiben, die Elemente, lehren; die Mittelschulen eine Erweiterung für die Kinder der höheren Stände sein, und die Specialschulen für den Militär- und Beamtendienst vorbereiten. Wir sehen — das ist wieder eine völlig europäische Schablone. Fragen wir nun, was hat diese „Reform" genützt, so wird ein unparteiisches Urteil stets antworten müssen: wenig oder gar nichts. Die Mittelschulen kamen gar nicht in Schwung: mehr als zwei haben nie existiert. Die Primärschulen, deren es anfangs gegen 50 gab, beschränkte Ismail Pascha. Ich habe solche Schulen wiederholt besucht; im nach der Straße offenen mittlern oder untern Stockwerke eines Hauses hocken eine Anzahl Knäblein um ihren auf erhöhtem Platze befindlichen Lehrer am Boden. Jeder der Knaben hält eine Schreibtafel vor sich, auf die arabische Buchstaben oder Suren des Corân geschrieben sind. Diese lernt nun jeder der Kleinen, unbekümmert um die ebenfalls laut lernenden anderen Schüler, laut auswendig; so entsteht ein Lärm, daß ein Jude eine solche Schule mit einer Judenschule verwechseln müßte. Die Leistungen einer solchen Volksschule bestehen darin, daß ein Knabe den ganzen Corân allmählich schreiben und auswendig hersagen lernt. Kann er das, so hat er seine Schulbildung abgeschlossen. Von einem Verständnisse dessen, was er lernt, also auch von einer Erklärung desselben durch den Lehrer, ist absolut keine Rede. Hieraus allein erkennt man, daß es dabei um Volksbildung sich gar nicht handelt; und dies Verwerfungsurteil über die ägyptischen Volksschulen wird noch dadurch bestätigt, daß die Mädchen von diesen Schulen völlig ausgeschlossen sind. Mädchenschulen zu errichten, hat man nur scheinbar versucht. Das Mädchen soll eben ungebildet bleiben, damit es das traurige Los, das der Islam dem Weibe bereitet, erträgt und nicht dagegen sich auflehnt. Ein arabisches Sprichwort sagt: „Ein Weib schreiben lehren, ist ebenso, wie eine Schlange mit Gift tränken."

Diese ganze Reform des niedern Schulwesens ist also nur Schein gewesen, wesentlich hat sich nichts gebessert; über den Standpunkt von mechanischen Leseschulen ist man nicht hinausgekommen.

In demselben Maße, wie Ismail Pascha die Primärschulen an Zahl beschränkte — übrigens ein neuer Beweis, daß ihm nicht die allgemeine Bildung des Volkes als Ziel vorschwebte — in demselben Maße erweiterte er die sogenannten Specialschulen, so daß jetzt solche für die Sprachen, für die polytechnischen Fächer, für Artillerie, Kavallerie, Infanterie, für Studium des französischen Rechtes, das man bei den neuerrichteten Handelsgerichten zu Grunde gelegt, u. a. entstanden.

Wohl wurden an diese Specialschulen europäische, zum Teil nicht untüchtige Lehrkräfte berufen — aber trotzdem ist der Erfolg dieser höheren Lehranstalten ein sehr zweifelhafter, und das deshalb, weil die nötige Vorbildung fehlt. Was läßt sich in solchen Fachschulen aus Schülern machen, die nichts gelernt, als mechanisches Lesen. Ich hörte bei meinem Aufenthalte in Kairo oft die bitteren Klagen eines jener europäischen Lehrer an einer Militärschule: er müsse stets Buchstaben vorzeichnen und auswendig lernen lassen und dann etwas Grammatik diktieren, mit dem entmutigenden Bewußtsein, daß auch das Einfachste von den bereits erwachsenen jungen Leuten kaum oder gar nicht verstanden werde, da die nötige Vorbildung gänzlich mangele; so übe er, lautete seine oft wiederholte Klage — eine eines gebildeten Mannes geradezu unwürdige Thätigkeit aus. Die Schüler dieser Fachschulen können ebensowenig gründlich gebildet werden, wie die jungen Leute, die von Ismail Pascha zu den Studien nach Paris gesandt wurden, was man Mission égyptienne nannte. Wegen mangelnder Vorbildung kamen sie auch ohne wissenschaftliche Bildung zurück, hatten sich aber an manche verderbliche Genüsse einer civilisierten Großstadt gewöhnt und kehrten so meist geistig nicht tüchtiger, aber moralisch verschlechtert in die Heimat zurück.

Auch hier war und ist alles auf den äußeren Schein berechnet. Überblickt man zudem die Titel jener Specialschulen, so wird man sofort gewahr, daß nur dem Egoismus der Regierung durch Errichtung derselben Rechnung getragen wurde; denn sie alle haben nur den einen Zweck, Beamte für den Staats- oder Militärdienst heranzubilden. Schulen, in denen man zur eigenen geistigen Ausbildung lernen könnte, giebt's nicht: sie sind ohne Ausnahme ein Monopol für Regierungsbeamte, und so steckt auch im ägyptischen Schul- und Unterrichtswesen der Neuzeit der echt islamitische Grundsatz, daß alles nur zum Wohl der Regierenden da ist — von einer Berücksichtigung allgemeiner Bildung, geschweige denn Erziehung des Volkes zur Begründung des Volkswohls, ist gar keine Rede, und so wird es auch mit dem Unterrichtswesen am Nil nicht besser werden, solange dort der Islam herrscht.

b. Poesie.

Was die Dichtkunst betrifft, so ist bekannt, daß dieselbe bald unter den islamitischen Völkern zu einer gewissen Blüte gelangte. Vorzüglich waren es die reineren Anschauungen und edleren Empfindungen der Beduinen, die die sogenannte Wüstenpoesie schufen. Noch als die Kreuzzüge ihrem Ende entgegengingen, trieb in Ägypten die Dichtkunst eine Blüte: die nicht unbedeutenden Dichtungen des Beda=ed=din Zoher. Je mehr aber die Beduinen mit den Städten in Berührung kamen, desto mehr sank auch ihre poetische Begeisterung. Heute giebt es kaum noch eine Wüstenpoesie. Was man heute noch am Nil an Gedichten und Liedern hört, das ist ohne Schwung und meist auch ohne Sitte und Scham. Selbst der gefeiertste neuere Dichter Ägyptens, Mohammed Schihâb, der 1858 starb, lieferte nur Gedichte, die in abgeschmackter Form so leere und platte Gedanken enthalten, daß es sich nicht lohnt, hier Proben daraus mitzuteilen [27]. Ein Schatten von Volkspoesie hat sich in Ägypten, dem Lande, in dem einst, zum Teil wenigstens, die Märchen der „Tausend und eine Nacht" auf= gezeichnet wurden, in den Dichtungen, die die öffentlichen Märchenerzähler dem Volke vorzutragen pflegen, erhalten. Oft ist es ein großer Held, dessen ruhmreiche Thaten gepriesen werden, öfter aber noch werden erotische Dinge mit einem an Schamlosigkeit grenzenden Leichtsinne vorgetragen, und auch an dieser Richtung der Volksunterhaltung, die auch in den zahl= reichen, von jeher viel in Kairo verfaßten Romanen herrscht, ist, wie wir später sehen werden, hauptsächlich der Islam schuld.

c. Kunst.

Wenden wir uns nun der Kunst des islamitischen Ägypten zu, so ist hier zunächst zu bemerken, daß dieselbe in keiner Weise eine Fortsetzung der altägyptischen ist. Sie steht vielmehr in gar keinem Zusammenhang mit letzterer, sondern ist eben die Kunst der Eroberer des Nilthals, der mohammedanischen Araber; und diese arabische Kunst hat sich eigenartig aus byzantinischen, persischen und arabischen Formen entwickelt. Wenn wir nun diese arabische Kunst — obwohl sie nicht eine specifisch ägyptische ist — dennoch hier besprechen, so geschieht das deshalb, weil sich dieselbe wohl nirgends so reich entwickelt hat und so großartige und zahlreiche Werke geschaffen, wie in Ägypten, speciell in Kairo: hier können wir in hervor= ragenden Bauwerken geradezu Muster für alle einzelnen Entwicklungsphasen der arabischen Kunst aufstellen.

Die islamitisch=ägyptische Kunst hat aber zwei Gebiete fast gar nicht ausgebildet: nämlich das der Plastik und das der Malerei. Wenigstens haben diese keine selbständige Entwicklung gehabt, sondern sind nur in be= schränktem Maße als untergeordnete Künste in der Architektur zur Geltung gekommen. Der Grund davon ist der, daß der Corán in der fünften Sure den „Gläubigen" verbietet, Bildsäulen und Bilder zu haben. Mohammed wollte mit diesem Verbote den Rückfall in das Heidentum verhindern und mißverstand zudem wohl das betreffende mosaische Gebot, das verbietet, Bilder anzufertigen, aber freilich nur solche, die man zum Gegenstande der Anbetung machen wolle.

So kommt es, daß wir in der arabisch-ägyptischen Kunst nur von der Architektur und Ornamentik zu handeln haben.

So mannigfaltig auch die arabischen Bauten sich gestaltet haben mögen, so ist doch unschwer zu erkennen, daß sie alle einen gemeinsamen Grund-charakter zeigen. Da die Araber nämlich ursprünglich ein Beduinenvolk sind, so ist es begreiflich, daß wir in allen ihren Bauten als Grundform das Zelt der Wüste finden: daher der Mangel architektonischer Gliederung, daher die großen Flächen, die teppichartig dekoriert sind u. s. w. Diese Grundform zeigt sich bei den religiösen wie bei den Profanbauten, bei Moscheen wie Privathäusern.

Das Vorbild einer Moschee war wohl der altheidnische Tempel zu Mekka, und dieser bestand wesentlich aus einem großen Hofraume, um den herum man statt der Zelte Säulenhallen gelegt hatte.

Kairo besitzt ein herrliches Muster der ältesten Epoche arabischer Baukunst in der großen Amru-Moschee im heutigen Alt-Kairo. Sie wurde nicht lange nach dem Tode des arabischen Eroberers Amru an der Stelle gebaut, wo er selbst ein kleineres Gotteshaus errichtet hatte. An dieser Amru-Moschee läßt sich trefflich der Plan, der allen islamitischen Gottes-häusern, die selbständig erbaut und nicht, wie etwa die Hagia Sofia zu Konstantinopel, aus christlichen Tempeln umgeschaffen wurden, zu Grunde liegt, erkennen.

Den großen rechteckigen Hof umgeben vier Säulengänge. In der Mitte des offenen Hofes befindet sich ein Brunnen, der zu den religiösen Waschungen der Moslemin das Wasser bietet. Wie die Hallen an die Zelte, so erinnern die schlanken Säulen an die Palmen der Wüste, und selbst die Kuppel, die man von den Byzantinern hinübernahm, stellte den Arabern das Zelt vor, das sie Kubba nennen. Die Arkadenseite, die nach Mekka hin liegt, wurde durch vermehrte Säulenreihen ausgezeichnet. In der Amru-Moschee hat dieser sogenannte „Liwan" sechs Säulenreihen, die andere Arkade nur zwei. Im Liwan befindet sich eine Art Kanzel, Mimbar, von der aus der Imám den Corán verliest, und die Kibla, d. i. die Nische, welche die Stelle bezeichnet, wohin man sich beim Ge-bete zu wenden hat, um nach Mekka hin zu schauen, wie es der Corán vorschreibt. Das Äußere dieser wie aller Moscheen ist schlicht rechtwinklig, nur überragt von Kuppeln und einem meist sehr schlanken Turme, dem Minaret, von dessen Galerie aus der „Mueddin" die Gebetsstunden ausruft, denn Glocken sind im Islam verpönt. Kuppel und Minaret schmückt in der Regel das Symbol des Islam, der Halbmond. Was die Säulen betrifft, so kann man bereits an dieser Amru=Moschee bemerken, daß die arabische Architektur keine besondere Säulenordnung ausgebildet hat. Man wählte entweder byzantinische Würfelkapitäle oder Säulenknäufe mit Blumen aus ptolemäischer Zeit, oder korinthische Akanthusblattkapitäle, oder auch die Volutenkapitäle der jonischen Ordnung. Hier in der Amru=Moschee befinden sich unter den noch erhaltenen drittehalb Hundert Säulen alle

Fig. 77. Moschee Ibn Tulûn (Kairo) in ihrem Verfalle.

genannten Ordnungen vertreten — so erinnert diese Moschee an den Umstand, daß unzählige christliche Kirchen und griechisch=römische Denkmäler von den arabischen Eroberern zertrümmert worden sind, aus denen man diese Massen von verschiedenen Säulen gewann, und „so betrachtet, ist die Amru= Moschee ein Denkmal des Zerstörungs=Fanatismus des Islam". Auch der Spitzbogen findet sich hier bereits neben dem Rundbogen, aber — so interessant es sein mag, daß wir jenen in dieser bereits im siebenten oder achten Jahrhundert erbauten Moschee antreffen, während er erst im zwölften und dreizehnten Jahrhundert im Abendlande Eingang fand, so ist doch

nicht zu übersehen, daß der Spitzbogen hier durchaus nicht konstruktiv
verwendet ist.

Was nun den Eindruck des Innern dieser wie aller islamitischen
Moscheen betrifft, so ist er der des Kahlen, Leeren, Geräumigen und
Ausgedehnten (eine der seltenen Ausnahmen bildete in späterer Zeit die
leider bald zusammengestürzte Moschee El-Moyed, Fig. 78). Wohl hat

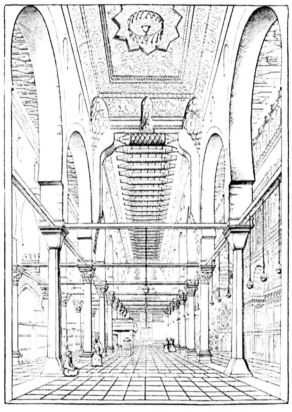

Fig. 78. Inneres der Moschee El-Moyed in Kairo (1415).

man gesagt: auch das erinnere an die Wüste, und der Betende, der
aus dem Gewühle und Geräusche des orientalischen Lebens in eine solche
Moschee trete, werde durch die grandiose, ehrwürdige Einfachheit des
Betraumes auf das Ewige, das Ernste, Übersinnliche und auf Gott
hingelenkt. Möglich, daß der Islam das mit solch puritanisch-leerer Einrichtung seiner Moscheen bezweckt — uns scheint aber, daß eine geist-

reiche Schriftstellerin mehr recht hat, wenn sie ihren Eindruck von dieser Amru-Moschee so wiedergiebt: Man begreift, daß gerade so die Anhänger einer Religion bauen mußten, die keine Opfer und keine Mysterien zu vollziehen hat; für Phantasie und Herz ist hier nichts — aber auch gar nichts! ich dachte: O Himmel, hier müssen Geister ihren Gottesdienst halten und keine Menschen. Der Mensch will noch etwas anderes, will Symbole, will Bilder, will Begrenzung — und nicht bloß diese unendliche Klarheit, die wirkt, daß man schauert.

Auch noch der frühesten Epoche der arabischen Baukunst — und zwar ebenfalls als eine Perle derselben — gehört die vom Sultan Achmed Ibn Tulûn um 880 n. Chr. erbaute Moschee Ibn Tulûn (Fig. 77) an. Wir erwähnen dieselbe besonders deshalb, weil sich in ihr bereits eine reiche Ornamentik geltend macht, die in der Amru-Moschee noch fehlt, die aber eine besonders glänzende Seite der arabischen Kunst ist. Es zeigt sich diese Kunst hier besonders an den Einfassungen der Bögen und den Verzierungen der Decke. Wohl ist auch diese Ornamentik, die hauptsächlich

Fig. 79. Schriftornament.

aus Bandverzierungen besteht, im Ursprung nicht originell arabisch; sie wurde byzantinischen Mustern entnommen. Aber die feurige arabische Wüstenphantasie hat sie so vielgestaltig ausgebildet, daß auch ein an jene byzantinischen Vorbilder gewöhntes Auge hier in Kairo nicht satt wird an all diesen köstlichen, tausendfältigen, originellen Verschlingungs-Ornamenten, die zur Unterbrechung gerader Linien und Flächen in der Architektur dienen. Auch zeigt diese Tulûn-Moschee bereits die prächtige Verwendung der arabischen Schrift als Ornament von Friesen (Fig. 79) u. s. w., und endlich hat hier das Minaret, auf dessen Bau der arabische Architekt so gerne sein Talent konzentriert, jene schöne Mannigfaltigkeit der Formen, indem der Unterbau quadratisch, das erste Stockwerk kreisförmig, das zweite und dritte aber polygonal sind: wobei dann höchst eigentümlich die hier außen umlaufende Wendeltreppe wirkt.

Zur vollen Blüte aber gelangte die Architektur unter den fatimidischen Kalifen und den Mameluckensultanen des 13. und 14. Jahr-

Fig. 80. Die sogenannten Kalifengräber bei Kairo.

1 Die Grabmoschee el Barkuk. 2 Die Grabmoschee Kanuks. 3 Die Moscheen el Achraf Pacha und el Churis, jetzt Pulvermagazin. 4 Die Moschee Mabud el Achnas.
5 Die Moschee bei Abdul Paris Bey.

hunderts. In den Bauwerken dieser Zeit sind die beiden speciell ara=
bischen originellen Ornamentierungen ausgebildet, die bisher noch fehlten

Fig. 81. Ornament.

und doch durch ihre phantastisch=schönen und wunderbar mannigfaltigen
Formen das Auge des Beschauers fesseln: wir meinen die Arabesken
(Fig. 81) und das Stalaktitenornament (Fig. 82). Die Arabesken sind,
wie die orientalischen Märchen der „Tausend und eine Nacht", Kinder
der Phantasie, sind zusammengedichtet aus Palmen und Sternen, aus
Blumen und sinnvollen Zeichen.
Als Vorbilder zu denselben haben
die seit Urzeiten bei den Arabern
gebräuchlichen Teppich= und Ge=
wandstickereien gedient. So zeigt
sich auch hier wieder, was wir
schon bei der ältesten Kunst, der
altägyptischen, sahen, daß das
vom Weber erfundene und vom
Maler benutzte Ornament vom
Bildhauer und Architekten auf
Wände, Mauern, Säulen und
Pfeiler der monumentalen Bauten
übertragen wird. Diese Arabes=
ken=Muster sind so fein, so reich=
haltig und mannigfach, wie sie
bei uns sonst nur von Damen=
händen gestickt werden, und diese
Ornamente der arabischen Mo=

Fig. 82. Stalaktitengewölbe.

scheen und Paläste bildeten stets und bilden heute noch eine fast un=
erschöpfliche Fundgrube von Mustern für Dekorationen aller Art auch für

Straße in Kairo.

das Abendland und besonders für Europa, wo ihr Name stets an den arabischen Ursprung dieser phantastisch-schönen Gebilde erinnern wird. Auch das Stalaktitenornament ist ein Produkt der arabischen Phantasie: es besteht aus einer winkligen Nische, die wieder mit lauter kleinen winkligen Nischen angefüllt und so einem Bienenwabenstück nicht unähnlich ist. Dieses Stalaktitenornament ist ein wertvolles Glied der Architektur, indem es den Übergang von den geraden Flächen zum Gewölbe, von den Wänden zur Kuppel vermittelt.

Die bedeutendsten Bauwerke aus der Fatimidenzeit sind in Kairo: das Siegesthor, Bab-el-nasr, und das Bab-el-Futuch; von Moscheen: die halbverfallene Moschee El-Hafim; aus der Zeit der Mamelukensultane aber: die herrliche Hassan-Moschee am Fuße der Citadelle, und die meisten der sogenannten Kalifengräber (Fig. 80), die ihren Namen mit Unrecht tragen, da sie den tscherkessischen Mamelukensultanen ihre Entstehung verdanken. Wer die „Kalifengräber" des Barkuk, des Farag, des Burs-Bei, des Kait-Bei in der Totenstadt vor Kairo gesehen, wird sicher den Eindruck, den diese zwar verfallenen, aber immer noch großartigen Moscheen mit ihren Kuppeln und Minarets, ihrer reichen Ornamentik und den prächtigen Portalen auf ihn gemacht, nie vergessen; und besonders lebhaft habe ich in meiner Erinnerung „das anmutigste Gotteshaus von Kairo", die Moschee Kait-Bei. Sehr gut erhalten ist die Hassan-Moschee, in der statt Arkaden vier mächtige spitzbogige Tonnengewölbe den freien Hofraum umgeben und das griechische Kreuz die Grundform des Ganzen bildet, das von dem höchsten Minaret, das Kairo aufweist, überragt wird. Die hohe Kuppel, die reichen Stalaktitenornamente und überhaupt der herrliche Schmuck der Wände mit Arabesken, endlich die großartig und fein geschnittenen kufischen Inschriften an den Friesen machen einen ungemein imponierenden Eindruck; und mit der ganzen Fülle arabischer Ornamentik prangt das majestätisch angelegte Portal der Moschee. — Auch herrliche profane Bauten schuf die arabische Kunst in Ägypten. Jedem, der Kairo besucht, werden an vielen alten Häusern und Palästen die vortragenden oberen Stockwerke, die prächtig mit Holzschnitzereien geschmückten Erker mit Konsolen von eigentümlich schönen Formen und vor allem die wie Stickmuster feinen Fensterverschlüsse, sogenannte Muschrebijen, die wohl einen Ausblick, nicht aber einen Einblick durch die dichten Holzschnitzereien gestatten, auffallen. Indessen die eigentliche Prachtentwicklung der Privatarchitektur zeigt selten die Außenseite der Wohnungen, wohl aber das Innere. Das Äußere soll einfach bleiben: so wird das Haus nach dem islamitischen Aberglauben vor dem „bösen Blicke" bewahrt und — auch ein echt orientalischer Zug — die Regierungsbehörde nicht auf den Wohlstand des Eigentümers aufmerksam gemacht und zur Erhöhung der Steuerauflage veranlaßt. Dagegen wird das Innere mit dem vollen Glanze arabischer Ornamentik ausgestattet. Besonders zur

Zeit der Fatimidenkalifen nahm diese dekorative Kunst einen gewaltigen Aufschwung: aus jener Zeit stammen noch kostbar geschnitzte Möbel, mit Elfenbein und Perlmutter ausgelegt, Fußböden aus Mosaik, Wände, die mit allerliebsten Fayence=Platten gedeckt sind. Auch die Teppichstickerei war damals in Blüte. So soll für den Kalifen Muizz ein Teppich gearbeitet worden sein, auf dem die größten Städte der Welt dargestellt waren, und der die Summe von 22 000 Denaren gekostet habe. Das erzählt Makrizi, der auch beifügt, daß die Fatimiden, das Koranverbot nicht achtend, prächtige Bilder mit Tier= und Menschenfiguren auf Wänden und Gefäßen hätten anbringen lassen. Nach seiner Beschreibung muß man es damals sogar zu einer großen Fertigkeit in der Malerei gebracht haben, denn er erzählt, daß ein Gemälde, Joseph in der Cisterne darstellend, durch seine koloristische Wirkung allgemeine Bewunderung erregt habe. Eine Wanddekoration schildert er so, daß in derselben u. a. Tänzerinnen abgebildet gewesen seien, die aus der Wand hinauszuschweben und an einer andern Stelle sich wieder hinter dieselbe zurückzuziehen geschienen hätten. Die Gold= und Metallarbeiten jener Zeit, kostbare Ciselierungen, Email= und Niello=Arbeiten, bewundert man jetzt noch auch in Europa an noch fortwährend nachgearbeiteten Mustern, und ebenso bekannt sind die herrlichen Stoffstickereien, besonders in Seide, und die Goldwirkereien; denn so manche Muster, die wir heute noch an alten Möbelstoffen oder an den gottesdienstlichen Gewändern in unseren christlichen Kirchen bewundern, verdanken ihren Ursprung der Zeit der Fatimiden in Ägypten. Endlich dürfen die herrlichen Verzierungen, mit denen man den Korân versah, nicht unerwähnt bleiben. Es gehört zu den unvergeßlichen Genüssen, die dem Glücklichen, der Kairo besuchen darf, geboten werden: in der vicekönig= lichen Bibliothek daselbst die überaus zahlreichen und herrlich geschmückten Korânexemplare derselben zu durchblättern: es ist erstaunlich, welchen Reichtum der Phantasie und welche technische Fertigkeit und Feinheit die Künstler bei diesen Ornamentierungen entwickelt haben.

Fig. 83. Schriftornament (kufische Schrift).

Noch manches Gebäude im heutigen Kairo hat in seinem Innern alte Einrichtungen, Kunstwerke, Dekorationen, die jener Zeit des Glanzes ägyptisch=arabischer Kunst entstammen, aufzuweisen — aber es ist sehr schwer, Eintritt in die Häuser der kairenischen Vornehmen zu erhalten. Nur in einem Falle gelang es mir, einen solchen aus alter Zeit stammenden Palast zu betreten: es war der vielen Besuchern von Kairo bekannte Palast des Schech=es=Sadât, eines freundlichen, gastfreien,

Inneres des Schlosses Gearch.

(Moderne Nachbildung arabischer Kunst.)

vornehmen Kaireners, der mit besonderem Geschicke und großer Vorliebe alles Altertümliche in seiner Wohnung zu erhalten bestrebt ist. Es ist aber auch ein herrlicher Genuß, die großartigen Räume mit ihren Stalaktitengewölben, reichem Arabeskenschmuck der Wände, so manche in Nischen und auf Postamenten ruhende Kunstwerke und die herrlichen Fuß- und Divanteppiche bewundern zu dürfen.

Kehren wir nun noch einen Augenblick zur ägyptisch-arabischen Architektur zurück, so ist zunächst zu bemerken, daß die Blüte derselben mit dem Beginne der Türkenherrschaft am Nil (1517) ihr Ende erreichte. Nicht nur, daß nichts Neues mehr geschaffen wurde; nein, so sehr schwand aller Kunstsinn, daß man sich nicht einmal bemühte, das Bestehende zu erhalten, und so sind jene herrlichen Kunstwerke immer mehr verfallen, und heute sind jene Moscheen und Sultangräber zerfallende Ruinen, die wohl nicht mehr lange der völligen Vernichtung widerstehen werden.

Freilich — auch so, als verfallende Monumente, gewähren diese Kuppelbauten mit ihrer auch äußerlich angebrachten, überaus schönen Ornamentik, diese Minarets, so schlant und reich verziert, diese langen, oft vielfachen Pfeiler- und Säulenreihen, vor allem aber die unendlich vielgestaltigen Arabesken-, Stalaktiten-, Plattwerk- und Schrift-Verzierungen einen überaus herrlichen Anblick, und wer einmal die Kalifenstadt durchwandert hat, der wird den Eindruck, den alles das auf ihn gemacht, nie vergessen. Wer aber mit kritischem Auge diese architektonische Kunst des Islam prüft, dem können die Schwächen derselben nicht lange verborgen bleiben.

Einmal sind die Elemente, aus denen jene Bauwerke bestehen, nicht dieser Kunst eigenartig: Säulen und Kuppeln, Rundbögen und Gewölbe, Türme und Arkaden fand man entweder in der byzantinischen, oder griechisch-römischen, oder in der persischen, oder in der vorislamitischarabischen Kunst bereits vor. Eigenartig sind dieser ägyptisch-arabischen, oder besser gesagt, islamitisch-arabischen Kunst nur die schlanken Formen, die überwiegenden Flächendekorationen, das Tertile der Ornamentik und die Stalaktitenformen. Aber auch jene aus anderen Stilen übernommenen Formen und Elemente hat die islamitisch-arabische Kunst nicht organisch zu verbinden, zu einem Ganzen zusammenzuordnen und zusammenzugliedern verstanden. Auch der abendländische Künstler, der christlich-gotische Architekt, baute aus Säulen und Spitzbögen und Gewölben und Türmen — aber er ordnete das alles zur größten Einheit, gestaltete es organisch und gliederte es aus derselben Grundform zur naturwüchsigen Entwicklung. Die ganze Masse des gotischen Bauwerkes wächst ohne Unterbau wie unmittelbar aus der Erde heraus: Wände, Decken, Balken giebt es nicht mehr; die vegetativen Pfeiler bilden die Wände und werden durch Schwibbögen in der Luft zu einem Ganzen verbunden, und die Türme sind nur

die äußerste Konsequenz der zum Himmel aufwachsenden vegetativen Evo-
lution, wie der geistreiche Goltz sehr treffend bemerkt.

In dieser islamitisch-arabischen Architektur aber fehlt überall eine durch-
dachte Anordnung der baulichen Teile, fehlt gänzlich eine organische Gliederung, fehlt das richtige Verhältnis der Stütze zur Belastung, fehlt eine
genügende Ausbildung der Gesimse, fehlt vor allem die struktive Solidität.
Glücklich ist der arabische Architekt nur in der Vermittlung kontrastierender
Linien (Bogen- und Flächenlinien) durch die Stalaktitenformation gewesen,
seine Ornamentik aber hat er nicht architektonisch zu gestalten gewußt: sie
liegt wie ein Textilgebilde in der Fläche. Und wegen alledem ist diese
Kunst auch keiner weitern Entwicklung fähig gewesen, da, was nicht
organisch gegliedert und geordnet ist, auch nicht organisch auswachsen kann,
und so ist sie bald der Stagnation verfallen. Was die spätere Zeit, was
die letzten Jahrhunderte, was auch die neue Zeit der Dynastie Mohammed
Alis in Ägypten, in Kairo geschaffen, entbehrt jeder Schönheit, jedes Ge-
schmacks, mit Einem Worte: jeder Kunstempfindung.

Aber über kurz oder lang werden auch jene genannten Monumente
aus der Blütezeit der ägyptisch-arabischen Kunst verfallen sein und nicht
mehr gestatten, so manche Schönheit der einzelnen Teile und der Anlage
zu bewundern. Daß dieser Ruin so rasch über jene Denkmäler herein-
brach, und noch mehr, daß ihm absolut kein Halt geboten wird, das hat
einen tiefern Grund.

Wem wäre nicht am Nil der grelle Kontrast aufgefallen, in dem die
verhältnismäßig jungen Bauten der Kalifen- und Mameluckenzeit zu den
uralten Monumenten der Pharaonen stehen! Diese sind vor Jahrtausenden entstanden, und sind so fest, so solide, daß sie wohl noch Jahrtausende
überdauern werden; und jene, erst einige Jahrhunderte alt, sind bereits halb
verfallen und werden sicherlich nicht noch Jahrhunderte überleben. Aber
freilich — jene alten Ägypter, die Retu, hatten historischen und daher
auch konservativen Sinn, und dieser Sinn wurde durch ihre Religion gepflegt, die Tempel und Gräber „für die Ewigkeit" baute. Dieser konservative Zug aber ist am Nile verschwunden, seit das bewegliche Blut
der Araber in den Adern der Ägypter fließt, und gänzlich vernichtet wurde
der historische Sinn, der das Vergangene ehrt und das Bestehende zu
erhalten sucht für spätere Generationen, durch den Islam. Die Religion
des Corán predigt die absolutistische Prädestination, und an der Hand
dieser Lehre ist die freie Willensthätigkeit, die Energie des Handelns beim
Ägypter erstickt und getötet worden. Es ist eine bekannte Thatsache, daß
der Mohammedaner nie für die Zukunft arbeitet und nie um die Vergangenheit sich bekümmert, geschweige denn aus ihr Lehren für die Gegenwart zöge. Der Mohammedaner ist durch seine Religion ein Kind des
Augenblickes geworden: trifft ihn ein Mißgeschick — nun wohl: „insch

Allah", sagt er, „Gott hat's gewollt" (wörtlich: „So Gott will"), und deshalb fügt er bei: „malésch", „es macht nichts" — und erträgt, was die Schickung fügt, in stummem, dumpfem, hinbrütendem Dulden. Und so ist auch der Ägypter geworden: er hat kein Interesse für die Vergangenheit, auch nicht für seine Vergangenheit. Was weiß der heutige Fellah und Kopte, sei er Effendi oder Pascha, Schech oder gar Dragoman (Dolmetscher und Fremdenführer): was weiß er von den ehrwürdigen alten Monumenten seines Landes? — nichts, gar nichts. Es ist eben eingetroffen, was Apulejus verkündete: „O Ägypten! ... von deinen Thaten werden nur in Stein gemeißelte Worte reden ... in deinem Lande wird ein ungebildeter, roher Nachbar wohnen!" Der muselmännische Ägypter hatte aber auch nie Interesse für solide Konstruktion seiner Bauten und noch weniger renoviert und konserviert er dieselben. Bekanntermaßen sind alle Bauten aus der Kalifen- und Mameluckenzeit sehr schlecht konstruiert. Gut erhalten sind nur jene Moscheeen, die ursprünglich nicht dem Islam dienten, sondern ihre Errichtung christlichen Architekten verdanken, wie die Hagia Sofia zu Konstantinopel und die Hauptmoschee von Damaskus, einst Kirche des hl. Johannes, oder solche, die von Christen erbaut sind oder doch nach abendländischen Ideeen, wie die von einem Griechen erbaute Tulûn-Moschee oder die von italienischem Einflusse zeugende Hassan-Moschee. Dagegen stürzte die ganz arabische Moved-Moschee, eine der schönsten von Kairo (Fig. 78), fast ganz ein. An Restaurierung aber denkt der Mohammedaner nicht — alles ist für den augenblicklichen Nutzen gebaut, und alles Bestehende darf ungehindert verfallen, wenn es nicht mehr in Gebrauch ist — das ist das Vernichtungsurteil, das der Corán, die Religion des Islam, dem historischen und konservativen Sinne, den Denkmälern der Vorzeit und damit jeder Kunstentwicklung unerbittlich gesprochen hat.

6. Volkscharakter. Sociale Verhältnisse. Geselliges Leben. Familie.

Wir haben bereits vom Verhältnisse des Fürsten und seiner Organe zum Volke, das sich nur als das des despotischen Herrn zum sklavischen Diener bezeichnen läßt, geredet; auch sahen wir bezüglich der volkswirtschaftlichen Verhältnisse, wie auf diesem Gebiete nur das Interesse des Regenten und seiner Beamten, nicht aber das Volkswohl bestimmenden Einfluß hat; wir erblickten ferner in den ägyptischen Institutionen für Bildung wohl Mittel für Zwecke der Regierung, nicht aber für echte und allgemeine Volksbildung — wir fanden endlich, daß diese Mißverhältnisse und Übelstände durch die herrschende Religion des Islam sanktioniert und zum Teil sogar vergrößert sind. Es bleibt uns nun noch, von den socialen Zuständen zu reden.

Hier kommt nun zunächst der Volkscharakter in Betracht. Wer Ägypten bereist hat, dem wird trotz einer Menge beobachteter Schwächen doch

Fig. 84. Ein Eseljunge in Kairo.

das Urteil dauernd feststehen, daß er es mit einem gutmütigen Menschenschlage zu thun gehabt hat. Wohl bleibt der heutige Ägypter dem Fremden gegenüber lange mißtrauisch. Das kann aber den nicht wunder nehmen,

der weiß, bis zu welchem Grade in neuerer Zeit die Fremden das Nilland beeinflußt und zum Teil ausgebeutet haben. Hat aber der Ägypter
einmal dieses anfängliche Mißtrauen überwunden, so erscheint er als einer
der gutmütigsten, harmlosesten Menschen, die die Erde trägt. Und mit
dieser Gutmütigkeit geht eine natürliche Heiterkeit Hand in Hand, die trotz
der drückenden Lage immer wieder zum Durchbruche kommt: welcher Nil-
reisende erinnerte sich nicht lebhaft der armen Fellahs, die in der Glüh-
sonne Oberägyptens an ihren Schöpf- und Ziehbrunnen den ganzen Tag
im Schweiße ihres Angesichtes arbeiten und dennoch ihre Liedchen singen,
scherzen und lachen? Ruhige, gemütliche Heiterkeit herrscht auch bei den
Volksfesten — wer denkt nicht mit Freude an die harmlos heiteren und
gutmütigen Eseljungen (Fig. 84) zurück, die den echten Typus des ägyptischen Volkscharakters in aller Natürlichkeit repräsentieren? Mit dieser
angeborenen Gutmütigkeit scheint die oft beobachtete Zank- und Streitsucht
zu kontrastieren. Wohl ist es wahr — unzähligemale hört man die Leute
sich streiten, sich laut und heftig anschreien, und bei solchem Gezänke steht
dem Ägypter von heute ein so reichhaltiges Schimpfwörterbuch zu Gebote,
wie es wohl kein anderes Volk besitzt; und diese Scheltwörter sind so
wenig rücksichtsvoll und zart, daß das allgemein übliche enta Kelb, „du
Hund“, fast das mildeste von allen ist; ja, diese Scheltsucht hat insofern
geradezu etwas Originelles in ihrer Art, als der Ägypter sich nicht begnügt, seinen momentanen Gegner zu beschimpfen, sondern auch dessen Vater,
Mutter, Kinder, ja sogar sein Vieh und Haus in den Bereich seiner
Scheltwörter und Flüche zieht. Aber — so oft man auch dieses Schimpf-
und Fluchlexikon gebrauchen hört — sehr selten wird man finden, daß die
Streitenden zu Thätlichkeiten übergehen, und noch seltener, daß solcher Zank
ernste Folgen hätte. Dagegen beobachtet man unzähligemale, daß die eben
noch heftig Zankenden einen Augenblick darauf wieder in der harmlosesten,
friedlichsten Weise miteinander reden. Auch noch ein anderer Punkt scheint
auf den ersten Blick mit jener Gutmütigkeit des Volkscharakters im Widerspruch zu stehen — wir meinen die so häufig zu Tage tretende Roheit
in Behandlung der Tiere. Aber gerade über diesen Punkt urteilt der
Europäer meist zu strenge, weil oberflächlich. Wohl ist es empörend, zu
sehen, wie selbst die sonst so harmlosen Hamars (Eseljungen) an ihrem
Grautier stets eine Wunde offen halten, um in dieselbe ihren spitzen Stock
zu stoßen, so oft das Tier nicht sofort gehorcht oder träge wird, und ähn-
liche Ausbrüche roher Behandlung der Tiere trifft man sehr oft, ja täglich
am Nil an. Wer aber die Leute am Nil genauer beobachtet, der weiß,
daß an dieser anscheinenden Roheit vielfach entsetzliche und fast unglaub-
liche Unwissenheit schuld ist. Statt vieler Belege erwähne ich nur, daß
ich in Oberägypten Zeuge war, daß man einer Katze einen Strick so enge
um den Hals gelegt, daß das arme Tier nur äußerst mühsam Atem holte

und fürchterliche Qualen litt, und doch erregte das bei keinem der zahlreich die
empörende Scene umstehenden eingeborenen Männer und Weiber auch nur
das geringste Mitleid. Als aber einer meiner Bekannten das Tier, das
auch nach der Befreiung von der Fessel sich nicht erholen konnte, um seine
Qual zu enden, durch einen Schuß tötete, geriet die ganze Gesellschaft in
die größte Aufregung und schalt uns wegen unserer Roheit, und die an
diesen Vorfall geknüpfte Unterredung mit den Leuten belehrte mich, daß
man das Töten eines Tieres für Grausamkeit, das Quälen desselben aber
nicht für solche hielt. So groß ist die Unwissenheit des Volkes. Dann
aber — und das ist die Hauptsache — die Religion des Volkes, der Islam,
arbeitet diesem bösen Treiben nicht entgegen: im ganzen Corân wird man
keinen Satz finden, wie den der Heiligen Schrift: „Der Gerechte erbarmt
sich seines Viehes." Andererseits wird man viel öfter noch einer auffallend
guten, ja zärtlichen Behandlung der Tiere begegnen, die Ausfluß der natür=
lichen Gutmütigkeit des Volkes ist: so ist es z. B. allerliebst, daß der
Eseltreiber nicht nur den Reiter durch öftere Zurufe, wie: hûa riglak, hûa
dogrü, „nimm deine Füße, deinen Rücken in acht" warnt, sondern auch
bei gefährlichen Wegesstellen sein Grautier mit dem Rufe: hûa hat, hat!
freundlich ermahnt, seine Eselsfüße in acht zu nehmen, und weltbekannt ist
die zärtliche Liebe, mit der der Beduine an seinem Kamele hängt.

Diese angeborene Gutmütigkeit äußert sich auch noch ganz besonders
in zwei Charakterzügen, die — so menschlich schön — auch der Islam ge=
schont, ja befördert hat, wir meinen die Wohlthätigkeit und Gastfreiheit.
Die Wohlthätigkeit äußert sich zunächst im Almosengeben: selten wird ein
Armer oder Leidender vergeblich um Unterstützung bitten, und wem, der
Ägypten bereiste, wären nicht wohlthuend die zahlreichen Wasserspenden
aufgefallen, gestiftet oder geschenkt von Wohlhabenden? Wasser ist in
Ägypten so notwendig, wie Sonne und Luft: selbst Hunger und Blöße
ertragen sich da leichter als Durst. Nun fallen z. B. in Kairo fast in
allen Gassen dem Fremden die Brunnenhäuser auf, Stiftungen Reicher und
Vornehmer für die Durstigen, die nur aus einer der an denselben hängen=
den sauberen Messingschalen sich ihren Trunk zu schöpfen haben; und oft
genug wird noch ein lebendiger Wasserspender durch die Straßen und
Gassen geschickt, um auf Kosten irgend eines Wohlhabenden den Durstenden
aus einem auf dem Rücken getragenen Schlauche das labende Naß zu ver=
abreichen. Man muß solche Wasserspenden gesehen haben, um auch noch
in der bloßen Erinnerung zu begreifen, was für ein schönes, natürliches
Menschentum sich in solchen Stiftungen und Schenkungen offenbart, und
in diesem Punkte hat, wie gesagt, der Islam die uralte Sitte nicht zer=
stört, sondern gepflegt und gefördert, denn, wie wir sahen, auch in der
alten Zeit sorgte man in Ägypten für wasserspendende Brunnen. — Was
dann die Gastfreiheit betrifft, so sind zwar jetzt die meisten Wohlthätigkeits=

anstalten an den Moscheeen, in denen Arme, Kranke und Pilger Herberge
fanden, aufgelöst — aber manche solcher Anstalten bestehen noch heute.
Die volle Gastfreundschaft findet man heute noch bei den Beduinen, aber
auch in den Dörfern wird selten ein Reisender vergeblich um Nachtquartier
bitten, und Gasthäuser braucht man deshalb gar nicht am Nil. Selbst
in den Städten haben sich gewisse Züge von Gastfreiheit erhalten: so wird
der Ägypter sich nie zum Essen setzen, ohne den etwa gegenwärtigen
Fremden einzuladen, mit ihm das Mahl zu teilen; und auch der Kaufmann
in seinem Laden bietet einem unaufgefordert von seinem geliebten *gáoa*
(Kaffee) an und nimmt keine Bezahlung dafür, auch dann nicht, wenn man
nichts kauft.

Andere Charaktereigentümlichkeiten, wie die bereits erwähnte Heiterkeit,
dann die Geselligkeit, Freude an Musik und Tanz, kommen vorwiegend im
geselligen Verkehre zur Geltung. Bevor wir aber über diesen reden, müssen
wir einen Blick auf die jetzigen gesellschaftlichen, socialen Verhältnisse am
Nil werfen.

Man unterscheidet dort jetzt folgende Stände: die Landleute, Handwerker, Kleinhändler, den islamitischen Klerus, und die großen Grund-
besitzer: die Paschas und hohen Militärpersonen. Was die Landleute und
Handwerker betrifft, so können wir nur wiederholen, daß sie im socialen
Leben nur eine passive Rolle spielen, und diese besteht im Steuerzahlen,
unter dessen Druck auch der etwas besser situierte Kleinhändler noch un-
gebührlich leidet. Der muselmännische Klerus hat seinen früher oft mächtigen Einfluß auf das öffentliche Leben eingebüßt: nur in den Rechtsfragen
des Corán werden die gelehrten Theologen der Azhar-Moschee, die sogenannten Ulémas, hie und da um ihren Rat gefragt, der aber durchaus
nicht von entscheidender Bedeutung ist. So sehr auch die Derwische beim
Volke in Ansehen stehen, so spielen sie doch im socialen Leben keine Rolle.
Eine solche haben also nur die Mächtigen und Reichen, die Paschas und
Militärs der höheren Grade. Es kann in der Pharaonenzeit die Trennung dieser Stände im socialen Leben unmöglich schroffer gewesen sein,
als sie heute am Nil ist. Der gesellschaftliche Verkehr bleibt innerhalb
der verschiedenen Klassen: von einem Durcheinanderleben der letzteren ist
gar keine Rede. Bei den alten Ägyptern waren die einzelnen Stände
zwar nicht kastenartig abgeschlossen, wie man früher glaubte, wohl aber
zunftmäßig organisiert, und hiervon haben sich bis heute, trotz der ein-
geführten allgemeinen Gewerbefreiheit, Reste in dem zunftähnlichen Zu-
sammenhalten der einzelnen Gewerbe bewahrt. In den Städten zumal hat
jedes Gewerbe sein Oberhaupt: den Schech. Durch diesen Schech verhan-
deln die Glieder des betreffenden Gewerbes mit der Polizei und Regierung,
durch ihn werden die Steuern erhoben und gezahlt, und ist man mit einem
Handwerker oder Arbeiter unzufrieden, so wendet man sich mit seinen Be-

schwerden an den betreffenden Schech, der Abhilfe zu schaffen sich bemühen wird. Was speciell die Leistungen der heutigen Handwerker am Nil betrifft, so ist ihnen der Sinn, den ihre alten Vorgänger für Solidität und Ordnung hatten, abhanden gekommen; um es kurz auszudrücken, kann ich aus eigener Anschauung sagen: die ägyptischen Handwerker sind zwar geschickt und gelehrig, aber sie arbeiten noch heute mit den primitivsten Instrumenten und aus dem billigsten Material, und sie arbeiten nicht etwa solid, genau oder gar schön, sondern sie beschränken sich darauf, Dinge zu liefern, „die es thun". Von Symmetrie und Genauigkeit ist meist nicht viel zu sehen: kein Fenster schließt genau, kein Stuhl steht sicher auf den Füßen und keine Thür ist ganz gerade. So ließen wir in Siut ein Fenster in unserer Dahabieh mit einem neuen Glase versehen: man setzte es aus zwei Stücken aneinander, kittete es nirgends, und der Wind zog fortan ungehindert hindurch; ein Notizbuch, das ich mir ebendort machen ließ, hatte lauter total ungleich große Blätter — und so geht's mit allem. Am meisten in Blüte sind heute am Nil: das Geschäft der Töpfer, das der Barbiere und das der Stellmacher, die aus Palmenholz Tische, Stühle, Divans, Bänke ꝛc. fertigen. Die einst berühmten Bazare des Orients findet man auch in manchen Städten am Nil: meist enge Gassen, zickzackartig durcheinander laufend, in denen in viereckigen Nischen die Kaufleute ihre Waren auslegen und neben denselben auf einem Teppich hocken; auch genügen diese Nischen manchen Handwerkern als Werkstätten. Es reihen sich da die Bazare der Teppichhändler, der Schuster, Schneider, Klempner, Juweliere, Parfumhändler in einzelnen Abteilungen aneinander. Ein solcher Bazarladen hält aber an Reichtum und Gediegenheit des Inhaltes heute den Vergleich mit einem europäischen Laden nicht mehr aus. Am interessantesten, wenn auch bei weitem nicht mehr so kunstvoll, originell und schön, wie zur Kalifenzeit, sind die Arbeiten der Metall-Ciseleure und der Silber- und Goldsticker; aber auch hier zeigt der Mangel neuer Muster und der sorgfältigen Ausführung den Verfall dieser einst blühenden Kunst Ägyptens.

Was nun das gesellige Leben betrifft, so giebt es wohl kein Volk der Erde, das einen so starken Trieb nach Geselligkeit und heiterem Zusammensein hat, wie die heutigen Ägypter. Diesen Trieb haben sie in seiner ganzen Stärke von ihren großen Vorfahren überkommen und bewahrt. Freilich verkehrt der Niedere nicht mit dem Höhern: treffen solche zusammen, so bekundet schon der unterwürfige Gruß, daß eine tiefe Kluft jenen von diesem trennt; man grüßt den Vornehmen, indem man mit der Hand den Staub der Erde berührt, zum Zeichen tiefer Unterwürfigkeit, und dann die Hand nacheinander an Herz und Kopf legt, zum Zeichen der Aufrichtigkeit dieser Gesinnung. Es verkehren die höheren Klassen nur unter sich. Aber, so oft man ihre Unterhaltungen auch beobachtet, stets empfängt man den

Eindruck, daß dieselben unendlich unfruchtbar und leer sind. Es fehlen derselben alle geistigen Triebfedern, was man begreifen wird, wenn man sich vergegenwärtigt, was wir oben über die Bildung der heutigen Ägypter, auch der höheren Klassen, gesagt haben. Man besucht sich, raucht, trinkt Kaffee, läßt sich von einem Sänger oder einer Sängerin etwas singen oder von einer Tänzerin vortanzen. Das ist der Charakter der Geselligkeit in den höheren Kreisen. Die Unterhaltung dreht sich um fade Dinge, da zu einer geistig anregenden Unterhaltung die Bildung fehlt, und da dieses Grundelement echter Geselligkeit, die geistig erfrischend und belebend sein soll, fehlt, so fehlt es auch an letzterer — „wie inhaltlos, geistesleer und geisttötend diese Zusammenkünfte sind, das kann nur der beurteilen, der in Ägypten selbst gelebt hat".

Die Frauen sind von den geselligen Zusammenkünften der Männer überhaupt ausgeschlossen — das hängt mit der im Islam ihnen angewiesenen Stellung zusammen, wie wir später zeigen werden. Trotzdem wird aber auch dem Geselligkeitstrieb des weiblichen Geschlechtes Rechnung getragen. Sie besuchen sich gegenseitig in den Harems, oder mieten gemeinschaftlich auf ganze Stunden, oft auf einen ganzen Tag, eins der zahlreichen Bäder, und bei diesen Zusammenkünften unterhält man sich an den Tänzerinnen oder Sängerinnen, die man dazu engagiert. Worin sonst die Unterhaltungen bestehen, läßt sich bei dem niedrigen Stande geistiger Bildung, die bei diesen orientalischen Damen ganz vernachlässigt wird, leicht erraten. In neuerer Zeit wird auch europäischen Damen gestattet, die Harems vornehmer Damen in Kairo zu besuchen. Oft hörte ich mir bekannte Europäerinnen erzählen, daß die ganze Unterhaltung jener Damen sich um Luxus, Schmuck, Toilette u. s. w. drehe; man mache, sagten sie, sich gar keinen Begriff, wie unendlich kindisch diese Unterhaltungen seien.

Die Geselligkeit in den niederen Volksklassen äußert sich hauptsächlich im Besuche der Cafés. Dort hockt man stundenlang zusammen, schwatzt, trinkt Kaffee, raucht Tabak und oft — was viel schlimmer ist — den verderblichen Haschisch, einen indischen Hanf, dessen Rauch betäubt und die Sinne umnebelt. Dieses Laster des Haschischrauchens nimmt immer mehr überhand. Die Zerrüttung des Familienlebens durch den Islam, der Druck der politischen Lage, besonders der Steuern, und alle Unannehmlichkeiten des Lebens sollen in diesem sinnbetörenden Taumel vergessen werden. In der That unterliegt diesem Laster in Ägypten eine verhältnismäßig viel größere Anzahl Menschen, als bei uns der Trunksucht, und doch wirkt jenes Laster nach der Ansicht urteilsfähiger Beobachter viel zerstörender, nervenzerrüttender und tödlicher als dieses. Daß aber auch, wo dieses Laster nicht herrscht, die Unterhaltung in diesen Cafés kein geistiges Element enthält, liegt auf der Hand. Dagegen fehlt es nicht, wie wir gleich bemerken werden, an gefährlicheren Unterhaltungsmitteln.

Es giebt aber auch allgemeine Volksunterhaltungen. Solche sind zunächst religiöser Natur. Dahin gehören auch jene bereits erwähnten sogenannten Zikrs, die immer mit Vorliebe von zahlreichen Zuschauern besucht werden. Dahin gehören die Beschneidungs= und Hochzeitszüge, bei denen Knaben zur Ceremonie der Beschneidung, auf einem reich geschmückten Maultiere reitend, und verhüllte, mit einer Krone geschmückte Bräute, begleitet von jauchzenden Frauen, einer Musikbande und von Gauklern, durch die Straßen geführt werden: der Knabe um zur Moschee, die Braut um in das Haus des Bräutigams geleitet zu werden. In letzterm dauern dann noch tagelang die Festlichkeiten, die in gemeinschaftlichem Essen, Kaffeetrinken, Produktionen von Tänzerinnen, Sängern und Musikern bestehen. Ganz besondere Feste religiöser Art sind die sogenannten Muled= feste zu Ehren eines islamitischen Heiligen an dessen Grabe oder in der ihm zu Ehren erbauten Moschee, bei denen religiöse Zikrs, aber auch weltliche Tänze und Gesänge aufgeführt werden. Das großartigste dieser Feste ist das am Geburtstage Mohammeds, bei dem die oben erwähnte Doseh, die Überreitung der Derwische durch den Schech des Saadieh=Ordens, den Gipfel der Feierlichkeiten bildet. Der Chedive, die Prinzen und die Paschas nehmen in eigens erbauten, prächtigen Zelten an dieser Feier teil, und selbst die Haremsdamen dürfen aus ihren in langen Reihen am Wege stehenden Wagen dieser Überreitung zuschauen. Am letzten der Festabende sah ich auf dem großen Festplatze bei Kairo die glänzendste Beleuchtung, das großartigste Feuerwerk, das ich je gesehen; im Vergleich zu letzterem waren Rheinbeleuchtung bei Köln, Bodenseebeleuchtung bei Lindau, und selbst die herrlichen Feuerwerke, die ich in Rom sah, eitel Stümperei: darin sind die Ägypter Meister. Auch die Rückkehr der Mekka=Karawane wird mit öffentlichen Feierlichkeiten ausgezeichnet. Aber auch außer diesen religiösen Volksfesten hat der Ägypter tausend Gelegenheiten, seine Liebe zu Musik und Gesang zu bethätigen. Es wird kaum ein Tag vergehen, an dem in Kairo nicht irgendwo oder sogar an mehreren Stellen eine sogenannte Fantasia stattfindet. So nennt man jede Unterhaltung, bei der Musik vorkommt. Diese Musik hat für unser Ohr etwas Monotones, Leierndes. Harmonie giebt es in ihr nicht, und Accorde sind dem ägyptischen Musiker unbekannt. Er kennt eigentlich auch keine Melodie, sondern nur Rhythmen, die sich meist in gebrochenen Tönen fortbewegen. So ist auch der Gesang, der zudem noch stets etwas näselnd vorgetragen wird. Trotzdem ist es nicht recht, über die ägyptische Musik ein Verwerfungsurteil auszusprechen, wie es die meisten Touristen und Reisebeschreiber thun. Ernstere Beobachter, wie Lepsius, Lane u. a., hüten sich vor diesem Fehler. Letzterer führt sogar eine ganze Anzahl von Tonarten, welche dieser Musik zu Grunde liegen, an. Thatsache ist, daß der Ägypter gar kein Interesse für europäische Musik hat, und ferner, daß manche Ge=

sangsvorträge einen eigentümlichen, melancholisch-ergreifenden Eindruck machen. Die besseren Instrumente, die jene Musiker handhaben, sind: das Naj, eine Flöte; die Zummara, eine Doppelflöte; die Kemengeh, eine zweisaitige Violine, an der der Resonanzboden gerade noch wie in der Pharaonenzeit am Ende der Saiten, aus einer Kokosnußschale bestehend, angebracht ist; dann die Tarabuka, ein halbkugelförmiges Tamburin, und das Ud, eine Mandoline, wie sie genau so schon die alten Ägypter hatten.

Was den Tanz betrifft, so tanzt bekanntlich der Muselman nie, und auch die Frauen überlassen den Tanz einer bestimmten Kaste der Tänzerinnen, die, wie bereits im Altertume, so auch heute, nicht im besten Rufe zu stehen pflegen. Die sogenannten Tänze derselben haben aber mit den unserigen wenig Ähnlichkeit: sie bestehen nicht in rhythmischen Fortbewegungen, sondern in Wendungen und Drehungen des Körpers, die pantomimischer Natur sind und meist erotische, fast immer mehr oder minder sinnliche, ja lascive Dinge zum Ausdruck bringen.

Musik und Gesang oder Tanz, oder alle drei zusammen, gehören zu jedem weltlichen Feste. Solche sind zunächst mit der religiösen Feier der Hochzeiten und der Muleds verbunden. Es giebt aber auch weltliche Volksfeste im großen Stile. Solche sind: das Frühlingsfest in den Tagen des koptisch-christlichen Osterfestes: es heißt Schim-en-nesim, d. i. Lüfteriechen, und die aus der altägyptischen Zeit stammende sogenannte Nacht des Tropfens, d. i. die Feier der beginnenden Nilschwelle. Diese allgemeinen Volksfeste machen auf den Beschauer einen sehr angenehmen Eindruck durch die überall sich kundgebende Mäßigkeit und Ordnung. Mit Freuden werde ich mich stets des Frühlingsfestes in Kairo erinnern, das ich im Jahre 1877 sah. Der Schauplatz desselben war der herrliche Esbekieh-Park. In malerischen Gruppen lagerten dort Scharen der Kairener: beturbante Männer, buntgekleidete Kinder, verschleierte Frauen. Man genoß von Hause mitgenommene Süßigkeiten, auch Kaffee und Limonade, plauderte und scherzte. Hie und da lagerte eine Bande arabischer Musikanten; an anderen Stellen unterhielten Sänger oder auch Märchenerzähler die lauschenden Zuhörer. Nirgends Unmäßigkeit, nirgends Zank und Streit. Es gab keine Polizei da: sie wäre auch überflüssig gewesen. Da war überall Ruhe, Friede, Heiterkeit. So feiert der Ägypter seine Feste.

Wir stehen nicht an, in diesem Punkte einen schneidenden Gegensatz zu konstatieren zu den europäischen Volksfesten, bei denen nur zu oft rohe Ausartungen, Trunkenheit, Schlägerei u. s. w. eine Hauptrolle spielen.

Indessen eine verhängnisvolle Schattenseite bietet das gesellige und gesellschaftliche Leben im islamitischen Ägypten, die nicht scharf genug gerügt werden kann. Es ist die Unsittlichkeit, die das öffentliche und vor allem auch das Familienleben verpestet. Sie tritt allüberall dem Fremden entgegen, der seinen Fuß an den Nil gesetzt hat. Hier liegt der Krebsschaden des ganzen socialen Lebens in Ägypten, wie im ganzen islamitischen Oriente. Und für diesen Krebsschaden trägt der Islam die Verantwortung. Nicht als ob der Corân die Polygamie und sittliche Ausschreitungen, von denen ja die Geschichte des Orients auch vor Mohammed zur Genüge berichtet, erst geschaffen hätte. Nein; aber das ist verhängnisvoll geworden und geblieben, daß der Islam die geschlechtlichen Ausschweifungen geradezu sanktioniert hat. Und die hat er sanktioniert einmal durch das Beispiel des wollüstigen Propheten, der sich in der 23. Sure des Corân die volle Freiheit bezüglich der Zahl von Ehefrauen und Nebenweiber reservierte und diese Freiheit in bekannter Weise ausnützte. Sanktioniert hat solche Ausschweifungen der Corân ferner dadurch, daß er die Polygamie, die doch eine Abirrung von der ursprünglichen, von Gott angeordneten Monogamie war, billigte und erlaubte, statt sie zu verbieten, und, damit nicht genug, daneben noch das Konkubinat mit den Sklavinnen in unbeschränkter Weise gestattete. Sanktioniert hat auch der Islam die Zerstörung der Ehe und die Unsittlichkeit durch die unerhörte Leichtigkeit der Ehescheidung, so daß der Mann durch das bloße Wort: Du bist entlassen! jede Ehe trennen und eine neue eingehen kann; und endlich trug und trägt zur Untergrabung der Sittlichkeit die grobsinnliche Ausschmückung der Freuden des Paradieses, wie sie der Corân enthält, bei.

Daß alle diese Lehren, die dem verhängnisvollsten, niedrigsten Triebe der menschlichen Natur die Freiheit lassen, statt ihn zu beherrschen, wirklich verderblich auf die allgemeine und öffentliche Sittlichkeit gewirkt haben und fortwährend wirken, darüber belehrt jeden Fremden ein Aufenthalt in Ägypten, und wäre er noch so kurz. Skandalös und unsittlich sind die Tänze der Ghawazzi, die bei keiner Volksbelustigung und fast in keinem öffentlichen Kaffee fehlen. Nirgends in der Welt tritt die Prostitution so offen, so maßlos und ungeniert auf, als in Ägypten. Die meisten Lieder, die man heute am Nil singen hört, sind — es ist keine Übertreibung — sinnlich erotischen und obscönen Inhalts. Was der Jugend geboten wird, davon kann man sich überzeugen, wenn man in eins jener Zelte tritt, die bei keinem Feste, auf keinem Markte fehlen, und in denen der sogenannte Karabu (eine Puppe) seine Späßchen und Witzchen dem Volke zum besten giebt; man staunt und traut seinen Ohren nicht, so sittenlos, ja obscön sind diese Witze, die doch vor einem Auditorium, das meist aus Gliedern des weiblichen Geschlechts und Kindern besteht, ungestraft vorgetragen werden dürfen. Welch sittenloses, liederliches Geschlecht muß aus solcher Jugend heranwachsen! Nun kommt noch dazu, daß selbst bei religiösen Festen Unsittlichkeit eine große Rolle zu spielen pflegt. Bekannt ist das größte religiöse Fest außerhalb Kairos, das Muledfest in Tantah. Zu demselben strömt, außer den Pilgern, die ganze Schar der Ghawazzi und Prostituierten aus Ober- und Mittelägypten zusammen, und hier soll sich in einer

unglaublichen Weise das Laster breit machen. Wohl ist es wahr, daß die
üblichen Ausschweifungen beim Tantah-Feste aus altheidnischer Zeit stammen,
und letzterer mögen manche ausschweifende Volksbelustigungen am Nil ihren
Ursprung verdanken. Aber — es bleibt doch der Vorwurf, den man aus
dem Vorkommen und Fortdauern derselben dem Islam macht, bestehen:
diese Religion tritt nicht gegen sittliche Ausschweifungen auf und „hat in
den zwölf Jahrhunderten, die sie am Nile herrscht, nicht vermocht, diese
schlimmsten Schattenseiten des öffentlichen Lebens zu beseitigen".

Nach dem Gesagten wird man es leichter begreifen, wenn wir das
Familienleben, das doch die Grundlage jedes socialen und staatlichen Lebens
bilden muß, als durch den Islam in der Wurzel vergiftet bezeichnen. Und
diese Vergiftung geschah durch die unwürdige Stellung, die der Islam dem
Weibe überhaupt und der Ehefrau insbesondere angewiesen. Wir berühren
hier den Punkt, der nach übereinstimmendem Urteile aller Kenner der
orientalischen Verhältnisse, welcher religiösen und politischen Anschauung sie
sonst sein mögen, der immer wunde Fleck des Islam und auch des öffent=
lichen socialen und Staatslebens im heutigen Ägypten ist. Ja, wenn im
Grabe des Ti zu Sakkarah seine Gemahlin Neferhotep „die Herrin des
Hauses, die Gebieterin und einzige Geliebte ihres Gemahls" heißt, so zeigt
ein Blick auf die durch den Islam geschaffenen Verhältnisse im modernen
Ägypten, daß diese Religion das Weib tief, tief von der Höhe, auf der
es zur Pharaonenzeit erscheint, hinabgestürzt hat. Eine kurze Darlegung
der jetzigen Lage des weiblichen Geschlechtes am Nil wird das klarstellen.

Zunächst wird das weibliche Geschlecht nicht in den Schulen unter=
richtet, wie wir bereits bemerkten. Von einer Ausbildung der geistigen
Anlagen und der zarteren Seiten des weiblichen Gemütes ist ebensowenig
die Rede, wie von einer Erziehung. Und wie ohne Erziehung, so wird
das Mädchen auch ohne Religion groß. Mohammed selbst wollte nicht,
daß die Frauen sich im öffentlichen Gotteshause zeigen. Man wird auch
heute sehr selten in Ländern des Islam die Frauen die Moscheeen besuchen
sehen. So ist es natürlich, daß die heutigen ägyptischen Frauen durch=
gängig nichts weniger als religiös sind. An die Stelle der Religion —
das beobachtet man täglich — ist der krasseste Aberglaube getreten.
Letzterer aber hat noch nie vermocht, die weiblichen Anlagen zu Leiden=
schaftlichkeit, Sinnlichkeit, Eifersucht und Intrigue zu zähmen, und so
wachsen mit dem Mädchen diese verhängnisvollen Schwächen, nicht gehemmt
durch die Religion oder doch wenigstens durch Geistesbildung, üppig wuchernd
mit auf.

So muß das Mädchen als tief unter dem Knaben stehend erscheinen.
Und diese Ansicht wird vom Coran sanktioniert, der z. B. in der vierten
Sure bestimmt: „daß dem Knaben der Erbanteil von zwei Mädchen ge=
bühre". Ein Mädchen geboren zu haben, gilt nur als unbedeutendes

Glück für eine Mutter: einzig in dem Umstande, einen Sohn zu besitzen, sieht sie ihr Glück begründet. Sehr bezeichnend in dieser Richtung war eine Äußerung des Gouverneurs von Affuan, der mir auf meine Frage, wieviel Kinder er habe, erwiderte: Kinder habe er nur zwei, die anderen seien sämtlich Mädchen.

Es ist also begreiflich, daß ein derartiges in Geist und Gemüt un= gebildetes weibliches Wesen nicht die eigentliche Lebensgefährtin und Ge= nossin des Mannes in Freud und Leid, vor allem nicht in den häuslichen Pflichten und in der Kindererziehung sein kann, wie es doch in einer rechten Ehe sein müßte.

Dieses durch die Jugendzeit des Mädchens grundgelegte Mißverhältnis in der Ehe wird noch verschärft durch die Art der Eheschließung.

Die Ehewerbung geschieht, ohne daß der Mann vorher seine Erwählte gesehen, geschweige denn sie kennen gelernt. Man bedient sich alter Frauen, die die Heirat vermitteln. In sehr vielen Fällen wird das Mädchen be= reits als kleines Kind geehelicht und wächst dann erst im Harem des Mannes heran. Ich sah wiederholt solche noch ganz kleine Kinder als Bräute im Hochzeitszuge einhergeführt werden. Selbst in dem Falle also, daß ein solcher Ehebund monogamisch bliebe, wäre eine solche Frau ganz unfähig, die Vorsteherschaft des Hauses oder die Kindererziehung zu leiten; ebensowenig könnte sie dem Manne mit Rat und Fürsorge zur Seite stehen, seine Lebensgenossin sein. Das ist denn auch in der That nicht der Fall. In den niederen Volksklassen und auf dem Lande ist die Frau die Dienerin des Mannes. Das Weib aus dem Volke und das Fellahweib arbeiten, während der Mann raucht und plaudert; man begegnet oft dem Fellah, der auf dem Esel reitet, sein Weib aber geht zu Fuß neben dem Tiere her. Aber auch in den höheren Kreisen steht die Frau thatsächlich tief unter dem Manne. Nie speist der Mann mit ihr, nie erfährt sie von seinen Geschäften und Sorgen. Ja selbst im Tode ruht sie nicht neben ihrem Manne, sondern durch eine Mauer von ihm getrennt.

Freilich ist es wahr, daß thatsächlich die Monogamie die Regel im heutigen Ägypten bildet. Verhältnismäßig wenige Reiche und Vornehme können sich den Luxus von mehreren Frauen gestatten. Man führt diese Thatsache häufig an, um die Familienverhältnisse des Islam milder er= scheinen zu lassen. In Wirklichkeit aber ist auch in solchen Fällen von einer Monogamie eigentlich selten die Rede, da ja durch den Corán es dem Manne freisteht, seine Dienerinnen oder Sklavinnen zu Nebenfrauen zu erheben. Benutzt aber, wie dies doch oft und besonders in den höheren Ständen geschieht, der Mann alle Rechte, die ihm der Corán verleiht, so erhebt er neben der ersten Gattin noch drei andere und darf wieder nach dem Rechte des Corán dieselben, wann es ihm beliebt, verstoßen und durch andere ersetzen. So sind eine Reihe gleichgestellter Frauen vorhanden, und ein eheliches Verhältnis gegenseitiger, völlig hinopfernder, ungeteilter Liebe ist eine Unmöglichkeit. Die Frau ist nach dem Corán auch ganz rechtlos. Beklagt sie sich über die Ehescheidung des Mannes, so untersucht der Kadi nicht, ob der Mann auf triftige Gründe hin die Trennung vollzogen, sondern nur, ob er das Wort: ich entlasse dich! vor Zeugen gesprochen. Ist das geschehen, so ist die Ehescheidung rechtskräftig. So ist die Frau durch das Corán-Recht ganz und gar der Willkür, den Launen des Mannes anheimgegeben.

Erwägt man alles dieses, so wird man einverstanden sein, daß die Lage des weiblichen Geschlechtes und der Frau eine überaus traurige ist. Wir sagen nicht, daß jene Frauen dieses ihr Unglück fühlen: der Moslem sorgt ja dafür, daß sie ungebildet bleiben und so nicht zur Erkenntnis ihrer unwürdigen Lage kommen. Aber das ändert nichts an den that-sächlichen Verhältnissen. Thatsächlich aber kann bei solcher Lage des Weibes von einem Geistesverkehr, von Seelenverbindung zwischen Mann und Weib, also von echter, wahrer ehelicher Liebe nicht die Rede sein, und deshalb auch nicht von ehelichem Glücke. Das Leben der Frau verzehrt sich unter solchen Umständen in Eifersucht, Zank und Intriguen, und, um alledem zu entgehen, sucht der Mann das Kaffeehaus, das Geplauder seiner Freunde, den Tabak und oft genug den Haschisch auf. Denn eine Häuslichkeit, die ihm das Leben im Hause angenehm macht und ihn da fesselt, giebt es nicht. Aber auch Kindererziehung ist von solchen Müttern nicht zu er-warten, und doch bleiben die Kinder im Harem, auch die Knaben, bis sie der, wie wir sahen, erbärmlichen und unfruchtbaren Schule übergeben werden. Wo aber keine eheliche Liebe im höhern Sinne, wo kein gemein-sames Haupt des Hauses, wo keine Erziehung und Häuslichkeit, da ist auch kein gesundes Familienleben. Da ist wohl Vater und Mutter und Kind — aber dennoch keine Familie; und so fehlt die Grundlage zum socialen und staatlichen Leben, die die Familie bilden muß, und daher krankt Ägypten, wie jedes Land des Orients, social und staatlich, und wird krank bleiben, solange der Islam herrscht.

Und nun haben wir zum Schluß noch eine überaus traurige Er-scheinung im heutigen ägyptischen socialen Leben anzuführen, die aber im Familienleben des Islam wurzelt — wir meinen die Sklaverei. Freilich, die Sklaverei ist durch die Dynastie Mohammed Alis gesetzlich abgeschafft. Aber wie vieles besteht nicht am Nil trotz entgegenstehender Gesetze? Auch das sogenannte Sklavengesetz wurde nur gemacht, um den europäischen Mächten zu imponieren, hat aber an den thatsächlichen Verhältnissen wenig geändert. Auch heute steht der Sklavenhandel am Nil in voller Blüte. Es werden noch immer jährlich gegen 1000 Negersklaven nach Ägypten importiert, die aus den Gallaländern Afrikas kommen. So besteht das Sklavenwesen fort und wird fortbestehen, solange der Islam am Nile fortbesteht, denn die Sklaverei hängt, wie gesagt, enge zusammen mit dem islamitischen Familienleben. Mohammed gab dem Manne das Recht, seine Sklavinnen wie seine Frauen zu betrachten; die rechtmäßigen Frauen der höheren Stände bedürfen der Sklavinnen und ebenso bedarf das Haremswesen der männlichen Sklaven, der Eunuchen.

Das ist allerdings richtig, daß der Islam das Sklavenwesen nicht geschaffen hat. Das bestand lange vor dem Islam. Schon die heidnischen Araber vor Mohammed hatten Sklaven, und bekannt ist, daß schon in alter und ältester Zeit die Kriegsgefangenen als Sklaven verkauft wurden; besonders wurden ja später auch christliche Kriegsgefangene in die Sklaverei geführt. Aber — das ist das Entscheidende, und deshalb ist der Islam für die heute auch in Ägypten noch fortbestehende Sklaverei verantwortlich zu machen — die Sklaverei wurde durch die Religion Mohammeds nicht beseitigt, sondern im Gegenteil sanktioniert.

Auch das ist wahr, daß der ägyptische Sklave viel besser daran ist, als der Sklave in römischer Zeit oder der amerikanische Sklave unserer Tage. Er hat nicht, wie diese, harte Arbeiten zu verrichten, und bringt nicht, wie sie, seine Tage unter roher Behandlung zu — im Gegenteil ist nach den Vorschriften des Corān die Behandlung der Sklaven im allgemeinen eine milde. Nach jenem gilt ein „gläubiger" Sklave mehr, als ein „ungläubiger" Freier; wenn die Sklavin ihrem Herrn ein Kind geboren, kann sie nicht mehr verstoßen werden. Es gilt der Sklave als Angehöriger des Hauses, und da er milde behandelt wird, so fühlt er sein unwürdiges Los nicht. Aber trotzdem bleibt es wahr: das Sklavenwesen, diese unbedingte Abhängigkeit, Angehörigkeit und knechtische Unterwürfigkeit, in der ein Mensch zum andern steht — ist eine menschenunwürdige Lage, ihr Bestehen ein Schandfleck für jede Nation. Dazu kommt, daß die Erwerbung der Sklaven, das Fangen derselben, die Sklavenjagd, die unglaublich brutale Behandlung während des Transportes in ihrer ganzen Entsetzlichkeit fortbestehen, so daß sich die grenzenlose Erbitterung der Volksstämme Inner-Afrikas gegen die Fremden größtenteils aus den scheußlichen Sklavenjagden, die sie zu erdulden haben, erklärt. Mir selbst erzählte am Nil ein kleiner Timbuktu-Negerknabe, den man dort zum Kaufe feilbot, daß man ihn mit Gewalt aus dem Zelte seiner Eltern geraubt und dabei seinen Vater, der sich dem Raube widersetzte, getötet habe. Welche schändliche Behandlung die Sklavenmädchen von den Händlern zu erdulden haben, weiß jeder, der nur einige der Berichte der Missionäre und Afrikareisenden über die Sklaventransporte gelesen. Und nun kommt noch dazu das schändliche, dabei menschenmörderische Wesen der Eunuchenmacherei — und auch die hängt mit dem Islam zusammen, denn der Harem wird von diesen bedauernswerten Menschen gehütet.

Genug — Familie und Sklaverei hängen in Ägypten wie in allen

Ländern des Islam enge zusammen. Solange nicht letztere abgeschafft und erstere reorganisiert wird, fehlt es an der einzigen richtigen Grund= lage eines gesunden socialen und staatlichen Lebens. Beides aber ist un= möglich, solange der Islam, die Religion Mohammeds, die Grundlage der ägyptischen Kultur bleibt. Sie hat die Stellung des Weibes, das Leben der Familie, die öffentliche Sittlichkeit, die socialen Verhältnisse tief unter das Niveau herabgedrückt, auf dem sie zur Zeit der Pharaonen standen, hat sie vergiftet und verpestet und mit ihnen alle wahre Kultur im Keime erstickt.

Wir haben die heutigen mosleminischen Ägypter in ihrem Leben und Treiben, ihren Beschäftigungen und Erholungen beobachtet: es erübrigt noch, die Gebräuche beim Tode und Begräbnisse zu erwähnen.

Hat der Tod ein Leben ausgelöscht, so wird alsbald der Leichnam gewaschen und der Tote von Klageweibern offiziell beweint. Es werden dann vom Imâm oder auch von dem Fakîh Suren aus dem Corân recitiert, und unterdessen legt man der Leiche das weiße oder auch grüne Toten= kleid an.

Das Begräbnis erfolgt wegen der in jenen heißen Strichen rasch fort= schreitenden Verwesung bald nach dem Tode: ist der Tod am Morgen ein= getreten, so begräbt man die Leiche bereits am Nachmittage, sonst am folgenden Tage.

Der Sarg besteht aus einer Bahre von drei Brettern; diese bleibt nach oben, nach vorn und hinten offen. Die Leiche wird auf diese Bahre gelegt und mit einem roten Tuche umhüllt, dessen Enden nach vorn und nach hinten aus der Bahre herabhängen. Ist die Leiche eine weibliche, so wird vorn an der Bahre eine aufrecht stehende Stange angebracht, die, mit einem roten Tuche umhüllt, Schmucksachen der Verstorbenen trägt. Vor dem Sarge gehen Blinde und arme Männer, indem sie das mos= leminische Glaubensbekenntnis singen. Die Bahre wird so, daß der Kopf der Leiche nach vorn gerichtet ist, von Freunden getragen. Es folgt außer den Verwandten und Leidtragenden eine Anzahl Klageweiber, die Gesicht und Brust mit Staub verunreinigen. Dies ist nicht mosleminische Sitte, sondern stammt aus alter Zeit, wie wir früher auseinandersetzten. Diese Klageweiber erfüllen von Zeit zu Zeit die Luft mit den eigentümlich vibrierenden, schrillen Tönen ihrer Klagen.

Der Leichenzug bewegt sich zunächst zur Moschee, wo Gebete für den Verstorbenen gesprochen werden, und dann zum Friedhofe.

Diese Friedhöfe unmittelbar bei den Städten (wie bei Kairo) an= zulegen, haben die jetzigen Ägypter ebenfalls nicht durch den Islam ge= lernt, denn nach mosleminischer Sitte verlegt man jene Stätten weit von den Wohnorten der Lebenden hinaus; vielmehr ist auch dies ein noch er= haltener altägyptischer Brauch.

Auf dem Friedhofe angelangt, nehmen die Verwandten die Leiche von der Bahre und betten sie in der Tiefe der gegrabenen Gruft unter Brettern ein, die dann mit Erde bedeckt werden. Eigentümlich ist die Sorge, daß das Weib auch nicht als Leiche von Fremden gesehen wird. Die weibliche Leiche nehmen, wie ich selbst sah, der Mann und ein Bruder oder doch zwei nächste männliche Anverwandte von der Bahre, und während sie im Grabe die Leiche betten, hält man oben über der Gruft ein Tuch ausgebreitet, so daß niemand hineinschauen kann. Erst wenn unten die Leiche mit Brettern gedeckt ist, wird das Tuch entfernt und dann das Grab mit Erde angefüllt. Ist die Leiche bestattet, so betet man an der Gruft einige Gebete, und nachdem man den Verwandten am Grabe sein Beileid bezeugt hat, entfernt man sich und geht — wie ich öfters bemerkte — sehr ernst und ruhig, Männer und Frauen getrennt voneinander, nach Hause zurück.

Auf jedem Grabe werden zwei Steine angebracht: neben diesen, so glauben die Moslemin, lassen sich gleich nach dem Begräbnisse die beiden sogenannten Frageengel nieder, um das Gericht mit dem „Gläubigen" abzuhalten: das sind die Engel Munkar und Nekir.

Die Lehre vom Jenseits ist von Mohammed offenbar zunächst dem Christentum entnommen: es finden sich im Islam die Auferstehung, das jüngste Gericht, Paradies und Hölle. Das Paradies ist überaus sinnlich von Mohammed ausgemalt worden, wie wir bereits bemerkten. Beim jüngsten Gericht spielt merkwürdigerweise Christus die Hauptrolle, wie denn Mohammed auch den Antichrist in seine „Lehre" aufnahm.

Schließlich sei noch bemerkt, daß die Frauen blaue Schleier oder Tücher als Zeichen der Trauer tragen, während die Männer keine besonderen Trauerkleider haben. Während man in den Moscheen, wie wir bemerkt, selten Frauen sieht, sondern fast nur Männer, ist das Verhältnis beim Friedhofsbesuche das umgekehrte. Hier sieht man besonders das weibliche Geschlecht oft und zahlreich vertreten. Man betet hier stunden-, oft tagelang an den Gräbern der Toten, und die Frauen tragen dabei Palmzweige in den Händen. Ich würde auch dieses letztere für einen von den alten Ägyptern überkommenen Gebrauch halten, wenn ich nicht dieselbe Sitte bei den Mauren Algeriens beobachtet hätte.

Gerade dieser vielfache und lange Aufenthalt bei den Gräbern, wo man auch seine Nahrung zu sich nahm und Spenden an Arme verteilte, hat jene großen Mausoleen hervorgerufen, wie wir sie in den sogenannten Kalifengräbern bewundern.

In den vorstehenden Erörterungen haben wir so oft darauf hingewiesen, daß nicht vom Islam, sondern nur vom Christentum eine Regenerierung der gerade durch jenen tief gesunkenen Kultur Ägyptens zu hoffen ist. Es scheint daher ebenso zwecksprechend wie interessant, uns zum Schlusse noch über die Geschichte und jetzige Gestalt des Christentums in Ägypten einigermaßen zu orientieren. Nebenbei werden uns diese Darlegungen Gelegenheit bieten, den bisher fast ganz unberücksichtigt gebliebenen und doch hoch interessanten Bruchteil der heutigen ägyptischen Bevölkerung, die Kopten nämlich, näher kennen zu lernen.

7. Geschichte des Christentums in Ägypten.

Daß Ägypten das erste Land wurde, das die Weltreligion des Heilandes für sich eroberte, verdankt es nicht ausschließlich dem Umstande, daß es dem Geburtslande des Erlösers sozusagen benachbart war; von entscheidender Bedeutung war vielmehr der andere Umstand, daß dieses Landes Bewohner in ganz besonderer Weise zur Aufnahme des Christentums vorbereitet und empfänglich waren.

Vor allem war die altägyptische Religion selbst ein paedagogus ad Christum, eine Vorbereitung auf das Christentum. Wir sahen früher, wie der Glaube an den Einen Gott das Ur- und Grund-Dogma der Netu-Religion war, und wie selbst dann, als im Volke bereits der krasseste Aberglaube und Götzendienst Platz gegriffen, in den Kreisen der Priester und Gebildeten die monotheistischen Ideeen sich erhalten hatten. Daneben hatte jene ägyptische Religionslehre stets den Unterschied zwischen Gut und Böse scharf betont, hatte die Wahl zwischen beiden in die Willensfreiheit der Menschen gelegt, lehrte eine Fortdauer der Seele nach dem Tode, ein Gericht, eine Bestrafung der Bösen und Belohnung der Guten durch den richtenden Gott, und selbst ganz specielle Lehren des Christentums fanden Anknüpfungspunkte in der ägyptischen Religion, so die Dreieinigkeitslehre in den göttlichen Triaden, besonders der des Osiris, der Isis und des Horus und in der ausgeprägten Trinitätslehre des Serapiskults [25]; ja sogar die Lehre von der Erlösung mußte den Ägyptern, die in der Osirismythe einen über Tod und Sünde triumphierenden Helden kannten, leicht verständlich und annehmbar erscheinen. Ebenso lebten, wie wir früher sahen, unter ihnen noch dunkle Erinnerungen an Sündenfall und Erbsünde fort. Dazu kam dann der tiefe Ernst, der jene Religion durchzog und auch das Leben, Sinnen und Denken der Ägypter beherrschte, so daß das Leben ihnen nur eine Wanderschaft war, dessen Ziel und Ende der Tod und das ewige Leben; dieser Ernst hatte, besonders in späterer Zeit, bei ihnen einen erstaunlichen Bußgeist ausgebildet. Herodot sah z. B. in Busiris beim Isisfeste Tausende sich selbst peinigen, um der Leiden des Osiris und ihrer eigenen Sündhaftigkeit willen.

An die religiösen Doktrinen und Gebräuche des großen Haufens glaubten die Gebildeten nicht mehr; ihren geläuterten Begriffen mußten die christlichen Lehren sehr willkommen sein; aber auch was das Volk betrifft — die Wahrheiten des Christentums traten auch ihm überwältigend entgegen.

Als das Nilland in des römischen Kaisers Augustus Hände fiel, standen seine Bewohner auf sehr niedriger Stufe; sie waren fast drei Jahrhunderte lang wie Sklaven behandelt und durch Abgaben und grausames Regiment gedrückt worden, ihre Anzahl hatte sich gemindert, ihr Wohlstand war dahin. Das Christentum aber ist, wie keine andere Religion, eine Religion der Bedrückten und Armen, und so mußte es begierig von dem ägyptischen Volke aufgenommen werden. In der That fand Christi Lehre zunächst unter den Armen und Ungelehrten Verbreitung, so daß nach Origenes die Ungläubigen spöttisch sagten: nur die Unglücklichen, Gedrückten, Verachteten und Sündevollen nehmen die Religion Jesu an [29]. Gerade weil dies der Beginn der Christianisierung Ägyptens war, erfahren wir über ihren Verlauf so wenig bei den gleichzeitigen Historikern, die sich wohl um den Hof und die Regierung, nicht aber um das Treiben des armen Volkes kümmerten. Fügen wir nun noch hinzu, daß Ägypten damals derselben Herrschaft unterstand, wie Palästina, nämlich der römischen, und daß in Alexandrien seit langer Zeit zahlreiche jüdische Gemeinden bestanden, in denen sich allmählich die israelitischen Glaubenslehren mit abendländisch=griechischen, besonders platonischen Ideeen verbunden hatten, welche Verbindung in vielen Punkten unbewußt den christlichen Wahrheiten vorgearbeitet hatte — so begreifen wir, wie es kam, daß das Land, in dem der Heiland schon als kleines Knäblein geweilt, so auffallend rasch und allgemein seine Lehren, das Christentum, annahm. Der Glaube an Ammon=Ra hatte ehemals den Bestrebungen, eine unterägyptische Gottheit in Theben einzuführen und so zur Reichsgottheit zu machen, widerstanden, gegen den Sonnenkult der Perser und selbst gegen den jüdischen Mono=theismus hatte er Front gemacht, die griechischen Eroberer sahen sich genötigt, diesem Glauben sich anzuschließen, ein Alexander der Große ließ sich für einen Sohn des Ammon erklären — aber dem Christenglauben vermochte die Lehre von Ammon nicht zu widerstehen.

Nach Eusebius' [30] Bericht und der koptischen Tradition wurde das Evangelium zuerst durch den hl. Markus, den Evangelisten, im Nilthal verkündet. Die erste christliche Gemeinde entstand in Alexandrien, dessen erster Bischof Ammianus (um 60 n. Chr.) war. Schon zur Zeit des Kaisers Hadrian (117—138) war die Zahl der ägyptischen Christen so groß, daß der Kaiser in einem Briefe an den Konsul Servianus ihrer Erwähnung thut [31]. In diesem vielbesprochenen Briefe nennt der Kaiser die Christen Serapisverehrer, und von letzteren sagt er, sie seien im Grunde Christen. Wenn dieser merkwürdigen Behauptung überhaupt etwas mehr wie Unkenntnis zu Grunde liegt, so kann der Kaiser dabei nur die

Abb. 8. Der Baum der seligen Jungfrau Maria im Balsamgarten von Matarieh an der Stelle, wo sie mit dem Jesusknabe geruht haben soll

ganz oberflächliche Ähnlichkeit der Trinitätslehre beider im Auge gehabt haben [32].

Unter Marc Aurel (161—180) war jedenfalls das Christentum am Nil schon sehr ausgebreitet. Das folgt aus der Thatsache, daß der Bischof Demetrius von Alexandrien zu dieser Zeit schon drei Unterbischöfe ernennen konnte, während er selbst den Titel Patriarch von Alexandrien führte. Im dritten Jahrhundert weihte der Patriarch Theonas bereits eine Marien= kirche in Alexandrien ein; es war die erste christliche ägyptische Kirche, in der öffentlicher Gottesdienst stattfand. Zur selben Zeit sah sich der Pa= triarch Heraklas bereits veranlaßt, statt der bisherigen drei, nicht weniger als zwanzig Unterbischöfe für Ägypten einzusetzen, denn auch in die Thebais war damals bereits das Christentum gedrungen. Seine Grenze fand es aber jedenfalls im Süden an den heidnischen Blemmyern, die erst im sechsten Jahrhundert die christlichen und zwar monophysitischen Lehren an= nahmen.

Es konnte nicht fehlen, daß das Christentum mit seinen neuen gei= stigen Elementen in Alexandrien, das, wie wir sahen, damals der Sitz der Wissenschaften, der neuplatonischen Philosophie und der jüdischen platoni= sierenden Theologie war, bald eine große geistige Bewegung hervorrief. Schon unter Kaiser Kommodus (180—192) wurde dort eine Schule christ= licher Wissenschaft gegründet, die berühmte Katechetenschule, deren Gründer und erstes Haupt Pantänus war. Unter ihm und seinen Nachfolgern, deren berühmteste Klemens von Alexandrien und Origenes waren, gingen an dieser Hochschule Christentum und Wissenschaft fast durch zwei Jahr= hunderte Hand in Hand. So hat Ägypten nicht nur den Ruhm, das erste christliche Reich oder Land geworden zu sein, sondern auch den, die erste Schule christlicher Wissenschaft besessen zu haben.

Neben dieser christlichen Hochschule bestand aber auch eine heidnische Gelehrtenschule in Alexandrien. Hier lehrten die Vertreter des sogenannten Neuplatonismus, dessen Begründer der zum Heidentum übergegangene Christ Ammonius Satkas war, der durch Verschmelzung der aristotelischen mit der platonischen Philosophie eine rein wissenschaftliche Verwertung der christlichen Lehren versuchte. Die vorzüglichsten Vertreter dieser Richtung waren Plotinus, Heremnius, Origenes (wohl nicht der Kirchenvater) und Longinus.

Es war natürlich, daß die christliche Kirche am Nil ebenso, wie anderwärts, von den Verfolgungen der Heiden, besonders auch der römisch= heidnischen Kaiser zu leiden hatte.

Der erste Angriff geschah durch den Kaiser Severus (193—211), der in dem Wachstum der christlichen Kirche eine Gefahr für seine Politik erblickte. Er erließ daher das Edikt, wodurch der Übertritt zum Christen= tum und ebenso der christliche Gottesdienst verboten wurden. Das war ein harter Schlag für die ägyptische Kirche, die bereits so stark war, daß z. B. das Delta geradezu wie mit Gemeinden übersät erschien. Mit Recht klagte damals Tertullian [33], der Apologet, daß, während der Kaiser den Ägyptern die Verehrung von Kühen, Krokodilen u. s. w. gestatte, er einzig die bestrafe, die vor dem Schöpfer und Herrscher der Welt sich beugten.

Nun begann auch Ägypten seine Beisteuer zum Blute der Märtyrer, dem „Samen des Christentums", zu liefern. Leonidas, der Vater des Origenes, die Jungfrau Potamiäna und ihre Mutter Marcella waren die ersten christlichen Blutzeugen am Nil.

Die erste allgemeine Christenverfolgung fand unter Kaiser Decius (249—251) statt. Sie war besonders in Alexandrien furchtbar. Damals flohen die Christen vielfach in die Wüste und zum Sinai, wo sie dann häufig von den Arabern gefangen und als Sklaven verkauft wurden. Auch unter Kaiser Valerian (253—260) sah Ägypten eine Christenverfolgung. Die längste und härteste aber war hier, wie überall, die Diokletianische. Im Jahre 304 erschien das kaiserliche Edikt, wonach sämtliche christliche Kirchen niedergerissen, die Christen aus den Ämtern verdrängt und die Foltern gegen sie angewendet wurden. Viele Christen flohen damals nach Syrien, aber auch sehr viele starben den Martertod. Unter diesen sind zu nennen: der Bischof Petros von Alexandrien und seine Presbyter Faustus, Dios und Ammonios, der Bischof Phileas von Thmuis in Unterägypten, der Texteskritiker des Neuen Testamentes Hesynchios, die Bischöfe Pachomius und Theodorus, der kaiserliche Zollverwalter Philoromos in Alexandrien, und auch die hl. Katharina von Alexandrien. Damals mußten auch die christlichen Bibelhandschriften verbrannt werden.

Wohl war des Diokletian Nachfolger in Ägypten, der Kaiser Galerius, den Christen milde gesinnt; aber dessen Nachfolger Maximinus trat ihnen wieder mit großem Hasse entgegen. Mit Recht nannten die Christen am Nil die Zeit seit dem Edikte des Diokletian bis auf Konstantins Regierungsantritt (324) die Ära der Märtyrer und gründeten darauf später ihre Zeitrechnung bis zur Herrschaft der Araber (641); diese Zeitrechnung ist heute noch bei den monophysitischen Äthiopen in kirchlichem Gebrauche.

Trotz dieser Verfolgungen, die, wie z. B. die Diokletianische, in Ägypten noch grausamer waren, als anderwärts, machte das Christentum stetig Fortschritte, und nach des Kaisers Julian, des letzten kaiserlichen Christenfeindes, Tode (363) gehörte thatsächlich ganz Ägypten dem Christentume an.

Die Christenverfolgungen hatten am Nil auch eine Frucht des Christentums zur Reise gebracht, die seitdem sich demselben überall bleibend, ja unlöslich verband: in der Verfolgung des Decius tritt in der Thebais zuerst das christliche Mönchtum auf. Viele Christen flohen in die Wüste und bargen sich in den Pharaonengräbern der Thebais, die nun die Zellen der ersten christlichen Mönche wurden. Noch heute findet man Spuren ihres Aufenthaltes an den Wänden dieser Gräber.[34] Und wer sie besucht hat — diese Gräber des Assasiv und Biban-el-Melûk, diese öden Felsenpartieen, wo kein Halm wächst, diese Regionen, so glühend heiß, „daß kein Lüftchen hier eine Welle schlägt", diese Grabeshöhlen, so unheimlich groß und finster und leer — der wird da, wie ich, gedacht haben: den Männern, die sich zu religiösen Betrachtungen und Übungen hierhin zurückzogen, muß es ernst, sehr ernst gewesen sein mit ihrer Weltentsagung und opfervollen Zurückgezogenheit. Hier in dieser Wüste lebten die frommen Einsiedler, ein hl. Antonius, ein hl. Paul von Theben u. a. Einen Schritt weiter, und man baute gemeinsame Wohnungen mit zahlreichen Zellen — solch ein Kloster baute auch der hl. Pachomius auf der Nilinsel Tabennä, und er war es, der die erste Ordensregel verfaßte. Nebenbei bemerkt, ist selbst der noch heute übliche Name „Nonne" ägyptischen Ursprungs, denn dieses koptische Wort ist mit dem lateinischen castus gleichbedeutend.

Man hat die Wurzeln des christlichen Mönchtums in den Büßerzellen bei dem Serapis-Tempel finden wollen; gerade in unseren Tagen hat diese Ansicht immer mehr Anhänger gefunden. In der That finden wir einige Klassen der ägyptischen Priesterschaft, die sich in die Einsamkeit zurückzogen, in Zellen wohnten, in harten Betten schliefen, eine höchst einfache Kleidung trugen, sehr nüchtern lebten, dreimal des Tages sich wuschen und Gebete verrichteten, sich des Fleischessens enthielten und ihr Leben in Studien und religiösen Betrachtungen zubrachten. — Trotz dieser äußern Ähnlichkeit beruht aber das christliche Mönchtum entschieden nicht auf Nachahmung dieser ägyptischen Zellenbewohner. Mit demselben Rechte könnte man behaupten, daß die christlichen Anachoreten dem Beispiele der Juden gefolgt wären. Denn auch die Sekte der Essener am Asphalt-See in Palästina lebte ein zurückgezogenes Leben der Enthaltsamkeit, und auch westlich von Alexandrien am Mareotischen See treffen wir eine Anzahl hellenistischer Juden, die sogenannten Therapeuten, von denen uns Philo berichtet, daß sie einzeln in Zellen wohnten und die Welt verlassen hätten, um sich ganz der Betrachtung des göttlichen Wesens zu widmen. Aber — weder die einen noch die anderen gaben den ägyptischen Christen die Idee ein, sich von der Welt zurückzuziehen und ihr Leben der Betrachtung und religiösen Studien und Übungen zu weihen. Diese Idee ist vielmehr vom Stifter des Christentums seinen Jüngern selbst gegeben worden. Als die ägyptischen Einsiedler alles verließen und ihr Leben in dem Streben nach eigener Vervollkommnung zubrachten, folgten sie nur der Mahnung dessen, der gesagt: „Willst du vollkommen sein, so verkaufe alles, was du hast, gieb es den Armen und folge mir nach!" — Es entsprang diese Institution dem Geiste des Christentums, und ohne denselben, ohne sein Sonnenlicht, bemerkt sehr richtig Ebers, würden aus diesem Anachoretentum nur Bäume mit tauben Früchten erwachsen sein.

Die Zahl dieser Anachoreten und Mönche wuchs bald bedeutend: nach Makrizi waren zur Zeit der arabischen Invasion noch 86 koptische Klöster in Ägypten. In dem erwähnten Kloster auf der Nilinsel Tabenná sollen anfangs des fünften Jahrhunderts gegen 50 000 Mönche und Anachoreten zur Zeit des Osterfestes versammelt gewesen sein, und die Zahl sämtlicher Mönche und Anachoreten Ägyptens wird auf 100 000 angegeben. Natürlich fehlt es nicht an solchen, die diese „für die Mitwelt nutzlose" Zurückgezogenheit so vieler ehelos bleibender Männer für ein Unglück und einen Hauptgrund des Verfalles des Landes erklären. Was indessen die Anzahl betrifft, so ist es bekannt, daß die Schriftsteller jener Zeit, besonders die byzantinischen Historiker, sich in gewaltigen Übertreibungen gefallen, jene große Zahl also durchaus nicht feststeht. Und bezüglich des Strebens jener Männer macht Ebers die treffende Bemerkung: „Wer einen hl. Paulus, Antonius, Hilarion u. s. w., diese starken Naturen, die ihren Kampf um die Seligkeit fern von der Welt unter Not und Schmerz durchringen zu müssen meinten, für müßige Schwärmer erklärt ..., wer die von Visionen heimgesuchten Klausner, die ihren Rücken mit der Geißel zerfleischten und Keuschheit und Armut und jede Schmach nicht nur geduldig, sondern freudig hinnahmen, weil der, dessen Kreuz sie trugen, noch schwerer gelitten als sie, für Tollhäusler und die anachoretische Bewegung für nichts anderes, als eine Krankheit des Volksgeistes hält, der versteht eben nicht jene tapferen Ringer ..., der kennt nicht die Geschichte. Gerade die Geschichte berichtet uns auch von sehr gelehrten Mönchen, die wissenschaftlich wertvolle Schriften verfaßten. Wir erinnern nur an den hl. Makarius, der 50 Homilien hinterließ, an Evagrius, der über die gnostische Philosophie schrieb, und an Palladios, den Verfasser einer Geschichte der ägyptischen Klöster."

Auch sonst blühte damals am Nil christliche Wissenschaft; an der durch Pantänus gegründeten Katechetenschule wirkten als Vorsteher Dionysius und sein Nachfolger Pierios, welcher „der neue Origenes" genannt wurde, und dessen Nachfolger Theognostos, Serapion und Petros. Es entstanden durch die Mönche der Thebais drei koptische Übersetzungen des Neuen Testaments, und zwar in den drei koptischen Dialekten: die saidische (im oberägyptischen Dialekt), die baschmurische (im Dialekt des Delta) und die sogenannte koptische (im memphitischen Dialekt); außerdem lieferten diese Mönche viele griechische Handschriften des Alten und Neuen Testaments, ferner Lebensgeschichten berühmter Märtyrer und Heiligen, Abschriften von Werken der Kirchenväter und Ritualbücher. — Bei dieser Gelegenheit dürfen wir die Verdienste nicht unerwähnt lassen, die sich diese christlichen gelehrten Mönche um die ägyptische (koptische) Sprache erwarben. Zur Übertragung der Heiligen Schrift ins Koptische bedienten sie sich nämlich des griechischen Alphabets, dem man die erforderlichen sechs koptischen Lautzeichen beifügte. So blieb die altägyptische Sprache erhalten, während sie immer mehr aus dem Gebrauch und Gedächtnis des Volkes verschwand. Klemens von Alexandrien hat die altägyptische Schriftsprache zum Gegenstande eingehender Studien gemacht und ganz richtig drei Arten derselben herausgefunden: die hieroglyphische, hieratische und epistolare [35].

Trotzdem, daß das Christentum in Ägypten so rasch Wurzel gefaßt, und trotz der heftigsten Verfolgungen bald das ganze Land erobert hatte — so war diese Bewegung doch von sehr heftigen geistigen und religiösen Gegenbewegungen und Kämpfen begleitet, deren Centrum Alexandrien war. Um dies zu begreifen, dürfen wir nicht vergessen, daß in Alexandrien noch bis Ende des vierten christlichen Jahrhunderts am Serapistempel die altägyptische Religion ihren Kultus und ihre Verteidiger hatte, und daß diese Stadt seit den Zeiten der Ptolemäer der Sitz der heidnisch=griechischen Gelehrsamkeit und zur Zeit der römischen Kaiser des sogenannten alexandrinischen Platonismus war, der die beiden großen griechischen Systeme, die aristotelische und platonische Philosophie, zu verschmelzen und dies neue System zur Herrschaft auf geistigem und religiösem Gebiete zu bringen sich bemühte. Durchblättert man die Geschichte Alexandriens zur Zeit der ersten christlichen Jahrhunderte, so gewinnt man den Eindruck, daß die dortigen ägyptischen und griechischen Gelehrten fühlten, daß mit dem Christentum neue Grundlagen der geistigen und socialen Kultur in die Welt eingezogen waren, und daß es galt, die altheidnischen Kulturelemente gegen die christlichen zu verteidigen. Dazu kam dann, daß diese Stadt ein für dogmatische und philosophische Streitigkeiten sehr günstiger Boden war. „Alexandrien war die Stadt der Disputanten, Kritiker und Silbenstecher", und die Händelsucht des alexandrinischen Mischvolkes war von jeher weltbekannt. Zudem hatten die ägyptischen Christen trotz der Annahme des Christentums weder ihren astrologischen Mysticismus, noch auch die abstrakte, spekulative Theologie abgelegt, und so mußte es bald zu heftigen Streitigkeiten und zur Aufstellung spekulativer, christenfeindlicher Systeme kommen. Vergessen wir aber nicht, worauf treffend auch Ebers hinweist, daß, so kläglich diese Streitigkeiten auch oft erscheinen mögen, sie doch beweisen, wie tief ergriffen und ganz durchdrungen von religiöser Überzeugung und Empfindung das Leben jener Zeit war.

Nur kurz können wir hier die Bestrebungen der ägyptischen Gegner des Christentums berühren.

Nach Philostratus [36] kam zur Zeit des Kaisers Vespasian (69—79) Apollonius von Tyana an den Nil und suchte durch vorgebliche Wunderthaten die Wunder Jesu in Schatten zu stellen — ein Verfahren, das in

Ägypten Erfolg versprach, da hier solche abergläubische Praktiken von jeher sehr im Schwunge waren [37]. Dazu kam, daß der Kaiser Vespasian bei seinem Aufenthalte in Ägypten ihn öffentlich als Wunderthäter anerkannte.

Von seiten der heidnisch=philosophischen Spekulation, der sogenannten Gnosis, kamen dann andere Angriffe. So hatte der erste Gnostiker, Cerinthus, der eine Emanation von sogenannten Äonen, deren bedeutendster Christus sei, lehrte, lange Zeit in Ägypten gelebt. Der eigentliche Begründer der Gnosis, Basilides, der eine Ewigkeit der Materie und ebenfalls eine Emanation von Äonen aus dem ewigen Gott lehrte, war zwar ein Syrer, hatte aber lange Zeit in der Nähe von Alexandrien zugebracht, und seine Schüler waren meist Ägypter. Ein anderer Alexandriner, Karpokrates, war Grieche und setzte Christus auf Eine Stufe mit den Gründern der griechischen Philosophenschulen. Des Gnostikers Valentinus Lehre, der 30 Äonen annahm, fand hauptsächlich in Ober= und Unterägypten Verbreitung. Später bekämpfte Celsus, ein Epikureer aus Alexandrien, das Christentum, indem er nachzuweisen suchte, daß das letztere nichts Neues bringe, da auch die Ägypter nur Einen Gott gekannt hätten. In Oberägypten verbreiteten sich nach Klemens von Alexandrien [38] die schon in der Heiligen Schrift genannten Doketen, welche annahmen, Jesus habe nur einen Scheinleib gehabt. — Diese Angriffe riefen auf christlicher Seite natürlich wissenschaftliche Entgegnungen hervor, und so verdanken wir ihnen das Auftreten einer Reihe christlicher Apologeten am Nil. Die bedeutendsten unter ihnen sind der Märtyrer Justinus († 165), der in Alexandrien studiert hatte, die Vorsteher der Katechetenschule Athenagoras und Dionysius, der berühmte Origenes, der Gegner des Celsus, und der hl. Klemens von Alexandrien — alle bedeutende Zierden christlicher Gelehrsamkeit.

Schon in diesen Streitigkeiten der ersten christlichen Jahrhunderte hatte es hie und da nicht an Gewaltthätigkeiten gefehlt, und zwar finden sich solche auf beiden Seiten, wie denn z. B. die heidnische Philosophin Hypatia, die letzte Vertreterin der plotinischen Schule, unter Kaiser Theodosius der Volkswut der Christen zum Opfer fiel. Ganz besonders aber nahm der religiöse Kampf einen gewaltthätigen Charakter an, als im vierten Jahrhundert der bekannte christologische Streit ausbrach, der nur zu bald eine politische Färbung erhielt.

Der christologische Streit hatte bekanntlich in Alexandrien, wo Arius, der die Gottheit Christi leugnete, Priester war, seinen Anfang genommen. Sein Gegner, der große Athanasius, Erzbischof von Alexandrien, ging zwar als Sieger aus diesem Streite hervor, da das Konzil von Nicäa im Jahre 325 die Irrlehre des Arius verurteilte; aber der Streit war damit nicht beendet. Der Patriarch Nestorius von Konstantinopel wollte die irdische Erscheinung Christi nicht als eine gottmenschliche anerkennen, eine

Ansicht, die unter den ägyptischen Mönchen zahlreiche Anhänger fand. So sah sich der Patriarch Cyrillus von Alexandrien veranlaßt, in diesen neuen Streit sich zu mischen, bis auch diese Irrlehre und zwar auf dem Konzil von Ephesus 431 verurteilt wurde. Es ist interessant, daß an diesem Konzile bereits 50 Bischöfe der ägyptischen Kirche teilnahmen. In der That ist diese Zeit die Glanzperiode der letztern.

Nestorius starb in Oberägypten in der Verbannung. Der Gegensatz aber zu seiner Lehre von der Trennung der beiden Naturen in Christus rief eine Übertreibung der Lehre von der sogenannten hypostatischen Vereinigung in Christus hervor, so daß man die göttliche und menschliche Natur sich gemischt vorstellte, und letztere von ersterer absorbiert oder beide zu einer Mischung, in der die einzelnen Naturen nicht mehr kenntlich waren, vermengt sich dachte. Die erstere Ansicht vertrat Eutyches, der Patriarch von Konstantinopel, und ähnlich dachte Dioskur, der Patriarch von Alexandrien; man nennt diese Irrlehre die monophysitische, und diese hatte zahlreiche Anhänger in Ägypten.

Hier beginnt nun der Streit eine politische Färbung anzunehmen: der Kaiser und die Regierung standen auf Seite der Kirche, die auf dem Konzil von Chalcedon 451 die neue Irrlehre des Eutyches verurteilte, die Masse des Volkes aber war monophysitisch gesinnt und hielt an dieser irrigen Ansicht um so hartnäckiger fest, als der verhaßte byzantinische Hof kirchlich gesinnt war. Einen Ausdruck fand diese politisch-religiöse Parteistellung dadurch, daß das Volk die Anhänger der kirchlichen Lehre Melkiten, d. i. Königliche oder Hofpartei, sich selbst aber Gypten (oder Kopten), d. i. Ägypter nannte, und diesen Namen „Kopten" haben die ägyptischen Christen bis heute behalten. So begreift es sich, daß der Sinn aller Welt damals so sehr mit kirchlichen Dingen beschäftigt war, daß auch ein eigentlich politischer Streit ganz die Form eines theologischen Bekehrungsgeschäftes annehmen konnte. Das war allerdings traurig genug, aber, wie gesagt, die allgemeine Teilnahme an theologischen Kontroversen beweist auf der andern Seite auch wieder die Innigkeit des Glaubenslebens jener Tage.

Unendlich widerlich aber bleibt die Erscheinung, daß man in jenem Streite auf beiden Seiten die Anwendung von roher Gewalt nicht scheute, um die eigene Überzeugung durchzusetzen. Besonders Alexandrien war Zeuge solcher Gewaltthätigkeiten. Darüber kann man sich eigentlich im Grunde nicht wundern, denn warum sollte den zanksüchtigen Ägyptern nicht ein christlich-theologischer Lehrsatz ebensogut eine Veranlassung zum Blutvergießen sein, als die alten Streitigkeiten über den Apis-Stier es so oft gewesen? Die Religion war wohl eine andere geworden, nicht aber der Nationalcharakter ein anderer [39]. Besonders die Alexandriner waren berüchtigt, daß sie sogar wegen der nichtigsten Dinge oft Streitigkeiten, Auf-

läufe u. s. w. hervorriefen, die mit Mord und Totschlag endeten. So er=
zählt Pollio [40], daß der römische Senat sehr oft durch den Leichtsinn der
Aleranderiner gefährdet war. „Die geringste Kleinigkeit, wie eine außer
acht gelassene Höflichkeit, ein unbequemer Platz im Bade, ein Haufen
Schutt oder selbst ein paar alte Schuhe auf der Straße reichten hin, den
Staat in Gefahr zu bringen und machten es notwendig, Straßenaufläufe
durch Truppen auseinanderzusprengen zu lassen." Diese Schilderung Pollios
erklärt so manche Gewaltthat, die wir in den Straßen Alexandriens sich
während dieser theologischen Kämpfe abspielen sehen. Schon im arianischen
Streite hatte der Bischof Georgios von Alexandrien, der Gegner des
hl. Athanasius, Verbannung und Mord gegen die kirchlich Gesinnten an=
gewandt: es wurden zahlreiche Priester und 15 Bischöfe, die dem Konzil
von Nicäa anhingen, nach der Großen Oase verbannt, Mord und Folter
gegen ihre Anhänger in Anwendung gebracht, so daß Theodoret [41] diese
Verfolgung, in der allein 30 Bischöfe ihr Leben eingebüßt haben sollen,
für grausamer als alle heidnischen, mit alleiniger Ausnahme der diokletia=
nischen, hält. Wohl durch derartige Vorgänge vorsichtig gemacht, hatte
der Kaiser Leo I. im neu ausgebrochenen christologischen Streite sich an
die Hauptbischöfe der Christenheit gewandt, um ihren Rat einzuholen, und
dieser hatte ihrer Überzeugung und Pflicht gemäß gelautet, der Kaiser möge
keinen Bischof von Alexandrien anerkennen, der dem Konzil von Chalcedon
seine Unterwerfung versage [42]. Kaiser Leo I. hatte schon einmal in Ale=
randrien mit Waffengewalt Frieden schaffen müssen, als der Patriarch
Proterius von einer Bande Aufrührer niedergehauen wurde. Der Einigungs=
versuch des Kaisers Zeno verfehlte seine Wirkung: Ägypten blieb der Herd
des Monophysitismus, und dieser kirchliche Gegensatz wurde immer mehr
durch den nationalen verhängnisvoll geschärft. Durch Kaiser Justinian
wurde dann im Jahre 551 über das fast gänzlich monophysitische Land
ein griechisch=orthodoxer Patriarch gesetzt, und das war den monophysitischen
Ägyptern der Anlaß zum endgültigen Abfall, den sie dadurch konstatierten,
daß sie sich einen eigenen monophysitischen Patriarchen wählten.

Gewiß — es hat in dieser Zeit an Roheiten, auch auf kirchlicher
Seite, nicht gefehlt; doch wäre es unrichtig, zu glauben, diese Wirren
hätten das kirchliche und christliche Leben am Nil untergehen lassen. Treffend
bemerkt dazu Ebers, daß eben die Historiker uns nur von jenen wüsten
Kämpfen berichten, aber nicht von dem vielen Erhebenden, welches das
Christentum geschaffen. Es sei hier nur darauf aufmerksam gemacht, daß
gerade zu der Zeit, wo die monophysitischen Wirren am ärgsten wüteten,
in Ägypten musterhafte, edle, kirchlich gesinnte Männer, wie Makarius in
der Scetischen Wüste († 390), Isidor, der Abt von Pelusium († 440),
der hl. Nilus, einer der geistreichsten Vertreter des Mönchtums, der blinde
Didymus, Vorsteher der Katechetenschule von Alexandrien († 395), der

Inneres einer koptischen Kirche.

des Kalifen, als Sieger in Alexandrien ein, das damals noch etwa 600 000 Einwohner zählte. Makrizi erzählt [45], daß die Araber das Land mit Christen angefüllt gefunden hätten, die aber in zwei Teile getrennt gewesen seien. Die Zahl der kirchlich Orthodoxen mag damals nur etwa 300 000 betragen haben; im ganzen hat das eigentliche Ägypten etwa sieben Millionen Einwohner gezählt.

Es ist sehr interessant, in dem ehemals ganz christlichen, heute fast ganz islamitischen Ägypten jetzt die Spuren des Christentums an den erhaltenen Bauten zu verfolgen. Ich habe bei meiner Nilreise mein Augenmerk fleißig auf diesen Punkt gerichtet und die Resultate meiner Beobachtungen an anderer Stelle niedergelegt [46]. Hier sei nur soviel darüber bemerkt, daß das Christentum seine südlichste Grenze an den heidnischen Blemmyern hatte, die etwa von Assuan an südlich wohnten und erst im sechsten Jahrhundert Monophysiten wurden. Im Jahre 577 n. Chr. weihte der Bischof Theodosius den Pronaos des alten heidnischen National-tempels der Blemmyer auf der Insel Philä (hieroglyphisch Ilat) zur Kirche des hl. Stephanus. Noch heute zeigt dieser Pronaos Spuren des christlichen Kultus. In Esneh lebt noch heute das Andenken an die Decische Verfolgung. Auf dem Ruinenfelde von Theben zeigt der Tempel von Luxor ein vielgerühmtes, prächtiges christliches Fresko-Bild. In Medinet-Habu, Derr-el-Medineh, in den Pharaonengräbern der Thebais, dann nilabwärts bei Beni-Hassan — überall sah ich Spuren des christlichen Kultus in den altägyptischen architektonischen Resten. Bekannt sind die noch erhaltene christliche Kirche in Alt-Kairo (Babylon) und die Inschrift JC. XC. NLKa, d. i. „Jesus Christus siegt", in den alexandrinischen Katakomben. Mit Vorliebe wählten sich die ägyptischen Christen die altheidnischen Tempel ihrer Vorfahren, um ihren Gottesdienst zu feiern. Es ist aber ein ebenso ungerechtes, wie weit verbreitetes und immer wiederholtes Urteil, daß die Christen die vielfache Zerstörung der altägyptischen Tempel verursacht hätten — es ist ganz ungerecht in dieser Allgemeinheit. Es ist nicht, wie Ebers meint [47], „befremdlich, daß im Tempel zu Denderah die Skulpturen so gut erhalten blieben, obwohl in seiner Nähe die größten Niederlassungen der allem Heidenwerk feindseligen ersten christlichen Mönche waren". Was ich selbst oft beobachtete, bemerkte schon Lepsius [48], daß nämlich die Christen, die freilich die heidnischen Bildwerke in ihren gottesdienstlichen Räumen nicht brauchen konnten, sich meist begnügten, dieselben mit Nilerde zu überziehen. So „dienten nicht selten dieselben fromm-eifrigen Hände dazu, die alte Herrlichkeit auf die erfolgreichste Weise zu erhalten ... Auf diesem Überzug von Nilerde brachte man einen weißen Abputz an, um christliche Gemälde aufzunehmen. Mit der Zeit fiel dieser Lehm ab, und die alten Malereien traten dann mit einem Glanze und überraschender Frische wieder hervor, wie sie sich auf unbedeckten Wänden schwerlich erhalten haben würden". Ebenso urteilt Brugsch [49], und Ebers selbst hat ja ein Beispiel solcher Erhaltung altägyptischer Bilder durch die Christen in Medinet-Habu gesehen [50]. Die eigentlichen Zerstörer der alt-ägyptischen Skulpturen sind vielmehr die Perser und die Moslemin gewesen, und letztere fahren noch heute mit diesem Zerstörungswerke fort; und auch die europäischen und amerikanischen Reisenden tragen das Ihrige dazu bei, indem sie, um ein „Andenken" mit in die Heimat zu nehmen, Bilder und Inschriften vandalisch zerstören, so daß die neuesten Darsteller der ägyptischen Kunstwerke, Perrot und Chipiez mit Recht bemerken: „Seit den letzten 50 Jahren haben durch die Brutalität und Zudringlichkeit von Touristen die Figuren in den Tempeln mehr gelitten, als in den Jahrtausenden zuvor durch die vielen feindlichen Invasionen und alle Gewalt-thätigkeiten religiöser Umwälzungen." — Hatten nun die monophysitischen Ägypter, um von dem Drucke der byzantinischen Herrschaft sich zu befreien, sich den islamitischen Eroberern in die Arme geworfen, so hatten sie diesen Schritt bitter zu bereuen. Denn die schlimmsten Christenverfolgungen begannen erst jetzt. Der arabische Schriftsteller Makrizi hat sie beschrieben. Ist nun auch hier nicht der Ort, dieselben eingehend zu schildern, so scheint es doch angemessen, einen flüchtigen Blick auf das traurige Schicksal der christlichen Ägypter zu werfen, die in ihren Nachkommen unter dem Namen „Kopten" noch heute am Nile leben [51].

Makrizi erzählt, daß schon einer der ersten arabischen „Verwalter der Einkünfte", Zeid=el=Tanuchi, den Christen ihre Habe nahm und den Mönchen mit glühendem Eisen ein Zeichen auf die Hand brennen ließ. Damals schon seien die Christen vielfach gegeißelt und getötet, manche Kirchen zerstört und die Bilder vernichtet worden [52]. Durch den arabischen Statthalter Abd=el=Aziz wurde allen Christen ein harter Tribut auferlegt. Dieser Tribut wurde von seinem Nachfolger Obeidallah noch erhöht, so daß es in den Jahren 725 und 726 zu einer Empörung der Kopten kam, bei der eine Menge derselben von den Arabern erschlagen wurde. Fortan mußten die Mönche ein Brandmal auf der Hand tragen, die übrigen Christen Legitimationsscheine haben. Man begann auch bereits jetzt mit Zerstörung vieler Kirchen und Klöster und dem Morde vieler Priester. Dann wurde verordnet, daß jeder Kopte das eingebrannte Bild eines Löwen auf der Hand tragen sollte; wer es nicht trug, dem wurde die Hand abgehauen.

Das war der Anfang der islamitisch=arabischen Herrschaft über die christlichen Ägypter.

Es folgten nun neue Aufstände der Christen in den Jahren 738—739 und 749—750, die mit bewaffneter Hand gedämpft wurden, wobei viele Kopten und auch ihr Führer Johannes von Semmenut fielen. Der Ommaijade Merwan (um 750) nahm eine Menge Klosterjungfrauen gefangen und ließ den Patriarchen und viele Christen in Ketten schlagen. Nach wiederholten Erhebungen in den Jahren 767 und 772—773 folgte dann unter der Abassiden-Herrschaft eine furchtbare Rache der Moslemin. Viele christliche Kirchen wurden dem Erdboden gleich gemacht und über die Christen in Fostat z. B. eine solche Not verhängt, daß sie schließlich Leichname essen mußten. In dem Kampfe zwischen den Kalifen Emin und Mamûn wurden die Christen in Alexandrien geplündert und ihre Häuser niedergebrannt. Aber erst, als sie in den Jahren 831 und 832 von neuem geschlagen, die Männer massenweise getötet, die Frauen und Kinder der Aufständischen verkauft waren, war die Macht der Kopten in Alexandrien gebrochen [53].

Kein Wunder, daß infolge solcher grausamen Bedrückungen die Mehrzahl der Ägypter zum Islam überging. Aus der Vermischung dieser mit den eingewanderten Arabern gingen dann die Fellahs (von fellaha = pflügen), die Landleute Ägyptens, hervor, die bis heute die große Menge der Bevölkerung ausmachen. Der immerhin noch ansehnliche Teil treu gebliebener Kopten ging neuen Verfolgungen entgegen.

Im Jahre 849 erging der Befehl des Kalifen Mutawakkil, daß alle Christen eine unterscheidende Tracht, lichtbraune Mäntel mit zwei bunten Tuchflecken, hölzerne Steigbügel und zwei Kugeln am Sattel, die Frauen hellbraune Schleier und gürtelloses Gewand tragen sollten. Zudem wurden die neuerbauten Gotteshäuser der Kopten niedergerissen, ihre Wohnhäuser mit hohen Steuern belegt, und über den Eingangsthüren derselben mußten Teufelsfratzen angebracht werden. Keinem Christen durfte Unterricht erteilt, keinem öffentliche Ämter übertragen werden; des Kreuzes durften sie sich selbst beim Gottesdienste nicht bedienen, und nirgends durften sie auf den düsteren Gassen des Abends mit einem Lichte sich zeigen, auch durften sie nicht auf Pferden, sondern nur auf Eseln reiten. Ja selbst im Tode ließ man ihnen keine Ruhe: ihre Gräber durften keine Hügel bilden, sondern mußten dem Erdboden gleich gemacht werden [54]. Mit ganz besonderer Grausamkeit drückte der Kalife Ahmed ibn Tulun (870—884) die Kopten. Er erhöhte die Steuerabgaben derselben derart, daß z. B. der Patriarch Michael nicht nur verschiedene fromme Stiftungen aufheben und eine Kirche verkaufen, sondern auch eine allgemeine Steuer auf die Gemeinde legen mußte, und das alles, um nur die Hälfte der verlangten Summe, die 20 000 Denare betrug, aufzubringen [55]. Unter den Fatimiden-Herrschern (969—1171) ist nur Aziz Billah dadurch bemerkenswert, daß er Toleranz in Glaubenssachen als Princip seiner Regierung aufstellte, ein Princip, das überhaupt in der langen Reihe muselmännischer Herrscher bis in die Neuzeit sonst keiner mehr vertreten hat. Aziz setzte sogar einen Christen, Nestorius, zum Statthalter über Ägypten. Indessen dieser Friede war von kurzer Dauer: die erbitterte islamitische Partei stürzte und kreuzigte den Statthalter. Aziz' Nachfolger Hakim ließ sogar den Patriarchen Zacharias im Jahre 1002 den Löwen vorwerfen und dem Sohn des gekreuzigten Nestorius den Kopf abschlagen, um seinen Haß gegen die Toleranz seines Vorgängers zu dokumentieren. Dann säkularisierte er alle den Kirchen und Klöstern gehörigen Güter und ließ die Gotteshäuser zerstören. Endlich verordnete der grausame, fanatische Kalif, daß die Kopten fortan schwarze Turbane, schwarze Kleider mit gelben Streifen und Gürtel und am Halse ein fünf Pfund schweres Kreuz tragen sollten. Auch durften sie sich überhaupt weder Reittiere noch Schiffe von den Mohammedanern kaufen oder mieten. Unter Hakims Regierung wurden allein in den Jahren 1012—1014 am Nil über tausend Kirchen und Klöster zerstört. Seine Wut gab ihm am Ende noch den wahnsinnigen Befehl ein, daß alle Christen in die griechischen Städte auswandern sollten, ein Befehl, der natürlich nicht ausgeführt werden konnte, der aber begreiflicherweise den Übertritt von Scharen der Kopten zum Islam zur Folge hatte [56].

In den folgenden Jahrhunderten brachten die Kreuzzüge, in die Ägypten hineingezogen wurde, einigen Stillstand in die Christenverfolgungen im Innern von seiten der Kalifen. Aber als jene kaum beendet waren, ließ der bachiritische Mameluckensultan Kalaûn in Alexandrien vier, in Kairo dreizehn, in Alt-Kairo acht, in der Provinz Beni-Hassan sechs und in Siut, Monfalut und Minieh acht christliche Kirchen zerstören. Kalaûn verordnete sogar, daß kein Christ einen Moslem anreden dürfe, wenn er zu Pferde sitze [57]. Sein Nachfolger El-Aschraf Chalîl, derselbe, der den Christen 1291 ihre letzte Besitzung im Heiligen Lande, Akkon, nahm, verordnete, daß die zahlreichen Christen, die sich durch ihre Tüchtigkeit zu Sekretären der Emire emporgeschwungen, sofort den Islam annehmen, im Weigerungsfalle aber enthauptet werden sollten. Ein neuer Kleiderbefehl verordnete 1300, daß die Kopten fortan blaue Kleider und Gürtel zu tragen hätten.

Als plötzlich in Kairo Feuersbrünste ausbrachen, wurden die Christen der Brandstiftung beschuldigt, und als nun noch gar zwei Mönche aus dem Kloster Deir-el-Baghlah, durch Foltern gequält, aussagten, daß sie eine Verschwörung mit 14 anderen Mönchen gebildet, die Häuser der Moslemin zu verbrennen, wurde sofort eine Anzahl Mönche und Priester öffentlich verbrannt. Die Volkswut der Moslemin gegen die Christen aber erreichte einen solchen Grad, daß der Sultan selbst eine Anzahl derselben, die sich an den Kopten vergriffen hatten, aufhängen ließ. Als aber neue Feuersbrünste entstanden, wurden auf Befehl desselben Sultans wieder die Christen beschuldigt, viele von ihnen aufgegriffen und angenagelt. Der Haß der Moslemin wurde so fanatisch, daß sich kein Christ mehr auf der Straße zeigen durfte. Selbst der wegen seiner Liebe zu Kunst und Wissenschaft viel gepriesene bachiritische Sultan Hassan, dem Kairo seine schönste

Moschee, die seinen Namen trägt, verdankt, war ein Verfolger der Kopten. Im Jahre 1354 ließ er die noch vorhandenen Grundstücke der christlichen Kirchen und Klöster abschätzen. Es ergab sich, daß im ganzen noch 1025 Feddan, d. i. 1708 Morgen, den Kopten gehörten [38]: das war alles, was den ägyptischen Christen noch von ihrem ehemaligen Reichtume geblieben, und dieser Rest wurde nun auch säkularisiert. Dazu verordnete Sultan Hassan, daß fortan kein Christ, auch wenn er zum Islam übertrete, ein öffentliches Amt bekleiden dürfe. So war es also dahin gekommen, daß nicht einmal der Übertritt zum Islam die Christen schützte. Derselbe Sultan fügte der erwähnten Verordnung noch die bei, daß ein zum Islam übergetretener Kopte nicht in seine Wohnung und in seine Familie zurückkehren dürfe, und, wenn er mit Tode abgehe, so solle nicht seine Familie, sondern die Regierung sein Vermögen an die Erben austeilen; wo solche fehlten, gehöre es dem Fiskus [39].

Nach solchen furchtbaren, konsequenten Verfolgungen ist es sehr begreiflich, daß die Christen meist müde wurden, Widerstand zu leisten, und zum Islam abfielen, und die Bemerkung Makrizis († 1442) ist wohl kaum übertrieben, „daß es kaum mehr einen islamitischen Ägypter gebe, in dessen Adern nicht das Blut abgefallener Christen fließe". Nebenbei bemerkt, dient die gegebene Schilderung der Behandlung der Christen, „der Schutzbefohlenen", wie sie bei Makrizi heißen, trefflich zur Charakteristik der despotischen Regierungsweise der mosleminischen Herrscher selbst in den ersten, meist als „glückliche" bezeichneten Jahrhunderten nach der arabischen Eroberung.

Was noch von Kopten im Nillande übrig blieb, hat unter den osmanischen Kalifen des 16. und den Mameluckensultanen und Häuptlingen des 17. und 18. Jahrhunderts kein besseres Los gehabt: sie blieben die gedrückten und verfolgten Heloten des Landes, bis nach der französischen Expedition Bonapartes Mohammed Ali, der Stifter der jetzigen Dynastie, die religiöse Toleranz durch Staatsgrundgesetz einführte.

Überblickt man diese Jahrhunderte andauernder grausamer und entehrender Verfolgungen, denen die Kopten preisgegeben waren, so wundert man sich nicht, daß der größte Teil derselben zum Islam abfiel. Zwölf Jahrhunderte der entsetzlichsten Drangsale und despotisch roher Bedrückungen sind wohl geeignet, ein Volk mürbe zu machen. Aber unsere ganze, volle Hochachtung und Bewunderung müssen wir dem immerhin nicht unbedeutenden Reste der koptischen Christen zollen, die trotz alledem ihrer Überzeugung treu geblieben sind. Als die Moslemin eindrangen, zählte Ägypten etwa sieben Millionen christlicher Einwohner. Von den fünf Millionen, die heute das eigentliche Ägypten bewohnen, sind noch ca. 300 000 Kopten, also gerade so viele, als zur Zeit der arabischen Eroberung orthodoxe Christen oder Melkiten im Lande waren.

Diese Thatsache beweist, welche Kraft der christlichen Wahrheit selbst in ihrer teilweisen Zertrümmerung innewohnt, und stellt die gewaltige Zähigkeit des altägyptischen Charakters ins rechte Licht. Letztere in Verbindung mit den über die islamitischen hoch erhabenen christlichen Elementen haben die in der Geschichte ohne Beispiel dastehende Erscheinung hervorgerufen, daß das älteste Kulturvolk der Welt noch heute in seinen Nachkommen fortlebt.

Freilich konnte es nicht ausbleiben, daß die von der lebendigen Kirche getrennte monophysitische Gemeinde der Stagnation verfiel, und andererseits mußten die mehr als tausendjährigen Verfolgungen üble Einwirkungen auf den Volkscharakter der Kopten hinterlassen. Auf die theologischen und kirchlichen Verhältnisse der Kopten einzugehen, ist hier nicht der Ort, so hochinteressant sie auch in kirchenhistorischer Beziehung sind [60]. Was ihren Charakter betrifft, so sei hier nur bemerkt, daß die heutigen Kopten mißtrauisch, düster, mürrisch, dabei falsch und kriechend geworden sind, und an geistiger Kultur nicht höher stehen, als die Moslemin, deren Fehler und Laster sie sonst so ziemlich alle angenommen haben.

Wenn wir in unseren Erörterungen oft genug begründeten, daß nicht vom Islam, auch nicht von dem widerlichen, „aus orientalisch-islamitischer Paschawirtschaft und neufranzösischer Civilisation zusammengeklebten" Mischsystem Mohammed Alis und seiner Dynastie eine erfolgreiche Regenerierung der Kultur Ägyptens zu hoffen ist, sondern diese nur auf Grundlage der christlichen Kulturelemente erfolgen kann, so müssen wir doch daran verzweifeln, letztere in diesem christlichen Reste der alten Ägypter finden zu wollen. Eine neue Kultur und eine neue Epoche der Blüte läßt sich am Nil nur von einer Umkehr seiner Bewohner zum lebendigen Christentum, zur Kirche, erwarten.

Die seit der napoleonischen Expedition immer mächtiger auftretende kirchliche Missionsthätigkeit hat schon manches Treffliche geleistet und macht immer größere Fortschritte. Daß der islamitische Teil der Ägypter sich hermetisch der christlich-abendländischen Kultur der Missionäre gegenüber abschließt, ist, wie v. Hellwald richtig bemerkt, der beste Beweis für die totale Unzugänglichkeit des Islam für die Grundideen abendländischer Gesittung. Mit richtigem Takt und Verständnis hat sich deshalb auch neuerdings die kirchliche Propaganda an die Kopten gewandt. Bereits sind 12 000 derselben der Kirche zurückgewonnen, die Hierarchie am Nil wieder hergestellt, zahlreiche Kirchen erbaut, und neuerdings sogar ein Seminar für koptische Missionäre in Kairo gegründet, und eine Reihe christlicher Spitäler, Schulen, Armen- und Waisenhäuser eingerichtet, die unter der Leitung opferwilliger Ordensleute stehen [61].

Dazu kommen aber überaus mächtige Hebel, die indirekt wirken, um christliche Kultur, wenn auch langsam, so doch sicher, in Ägypten zu för-

dern. Dazu rechne ich vor allem den großen Einfluß, den die europäischen
Großmächte, neuerdings besonders England, auf die ägyptische Regierung
und Verwaltung haben. Von noch viel tiefgreifenderer Bedeutung ist dann
der Umstand, daß der Islam auf allen Gebieten, besonders auch auf dem
politischer Macht allüberall im Oriente in ohnmächtigem, raschem Zu-
sammenbruch befindlich ist.

Nicht gering anzuschlagen sind speciell in Ägypten die zahlreichen
europäischen Kolonieen, mit denen die Eingeborenen in regem Handels-
verkehre stehen. Wohl sind es nicht immer die besten Elemente, aus denen
sich die europäischen Kolonieen dort wie überall zusammensetzen — und
das ist allerdings ein Hemmnis für die Verbreitung von Sympathieen für
die Christen. Jeder, der im Nilthale geweilt, weiß, daß der Ägypter die
wirklich erstaunlich große Demoralisation einzelner europäischer Kolonieen
nicht der betreffenden Nation oder den Vertretern derselben, sondern einfach dem Christentum auf Rechnung schreibt. Aber in dieser Richtung
habe ich bei meinem Aufenthalte in Kairo ein Institut kennen und schätzen
gelernt, das wirklich einige Abhilfe schafft. Ich meine die neu eingerichteten
internationalen Gerichte, in denen nach europäischen Gesetzen Streitigkeiten
zwischen Eingeborenen und Europäern geschlichtet werden. Der Wert derselben in der angegebenen Richtung beruht meines Erachtens darin, daß
die Eingeborenen bei diesen Verhandlungen kennen lernen, wie es nach
europäischen christlichen Anschauungen eigentlich um Sitte und Recht stehen
sollte, und daß die Abweichung davon dem europäischen christlichen Richter,
resp. dem Christentum als strafwürdig erscheint. Endlich — und das hat
sich sogar in den letzten traurigen Ereignissen in Alexandrien gezeigt —
erzwingt die christliche Charitas im Nillande sich immer mehr die Achtung
und das Wohlwollen der Moslemin.

Das alles erwogen — bleiben wir der Hoffnung, daß das älteste
Kulturland der Welt einer neuen Zukunft entgegengeht, in der auf den
ewig gültigen Kulturelementen des Christentums eine Civilisation sich erheben wird, die Denkmäler und Einrichtungen schafft, noch herrlicher
und dauernder als die, welche einst die erste Menschenkultur am Nil er-
stehen ließ.

Anmerkungen.

I. und II. Das alte Ägypten.

[1] Der Name „Nil", griechisch Νεῖλος oder Νῖλος, römisch Nilus, kommt vom semitischen Nahal = Fluß.

[2] Dümichen, Geschichte des alten Ägypten. Allgem. Geschichte von W. Onden, I, 2—4; 6—10.

[3] Dümichen a. a. O. S. 10—12.

[4] Der Chedive Ismail ließ 1870 den alten Nilmesser auf Elefantine wieder herstellen, und dient derselbe jetzt wieder, wie ehemals, zur Beobachtung der Nilschwelle.

[5] Jetzt 23 Ellen des Nilometers.

[6] Aus Afrika berichtet ein solches Beispiel vom Tsade-See im Sudan Nachtigal, Sahara und Sudan, II. 352.

[7] Bei Silsileh z. B. ist der Nil nur 80—100 m breit, bei Abu-Hammed 185 m. Dagegen mißt er oberhalb der Atbaramündung 320 m und unterhalb des fünften Katarakts gar 460 m Breite.

[8] Eigentlich nur für den kanopischen Nilarm, dann aber auch für das Nilland. Haka-ptah heißt: Wohnung des Ptah, daher ursprünglich wohl nur Name der älteren Nilgroßstadt Memphis. Aber schon Homer, Odyssee 14. 257, bezeichnet den Nil mit Ägyptos. Vgl. Brugsch, Geogr. Inschriften, I, 83.

[9] Wer sich eine Vorstellung von der Schönheit der Nillandschaft machen will, der durchblättere die herrlichen „Nilbilder" von Werner. Wandsbek 1881.

[10] Der Nilschlamm enthält auf 100 Teile an Wasser und Sand 63 Prozent, an kohlensaurem Kalk 18 Proz., Quarz, Kiesel, Feldspat, Hornblende, Epidot 9 Proz., Eisenoxyd 6 Proz. und kohlensaure Bittererde 4 Proz.

[11] Schon Justin., histor. II. 1 bemerkt: Aegyptum ita temperatum semper fuisse, ut neque hiberna frigora, neque aestivi solis ardores incolas eius premerent.

[12] Lepsius, Briefe aus Ägypten S. 92 und 171, fand, daß die Februarwärme zwischen + 22 bis 29° R. variiere und hatte in 6 Monaten nur 3 Regentage; Bog. Golz, Ein Kleinstädter in Ägypten S. 437, vergleicht die Wintertemperatur Oberägyptens mit der unseres Julimonats und sah dort in Monaten keinen Regen; ich machte im Winter 1877 durch Monate tägliche Thermometermessungen auf dem Nil und fand die Temperatur nie unter + 11° R. im Schatten und nie über — 27° R. in der Sonne, erlebte auch in 4½ Monaten nur 3 Regentage in Oberägypten.

[13] Das beweisen u. a. die Gräberbilder in Saffarah aus der Pyramidenzeit.

[14] Nachtigal, Sahara und Sudan I, 123 ff.

[15] So wissen wir aus 1 Mos. 12, 16, daß schon Abraham Kamele hatte und solche vom Könige bekam. Der Name des Tieres, „Kamal", ist semitischen Ursprungs, ebenso der des Pferdes, „sus". Brugsch, Geschichte Ägyptens S. 198.

[16] Das beweisen die Gräber in Sakkarah.

[17] Vgl. Brugsch, G. Ä. S. 476. 537 u. a. (so citieren wir fortan stets die Geschichte Ägyptens von Brugsch, die einer Quellensammlung gleichkommt).

[18] Eigentlich: Leute vom Schwarzlande, d. i. Nilerde. Brugsch, G. Ä. S. 15. Nur dieser Name kommt für die Ägypter in den Inschriften vor.

[19] A. a. O. S. 21 ff.

[20] Vgl. zu diesen Ausführungen Dümichen a. a. O. S. 17 ff.

[21] Vgl. Lepsius, Chronologie der alten Ägypter S. 40 und 41.

[22] Das war übrigens schon des ältern Plinius Ansicht, selbstverständlich auch die Anschauung der Heiligen Schrift, Genesis 10, 3—6.

[23] Maspero, Hist. ancienne p. 15—17.

[24] Diodor Sic. I, 31. Josephus, De bello Judaico II, 16, 4.

[25] Vgl. R. Hartmann, Nilländer S. 215. 235. 238. Übrigens ist eine scharfe Abgrenzung der Altägypter von den barábra und dieser von den Negern wohl damals wie heute unmöglich gewesen. Vgl. Nachtigal a. a. O. II, 193.

[26] Maspero l. c. p. 112, bis zum zweiten Katarakt die Nauai, von da südlich die Shaab.

[27] Vgl. Brugsch, G. Ä. S. 210 ff.

[28] Unstreitig haben wir den Beginn der Menschengeschichte weit hinter die bisher allgemein übliche Zeitangabe zurückzudatieren, ein Verfahren, das auch auf christlichem Standpunkte ganz unbedenklich ist. Vgl. Stimmen aus Maria-Laach 1874, 4. Heft, S. 360 ff.

[29] So meint u. a. auch Döllinger, Heidentum und Judentum S. 414. 419.

[30] Vgl. Le Page-Renouf, Vorlesungen über Ursprung und Entwicklung der Religion, erläutert an der Religion der alten Ägypter, autorisierte Übersetzung, Leipzig 1881, S. 98.

[31] Maspero l. c. p. 51.

[32] Ebers, Ägypten II, 256.

[33] Maspero l. c. p. 27 s.

[34] Ménard, Hist. des anciens peuples. Paris 1882, p. 166.

[35] Lenormant, Manuel d'histoire ancienne de l'Orient. Paris 1869, I, 520.

[36] Conférence sur la religion des anciens Égyptiens in den Annales de la Philosophie chrétienne vol. XX, p. 327.

[37] Le Page-Renouf, Vorlesungen ꝛc. S. 214 ff. und 232 ff.

[38] Maspero in einem Aufsatze der Revue de l'histoire des religions 1880, und Lenormant in der Hist. ancienne de l'Orient, 9me édition, vol. III: Civilisation etc. de l'Égypte. Paris 1883, p. 220—225.

[39] Diese Ansicht wird noch neuerdings entschieden vertreten in der trefflichen Geschichte der Kunst im Altertum von Perrot und Chipiez, übersetzt von Pietschmann, Leipzig 1882, S. 44—69.

[40] Renouf a. a. O. S. 92.

[41] „Und Gott sprach zu Moses . . . ich erschien dem Abraham und dem Isaak und dem Jakob unter dem Namen El Schaddai . . ."

[42] So im Papyrus Anastasi I, 350 bei Lauth, Moses der Ebräer ꝛc. München 1868.

[43] Renouf a. a. O. S. 206.

44 Im Turiner Papyrus bei Renouf a. a. O. S. 206.

45 Inschrift des Horemheb ebendai.

46 Hymnus des Harfners a. a. O. S. 208.

47 Text des Britischen Museums a. a. O. S. 206.

48 Bei Brugsch, Wörterbuch, S. 1623.

49 Hymnus des Museums von Bulaq bei Renouf a. a. O. S. 209.

50 Inschrift in Brugsch, Reiseberichte S. 139.

51 Hymnus des Britischen Museums bei Renouf a. a. O. S. 213.

52 Grundsätze des Ptahhotep ebendai. S. 94.

53 Leydener Papyrus in Lauths Altägypt. Lehrsprüchen, Verhandlungen der Münchener Akademie, Juli 1872.

54 Grundsätze des Ani bei Renouf a. a. O. S. 96.

55 Hymnus von Bulaq, oben citiert.

56 Turiner Papyrus bei Renouf a. a. O. S. 213.

57 So heißt Ra im Totenbuche c. XVIII „der große, aus sich selbst seiende Gott". Vgl. Renouf a. a. O. S. 187.

58 Alle diese Stellen findet man bei Renouf a. a. O. S. 94 ff. 203 ff.

59 Ménard l. c. p. 166.

60 A. a. O. S. 85 und 86.

61 Papyrus Anastasi I, 350 bei Lauth a. a. O.

62 Inschrift von Tell-el-Amarna um 1450 v. Chr. bei Brugsch, G. Ä. S. 426 und ebendai. S. 30.

63 Hymnus von Bulaq bei Renouf a. a. O. S. 209.

64 Hymnus von Bulaq a. a. O.

65 Brugsch, Wörterbuch S. 71.

66 Hymnus von Bulaq a. a. O.

67 Lepsius, Abhandlungen der kgl. Akademie der Wissenschaften, Berlin 1851: „Über den ersten ägyptischen Götterkreis" ꝛc. S. 195.

68 Papyr. Anastasi I, cit.

69 Lepsius, Über den ersten ägyptischen Götterkreis ꝛc. S. 194.

70 Jamblich., De myst. sect. 8. 1 et 2.

71 Hymnus von Bulaq a. a. O.

72 Lepsius a. a. O. S. 195.

73 Er wurde später als Ζεύς Ἥλιος μέγας bezeichnet. Vgl. Lepsius a. a. O. S. 203 und 213.

74 Nach Lauth, Moses der Ebräer nach zwei ägyptischen Papyrusurkunden, München 1868.

75 Hist. anc. III, p. 223.

76 Brugsch, Wörterbuch 1633, 824, 71.

77 Lepsius a. a. O. S. 194.

78 Ebendai. S. 203.

79 Inschrift von Karnak bei Brugsch, Reiseberichte S. 139.

80 Inschrift von Philä. Brugsch, G. Ä. S. 30.

81 Nach Lepsius' Denkmälern bei Maspero l. c. p. 36.

82 Solche Texte sind zusammengestellt bei Renouf a. a. O. S. 94—97.

83 Plutarch., De Is. et Osir.

84 Die Übersetzung des hierogl. Set-Nubti ergibt: Bildner, Herr, Erbauer des Alls.

85 Lepsius, Über den ersten ägyptischen Götterkreis ꝛc. a. a. O. S. 208.

[66] Le Page-Renouf a. a. O. S. 115. Es sollen schon Texte in den Gräbern der XIX. Dynastie pantheistische Lehren enthalten. Ebendas. S. 217.

[67] Lepsius a. a. O. S. 187 und das 17. Kapitel des Totenbuchs der Ägypter bei Renouf a. a. O. S. 186 und 206, wo die Stelle des Turiner Papyrus: „Mittags bin ich Ra, abends Tmu...“ und S. 209: „Herr des Gesetzes, Ra... Schöpfer der Menschen, Atmu...“ im Hymnus auf Ammon.

[68] Vgl. Renouf a. a. O. S. 221 und 232.

[69] Brugsch, G. Ä. S. 223.

[90] Ebendas. S. 419 und 426.

[91] Lepsius, Denkmäler III, 110.

[92] Vgl. Brugsch a. a. O. und Renouf a. a. O. S. 213 und 214.

[93] Brugsch, Reiseberichte S. 131.

[94] Maspero l. c. p. 29.

[95] Ebendas. p. 46.

[96] Plutarch., De Is. et Osir. 21.

[97] Herodot II, 70.

[98] Jamblich., De mysteriis 6, 5.

[99] Strabo XVII, 806. Vgl. Lepsius, Chronologie der alten Ägypter. Berlin 1849, S. 42 und 44.

[100] Ebendas. S. 45 und 46.

[101] Jamblich., De mysteriis 8, 3. Vgl. Lepsius, Über den ersten ägyptischen Götterkreis a. a. O. S. 203.

[102] Nachweis bei Lauth, Moses der Ebräer ꝛc. München 1868.

[103] Vgl. die oben citierte Stelle des Papyrus Anastasi I: „Drei waren im Anfange...“ bei Lauth a. a. O. Es ist das Verdienst des geistvollen v. Thimus in seinem gelehrten Werke: Die harmonikale Symbolik des Altertums. Köln 1868 und 1876, Abteil. II. S. 363, auf diese Kontrolle hingewiesen zu haben.

[104] Brugsch, G. Ä. S. 637.

[105] Ebendas. S. 739.

[106] Citiert von Renouf a. a. O. S. 199.

[107] Brugsch, G. Ä. S. 760 ff.

[108] Maspero l. c. p. 28.

[109] Le Page-Renouf a. a. O. S. 78.

[110] v. Thimus kommt in seinem erwähnten Werke S. 313—347 zu noch viel weiter gehenden Schlüssen. In symbolischen Darstellungen auf einem Bilde des Pharao Thutmes III. zu Karnat will er Hinweisungen auf den Tod des menschgewordenen Gottes, ja sogar auf die Einsetzung des Altarssakramentes finden. Hier möchten wir aber doch bemerken, daß solche Schlüsse aus bloßen symbolischen Zeichen ohne Stütze von sonstigen urkundlichen Zeugnissen sehr bedenklich sind; das scheint v. Thimus auch selbst gefühlt zu haben, wie die unbestimmten Ausdrücke: „es scheint uns“, „wir möchten glauben“ u. s. w. beweisen.

[111] Sharpe, Gesch. Ägyptens, übersetzt von Jolowicz, revidiert v. Gutschmidt. Leipzig 1862, II, 134 und 147.

[112] Totenbuch Kap. XVII und Glosse bei Le Page-Renouf a. a. O. S. 186.

[113] Ebendas. S. 207.

[114] Ebendas. S. 189.

[115] Ebendas. S. 103.

[116] Nach Naville an einem Grabe von Biban-el-Melut. Vgl. Renouf a. a. O. S. 98.

117 Vgl. zu Obigem: Lauth in den Sitzungsberichten der Kgl. Bayr. Akademie der Wissenschaften II. S. 572 ff.

118 Vgl. Renouf a. a. O. S. 138 ff.

119 Ebendas. S. 140.

120 Vgl. Renouf a. a. O. S. 127.

121 Ebendas. S. 129.

122 Lepsius, Totenbuch der Ägypter. Leipzig 1842, S. 8. Als Beispiel erwähne ich, daß in den älteren Texten des I. Teiles bei der Wanderung der Seele zur endlichen Verklärung die vielen phantastisch ausgemalten Zwischennationen des Turiner Coder sich noch gar nicht finden.

123 Renouf a. a. O. S. 164.

124 Lepsius a. a. O. S. 13.

125 Ebendas. S. 14.

126 Vgl. Inschrift von Abydos auf den verstorbenen Seti I.: „Du bist eingegangen ins Himmelreich, du begleitest jetzt den Gott Ra", bei Brugsch, G. Ä. S. 488, und die Grabschrift des Ahehu ebendas. S. 118.

127 Brugsch, Reiseberichte S. 313 und 314.

128 Totenbuch Kap. 10 bei Lepsius a. a. O. S. 13.

129 Totenbuch Kap. 84. 86. 87 ist sogar von Annahme der Gestalt der Lotosblume die Rede.

130 Maspero l. c. p. 41.

131 Vgl. Lenormant, Hist. anc. III. 231.

132 Totenbuch Kap. 1 bei Renouf a. a. O. S. 177.

133 Vgl. die Ausdrücke: „eingegangen ins Himmelreich", „den Gott Ra begleiten" und „den Gott droben schauen". Brugsch, G. Ä. S. 488, Grabschrift von Abydos und ebendas. S. 720, Grabschrift des Ahehu. Daher hat Maspero unrecht, von einer Assimilation der Seele mit Gott zu reden.

134 Totenbuch, vgl. Renouf a. a. O. S. 179 und 184.

135 Lenormant, Hist. anc. III, p. 231.

136 Pariser Papyrus. Vgl. Lenormant, Manuel p. 342.

137 Brugsch, G. Ä. S. 485.

138 Papyrus zu Bulaq. Vgl. Lenormant, Hist. anc. III. Paris 1883. p. 142.

139 Vgl. Brugsch, G. Ä. S. 489.

140 Totenbuch Kap. 125.

141 Vgl. die Auszüge bei Maspero l. c. p. 44 und 45, bei Lenormant, Manuel p. 506 s. und bei Renouf a. a. O. S. 184.

142 Lenormant, Hist. anc. p. 144 und 145.

143 Inschrift des Pharao Usurtasen zu Beni-Hassan bei Brugsch a. a. O. S. 130.

144 Totenstein des Menhuhotep, XII. Dynastie, ebendas. S. 133.

145 Lenormant, Hist. anc. III, 144.

146 „Ich lenkte ab die Unwissenden von ihrer Unwissenheit." Inschrift von Abydos. Brugsch, G. Ä. S. 381.

147 „Ich schenkte dem, der ohne Sarg starb, ein gutes Begräbnis und ernährte seine Kinder." Inschrift, ibid. p. 730.

148 Vgl. Lauth a. a. O. S. 579.

149 Lenormant, Manuel p. 506.

150 Brugsch, G. Ä. S. 25.

151 Sharpe, Egyptian Inscriptions I. pl. 4.

152 Inschrift von De Rougé veröffentlicht, vgl. Renouf a. a. O. S. 77.

[153] Inschrift von Denderah bei Renouf a. a. O. S. 77.

[154] Brugsch, Reiseberichte ꝛc. S. 174.

[155] Brugsch, G. Ä. S. 123.

[156] Der Apis heißt: Bild der Seele des Osiris. Plutarch., De Is. et Osir. cap. 20. Vgl. Lepsius, Über den ersten ägyptischen Götterkreis a. a. O. S. 213.

[157] Inschrift von Karnak bei Brugsch, G. Ä. S. 360.

[158] Clem. Alex., Paedagog. III, c. 2.

[159] Vgl. Strabo XVII, 1, 28 und die Tempelbeschreibung bei Perrot und Chipiez, Geschichte der Kunst im Altertum, S. 322 ff.

[160] Vgl. Mariette, Itinéraire p. 13—16.

[161] Stele des Suti und Har, publiziert von Paul Pierret im Recueil de travaux p. 72.

[162] Vgl. Brugsch, Reiseber. S. 71, 185, 284, und Lenormant, Manuel p. 485.

[163] Brugsch, G. Ä. S. 122 und 123.

[164] „Solange ich Kind und Knabe war, blieb ich im Tempel des Ammon", sagt Thutmes III. in einer Inschrift von Karnak bei Brugsch, G. Ä. S. 365.

[165] „Mein Platz," sagt der Oberpriester zu Abydos, „war unter des Pharao Hofbeamten . . . und ein Kranz ruhte an meinem Halse." Brugsch a. a. O. S. 381.

[166] Dümichen a. a. O. S. 23.

[167] Vgl. Brugsch a. a. O. S. 631—635.

[168] Übrigens besitzen wir keine Urkunde, die beweist, daß die Pharaonen je im Tempel gewohnt. Vgl. Lenormant, Hist. anc. III, 393.

[169] Erbkam, Über Gräber und Tempelbau der alten Ägypter S. 21.

[170] Daher begleitete der „Seher der Pyramide Pharaos" ein sehr hohes Amt. Brugsch, G. Ä. S. 51.

[171] Eine solche Erbtochter, die den Thron an ein neues Geschlecht brachte, war am Schlusse der VI. Dynastie: Nitaker, der XII. Dynastie: Sebek-no-sru-ra, am Schlusse der XVII. Dynastie: Nofert-ai.

[172] Nach Brugsch, G. Ä. S. 62, war es erlassen vom Pharao Bainuter der II. tinit. Dynastie.

[173] Bereits auf den Denkmälern der IV. Dynastie. Brugsch a. a. O. S. 18.

[174] Vgl. Dümichen a. a. O. S. 30. Diese Angabe macht Brugsch, Geogr. Inschr. I, 99. Nach Strabo XVII, Kap. 1 und Diodor I, 44 gab es nur 36 Nomen.

[175] Felseninschrift von Beni-Hassan bei Brugsch a. a. O. S. 139.

[176] Vgl. Lenormant, Manuel p. 491, und desselben Hist. anc. III, 30—50. Dieser Gerichtshof der Dreißig wird schon erwähnt in der Grabinschrift Menhuhoteps aus der Zeit Usurtasens I., im Museum zu Bulaq, vgl. Brugsch, G. Ä. S. 133. Von den Richtern waren 10 aus On, 10 aus Memphis und 10 aus Theben.

[177] Brugsch, G. Ä. S. 133.

[178] Ebendas. S. 139 nach einer Felseninschrift von Beni-Hassan.

[179] Mariette, Karnak Taf. 44 ff.

[180] Maspero l. c. p. 19.

[181] Diodor. Sic. bei Lenormant, Manuel p. 492 s.

[182] Papyrus Deveria Turin. bei Brugsch, G. Ä. S. 609 und 615.

[183] Um 1600 v. Chr. — Inschrift von Silsileh bei Brugsch, G. Ä. S. 268.

[184] Um 1200 v. Chr. — Inschrift von Silsileh bei Brugsch, G. Ä. S. 624.

[185] Vgl. Brugsch, G. Ä. S. 115.

[186] Vom Pharao Bainuter (II. Dynastie) soll das Gesetz über die Erbberechtigung der weiblichen Descendenz erlassen sein. Brugsch, G. Ä. S. 62. Von Pharao

Sneftu (III. Dynaſtie) ſoll das erſte gleichzeitige Denkmal und die erſte Inſchrift her=
rühren. Ebers, Durch Goſen ꝛc. S. 138 und 139.

[187] Ein Palaſt, ägyptiſch Lapera‑hunt, griechiſch λαβύρινθος, von Plinius,
Strabo, Herodot beſchrieben, war 200 m lang, 170 m breit. Vgl. Lepſius, Briefe
S. 75. Der Möris‑See, ein künſtlicher See (Meri = See, woraus die Griechen einen
Erbauer Pharao Möris machten), zur Befruchtung des Kulturbodens und für Fiſcherei
angelegt. Ebendaſ. S. 79 und Herodot III, 91.

[188] Ein einzelnes Heiligtum des Ammon hieß Ap, mit Artikel Tap, woraus die
Griechen Thebä machten. Lepſius a. a. O. S. 272.

[189] Dieſen Handelsweg betraten die Ägypter vor den Phöniziern.

[190] So von den Griechen genannt; es ſind Steinbilder des Pharao Ameno=
phis III. Vgl. Lepſius, Briefe S. 282.

[191] So im Rameſſeum (Brugſch, Reiſeber. S. 290), im Tempel Ramſes' III.
(ebendaſ. S. 302 u. 303). Die Streitwagen und Pferde waren aſiatiſchen Urſprungs.
Brugſch, G. Ä. S. 273.

[192] Vgl. Brugſch, G. Ä. S. 281.

[193] 1 Kön. 3, 1; 9, 15; 10, 18.

[194] Die Perſer zerſtören die ägyptiſchen Monumente, beſonders die Tempel; die
Macedonier, Griechen und Ptolemäer bauen das Zerſtörte wieder auf. Vgl. Lepſius,
Briefe S. 277.

[195] Brugſch, G. Ä. S. 272.

[196] Inſchrift zu Karnak. Vgl. Brugſch a. a. O. S. 313.

[197] Ebers, Durch Goſen ꝛc. S. 138.

[198] Lepſius, Chronologie S. 36.

[199] Schon vor Champollion hatte der Engländer Young fünf Zeichen gefunden;
um die Hieroglyphenleſung haben auch die Franzoſen Lenormant und De Rougé, die
Engländer Hincks und Osburn und die Deutſchen Lepſius, Brugſch u. a. bedeutende
Verdienſte.

[200] Darüber im zweiten Teile Näheres.

[201] Lepſius, Chronologie S. 51.

[202] Lepſius, Totenbuch S. 17.

[203] Lepſius, Denkmäler II, 50.

[204] So wird aus den Dimenſionszahlen der Pyramide das Jahr der Schöpfung,
der Sündflut, ja ſogar des Weltuntergangs gedeutet.

[205] So berechnet z. B. den Chufu‑Sarkophag und findet, daß der Inhalt
71 317 Pyramidenzolle mißt, der Umfang 142 319, alſo das Doppelte des innern Vo=
lumens — das aber kommt einer Löſung des alten Problems von der Verdoppelung
des Kubus gleich. La grande Pyramide trad. p. Abbé Moigno. Paris 1875,
p. 136.

[206] Lepſius, Die altägyptiſche Elle. Berlin 1865, S. 5.

[207] Diodor. V, 37.

[208] De Rougé, Recherches sur le nom des planètes im Bulletin archéol.
1865, p. 18. 21. 25. 28.

[209] Plutarch., De Is. et Osir. c. 10; Clem. Alex. l. c. I. 130.

[210] Brugſch, G. Ä. S. 377.

[211] Grabſchrift von Beni‑Haſſan ebendaſ. S. 146.

[212] „Feſt des Schwanzes" ebendaſ. S. 98.

[213] So berichtet Strabo XVII, 806.

[214] Lepſius, Chronologie S. 59.

215 Zu Medinet-Habu; vgl. Lepsius, Chronologie S. 62.

216 Diese fand die französische Expedition im nun zerstörten Tempel von Elefantine. Champollion, Monum. de l'Égypte vol. III pl. CCLXXII.

217 Lepsius a. a. O. S. 62.

218 Vgl. Brugsch, G. Ä. S. 60.

219 Solche Schriften besitzen wir im Papyrus Ebers', Leipzig 1875, und in dem Recueil de monum. égypt. II, 101—120.

220 Brugsch, G. Ä. S. 60.

221 Vgl. Brugsch über den Oberarzt von Sais, Uzahorenpiris, a. a. O. S. 752.

222 Diod. Laert. VII, 186.

223 Papyrus Prisse, Paris, in Revue archéol. sér. I vol. XIV p. 1 s.

224 Grabschrift von Abydos, jetzt zu Bulaq. Brugsch a. a. O. S. 381.

225 Frei nach der wörtlichen Übersetzung der Granitstele Thutmes' III. im Museum zu Bulaq durch Brugsch a. a. O. S. 352—356.

226 Text im Papyrus Raifé und Sallier III., ebenso in Ipsambul und Karnak. Übers. von De Rougé im Recueil de travaux 1870 vol. I 1—8, deutsch bei Brugsch, G. Ä. S. 501 ff.

227 Vgl. Maspero l. c. p. 227.

228 Brugsch, G. Ä. S. 553—561.

229 Klage der Isis, übersetzt von Horrack bei Renouf a. a. O. S. 190.

230 Buch der Verherrlichung des Osiris in einem Papyrus zu Leyden, übersetzt von Pierret. Ebendas. S. 192.

231 Maspero, Contes populaires de l'ancienne Égypte. Paris 1881.

232 Inhaltsangabe aller dieser Romane bei Lenormant, Hist. anc., vol. III. Paris 1883, p. 148 ss.

233 Brugsch a. a. O. S. 625.

234 Das war überall da der Fall, wo nicht Härte des Materials und Mangel geeigneter Instrumente im Wege standen, denn diese Hindernisse bedingen jene konventionellen Formen, nicht etwa ein sogenannter Kanon der Kunst oder gar ein hieratischer Kanon, von denen man viel geredet hat, die aber in Ägypten nicht existierten.

235 Erbkam, Über die Gräber ꝛc. der alten Ägypter S. 17.

236 Die Kopten nennen heute noch ein königliches Denkmal p-uro-ma. Vgl. Reber, Geschichte der Baukunst im Altertum S. 126.

237 Ägypten, Geschichte der Kunst, von Perrot und Chipiez S. 98.

238 Noch heute sieht man in Moccatam bei Kairo die Riesenhöhlen von Turah (ägyptisch Turoau = Gebirge der großen Höhlung), die durch den Ausbruch jener Steinmassen entstanden.

239 Erbkam a. a. O. S. 18 und 19.

240 Vgl. Perrot und Chipiez S. 221.

241 Jomard, Description générale de Memphis in Description de l'Égypte. Antiquités V. 597.

242 Mariette, Notices sur quelq. tombes de l'ancien empire p. 9 et 10 und Perrot und Chipiez a. a. O. S. 175. 188. 246. — In den Mastabas, den Gräbern des alten Reichs findet sich außer der Kammer und der Gruft (oder Schacht) noch der Serdab, d. i. ein Gang, in dem die Statue des Verstorbenen stand: dieser Serdab findet sich aber in den Gräbern der thebanischen Zeit nicht mehr.

243 In der Salle de l'ancien Empire. Vgl. meine Nilfahrt S. 94.

²⁴⁴ Mariette, Itinéraire p. 148.

²⁴⁵ Nach Perrot und Chipiez a. a. O. S. 521 ff. wären diese Säulen keine eigentlichen Nachahmungen jener Pflanzen, sondern freie Nachahmungen der früher an den Säulen und Pfeilern bei Feierlichkeiten befestigten Papyrus=, Lotos= und Palmen= blätter, =Zweige, resp. =Blumen ꝛc.

²⁴⁶ Die ältesten erhaltenen Hieroglyphen sind vom Pharao Snefru im 4. Jahr= tausend v. Chr. Ebers, Durch Gosen ꝛc. S. 138.

²⁴⁷ Herodot II. 148.

²⁴⁸ Etwas so Vollendetes, wie diese Figur des „alten Schreibers", hat selbst die griechische Kunst nicht geschaffen. Perrot und Chipiez a. a. O. S. 586.

²⁴⁹ Perrot und Chipiez a. a. O. S. 124.

²⁵⁰ Man vergleiche die prachtvoll dekorierten Säulen von Beni=Hassan bei Lepsius, Denkmäler, Abteil. I, Bl. 60.

²⁵¹ Perrot und Chipiez a. a. O. S. 717.

²⁵² Vgl. Brugsch, G. Ä. S. 168.

²⁵³ Diese Grabschrift Martisens jetzt im Louvre; vgl. Brugsch a. a. O. S. 170.

²⁵⁴ Oder auch Abu=Simbel genannt, in der Nähe des zweiten Katarakts von Wadi=Halfa. „Durch diese nubischen (äthiopischen) Bauten wird klar, daß man es in jener alten Zeit bereits verstanden hat, selbst den sogenannten wilden Völkern Kunstsinn und Kunstfertigkeit mitzuteilen, und so schon damals praktisch zeigte, daß der Neger nicht, wie man noch heute fabelt, ein der Kultur unzugänglicher Sohn Adams ist." Zu den äthiopischen Bauten vgl. Lepsius, Denkmäler Bd. V. VI. VII.

²⁵⁵ Lepsius, Briefe ꝛc. S. 337.

²⁵⁶ Um Mißverständnissen vorzubeugen, wollen wir hier nicht unbemerkt lassen, daß die thebanischen Säulenformen sich allerdings bereits zur Zeit der V. Dynastie finden — aber nur in Basreliefs.

²⁵⁷ Ebers, Ägypten II. S. 313.

²⁵⁸ Vgl. meine Nilfahrt S. 76.

²⁵⁹ Perrot und Chipiez a. a. O. S. 380 und 386.

²⁶⁰ Brugsch, G. Ä. S. 369.

²⁶¹ Lepsius, Denkmäler II. Taf. III.

²⁶² Vgl. Wilkinson. Topography of Thebes p. 3.

²⁶³ Inschrift in El=Bersche. Vgl. Ebers, Ägypten II. 372.

²⁶⁴ Inschrift von Redesieh. Brugsch, G. Ä. S. 476.

²⁶⁵ Grabschrift von Beni=Hassan. Brugsch, ebendas. S. 129 und 130.

²⁶⁶ Grabschrift von Beni=Hassan. Brugsch, ebendas. S. 139.

²⁶⁷ Vgl. Brugsch, G. Ä. S. 476 und 537.

²⁶⁸ Papyrus Harris, vgl. Brugsch a. a. O. S. 594.

²⁶⁹ Inschrift von Redesieh, cit. Nr. 264.

²⁷⁰ Plutarch., Regg. et impp. apophthegmata p. 207. ed. Didot.

²⁷¹ Die Angaben der Schriftsteller, auf die wir wegen Mangels urkundlicher Mitteilungen hingewiesen sind, differieren: Herodot zählt sieben Klassen auf, Diodor nur fünf.

²⁷² Der Hofbeamte Menhuhotep unter Usurtasen I. ist z. B. Richter, Gesetzgeber, Architekt und General in Einer Person; vgl. seine Grabschrift bei Brugsch, G. Ä. S. 133.

²⁷³ Daher fehlt in seinem Grabe zu Sakkarah die Angabe der Familienabstam= mung, wie stets bei Männern von niederer Geburt.

²⁷⁴ Ménard, Hist. des anciens peuples p. 206. Wenn M. von den Priestern

sagt: „on fabriquait des rois fainéants," so widerspricht das der ganzen ägyptischen Geschichte der bessern Zeit: die Usurtasen, Thutmes und Ramses waren doch wohl keine fainéants. Die neuen Dynastieen, die die Herrschaft an sich rissen, gingen auch meist nicht, wie M. zu glauben scheint, aus den Priestern hervor, sondern aus den Fürstenfamilien der Nomen; nur einmal und erst spät gelangen Priester zur Herrschaft in der XXI. Dynastie.

²⁷⁵ Brugsch, G. Ä. S. 144.

²⁷⁶ Herodot II, 158.

²⁷⁷ Vgl. Brugsch, G. Ä. S. 537.

²⁷⁸ Usurtasen I. beutet Goldbergwerke in Nubien aus (Brugsch a. a. O. S. 132), Amenhemat I. Kupferbergwerke im Sinai (a. a. O. S. 166), Ramses II. beim zweiten Katarakt (ebendas. S. 537), ebenso Ramses III. (ebendas. S. 394). Ein Papyrus zu Turin enthält eine eigentümlich projektierte Karte, auf der die Goldbergwerke am Nil eingetragen sind. Es ist die älteste Landkarte der Welt.

²⁷⁹ Diese Steinbrüche wurden schon von den Pharaonen der XII. Dynastie benutzt. Ebendas. S. 166.

²⁸⁰ Kain betrachtet den von ihm bebauten Boden als sein Eigentum, auf dem Abel nicht weiden durfte. Genesis 4, 2.

²⁸¹ Abraham bittet den Herrn um einen Leibeserben, damit nicht der Sohn seines Sklaven ihn beerbe. Gen. 15, 2. 3.

²⁸² Vgl. Stimmen aus Maria-Laach 1882, 3. Heft S. 273 ff.

²⁸³ „Joseph mehrte das gesamte Eigentum Putiphars im Hause und auf dem Felde." Gen. 39, 5.

²⁸⁴ Die Ägypter klagen dem Joseph: „Wir haben nichts außer dem Erdboden." Gen. 47, 18.

²⁸⁵ Herodot II, 168. — Diod. Bibl. I, c. 73.

²⁸⁶ Inschrift des Hofbeamten Anten bei Birch, Ancient History from the monum. of Egypt. p. 31.

²⁸⁷ So sagt zur Zeit der XII. Dynastie ein Schreiber Duau seinem Sohne u. a. von den Schiffern: „Kaum langt er in seinem Obstgarten an — so muß er wieder fort." — Maspero l. c. p. 123. Ebenso heißt es vom Waffenschmied und vom Boten S. 124.

²⁸⁸ Vgl. Lepsius, Denkmäler Abteil. II, Bl. 153.

²⁸⁹ Mariette, Hist. p. 48—51.

²⁹⁰ Vgl. Lenormant, Hist. ancienne vol. II, p. 185 ss.

²⁹¹ Brugsch a. a. O. S. 282.

²⁹² Lenormant l. c. p. 58.

²⁹³ In Karnak finden sich Abbildungen jener Tiere und Pflanzen, die die ägyptischen Krieger auf ihren Zügen kennen lernten: Melonen, Wasserlilien, Granaten, Rinder, Reiher, Gänse ꝛc. Brugsch, G. Ä. S. 350.

²⁹⁴ Gold wurde in Nubien schon zur Zeit Amenhemats I. und Usurtasens I. gefunden, später besonders von Ramses III. Vgl. Brugsch, G. Ä. S. 132. 166. 594.

²⁹⁵ Diese fand man schon unter Amenhemat I. im Sinai (vgl. Brugsch a. a. O. S. 166), ja schon zur Zeit des alten Reichs. Ebers, Durch Gosen ꝛc. S. 452. 453.

²⁹⁶ Grabschrift von El-Kab. Brugsch a. a. O. S. 231 und 232.

²⁹⁷ Ebendas. S. 266.

²⁹⁸ Instruktion Amenhemats an seinen Sohn Usurtasen I. Papyrus Sallier II, III bei Maspero l. c. p. 101 und 102.

²⁹⁹ Isaias 18, 2; Erod. 2, 3 und Plinius 13, 11.

[300] Strabo XVII, 788.

[301] Nach Brugsch und Dümichen; vgl. Ebers, Ägypten II, 250.

[302] Maspero, Du genre épistolaire p. 50 ss.

[303] Inschrift von Karnak. Brugsch, Reiseberichte S. 174.

[304] Papyrus zu Berlin. Brugsch, G. Ä. S. 124.

[305] Brugsch, Reiseberichte S. 175.

[306] Brugsch, G. Ä. S. 328.

[307] Inschrift von Beni-Hassan. Ebendas. S. 142.

[308] Grabschrift von Lykopolis. Ebendas. S. 185.

[309] Inschrift von Koptos. Ebendas. S. 108.

[310] Vgl. Ménard. La famille dans l'antiquité. Paris 1881, p. 8.

[311] Grabstele in Bulaq. Brugsch G. Ä. S. 163.

[312] Brugsch, Reiseber. S. 81.

[313] Vgl. Renouf a. a. O. S. 73 und 74. Vermutlich beruht die gegenteilige Ansicht auf der unrichtigen Übersetzung des hieroglyphischen „zent" mit dem mißverständlichen Worte „Harem".

[314] Diodor. Sic. I, 80. Es ist ein unrichtiges Verfahren, wenn Ménard, La vie privée des anciens, Paris 1881, p. 3 aus dieser späten Notiz bei Diodor den Schluß zieht: „La polygamie était admise dans l'ancienne Égypte."

[315] Ménard, La vie privée l. c. p. 4.

[316] Papyrus Prisse. Paris. Pl. X, l. 9—10 bei Maspero l. c. p. 87.

[317] Lenormant, Hist. ancienne, III. p. 145.

[318] Vgl. die Darstellungen im Tempel zu Der-el-Bachri. Ebers, Ägypten II, 276.

[319] Ebers, Durch Gosen :c. S. 483.

[320] Vgl. dazu Renouf a. a. O. S. 72 Anmerkung.

[321] Vgl. Lauth, Sitzungsberichte der Kgl. Bayr. Akademie III, 1873, S. 579.

[322] Brugsch a. a. O. S. 249.

[323] Inschrift des Sphinx von Gizeh bei Brugsch a. a. O. S. 395.

[324] Lauth a. a. O. S. 528.

[325] Lepsius, Mus. Taf. 10.

[326] Lauth a. a. O. S. 568.

[327] Vgl. Sharpe a. a. O. II, 283.

[328] Vgl. Brugsch, G. Ä. S. 635 und 418.

[329] Nahum 3, 8. Daß diese Ammonstadt Theben ist, vgl. Dümichen a. a. O. S. 76.

[330] Apuleji Asclepius c. 24.

III. Das heutige Ägypten.

[1] Champollion le jeune, Grammaire Egyptienne, Introduct. p. XIX.

[2] Vgl. Brugsch, Reiseberichte S. 52, wo erzählt wird, daß noch heute besonders in den Dörfern oft die Kopten gewaltsam zum Übertritt in den Islam gezwungen werden. Über die Kopten als Christen werden wir im letzten Kapitel reden.

[3] Eine Zusammenstellung von solchen bei v. Kremer a. a. O. I. 150.

[4] Papyrus Berlin, Nr. 1. Vgl. Maspero l. c. p. 109.

[5] Peschel, Völkerkunde. Leipzig 1874, S. 518 ff. Der Gesamtname dieser Berberstämme ist Amazigh.

⁶ Rossi, La Nubia e il Sudan, 1858, p. 118 ss. Brugſch, G. Ä. S. 733.

⁷ Vgl. Brugſch, G. Ä. S. 199.

⁸ Burckhard. Arabic proverbs. London 1830, p. 145.

⁹ Näheres darüber im letzten Kapitel.

¹⁰ In der Sure XLII heißt es: „Die Wiedervergeltung des Unrechts ſoll in gleichem Unrecht beſtehen.“

¹¹ Der Rosenkranz der Moslemin hat 99 Perlen, an denen ſie die 99 im Corän vorkommenden Namen Gottes abbeten, reſp. herſagen.

¹² „In die Herzen der Ungläubigen will ich Furcht ſenden. Hauet ihnen daher den Hals ab und die Füße weg!“ Sure VIII. „Wenn ihr mit den Ungläubigen zuſammentrefft, ſo ſchlaget ihnen die Köpfe ab.“ Sure XLVII, betitelt „der Krieg“.

¹³ In der Sure IV.

¹⁴ In Sure XXXIII und LXVI.

¹⁵ In Sure VII und LXXVI.

¹⁶ Vgl. „Die geheimen Wiſſenſchaften der Moslemin“ bei Klunzinger, Bilder aus Oberägypten ꝛc. Stuttgart 1878 S. 374 ff.

¹⁷ Lüttke a. a. O. II, S. 320.

¹⁸ Ein Amulett, das ſich an jedem muſelmänniſchen Roſenkranze befindet, iſt eine Nachbildung des „Zahnſtochers des Propheten“!

¹⁹ Brugſch, G. Ä. S. 199.

²⁰ Vgl. Klunzinger a. a. O. S. 399.

²¹ Vgl. Lüttke II, 138 ff. Bei dieſer Gelegenheit ſei davor gewarnt, ſich nach dem Buche: Stephan, Das heutige Ägypten, Leipzig 1872, ein Urteil über die ägyptiſche Verwaltung zu bilden. Auf offiziellen Angaben fußend, ſchildert daſſelbe die Dinge, wie ſie „auf dem Papiere ſtehen“, nicht aber die thatſächlichen Verhältniſſe in Ägypten.

²² Vgl. über dieſe tollen, zum Teil rohen Spielereien mit dem Militär Lüttke a. a. O. I, 259 ff.

²³ Fr. Dieterici, Einleitung und Makrotosmos, Geſchichte der Philoſophie der Araber im 10. Jahrhundert, Leipzig 1876, und deſſelben Mikrokosmos, Leipzig 1878.

²⁴ Der Jslam und die Wiſſenſchaft, Vortrag ꝛc. von E. Renan, autoriſierte Überſetzung, Baſel 1883, S. 19: „Unter den ſogenannten arabiſchen Philoſophen und Gelehrten iſt nur ein einziger, Alkindi, arabiſchen Urſprungs.“

²⁵ Makrizi, Geſchichte Ägyptens, überſetzt von Wüſtenfeld. Göttingen 1845, II, S. 363.

²⁶ v. Kremer a. a. O. II, 275.

²⁷ Solche finden ſich bei v. Kremer a. a. O. II, 296—304.

²⁸ So hatte nach Eusebius, Praep. evang. III, 15 das Orakel, über das Weſen der Gottheit befragt, geantwortet: „Ich bin Ra, Oſiris und Horus — ich beherrſche die Stunden ... den Tag und die Nacht ... bin ſelbſt ein unſterbliches Feuer.“

²⁹ Origenes c. Celsum III, 10, 5.

³⁰ Eusebius, Hist. eccl. II, 16.

³¹ Der Brief iſt im Jahre 134 geſchrieben und findet ſich nach Gregorovius' Überſetzung bei Sharpe l. c. II, 145.

³² So meint der Reviſor Sharpes, Alfred v. Gutſchmidt, a. a. O. Anm. Da aber der Kaiſer kurz darauf ſagt, alle Alexandriner hätten nur Einen Gott — den Numus, Mammon, ſo ſcheint uns eher eine Unkenntnis des Hadrian betreffs der chriſtlichen Lehre vorzuliegen.

[33] Tertullian., Apol. 24.

[34] So befindet sich in einem Grabe bei Kurnah in der Thebanischen Flur noch heute ein Brief des hl. Athanasius, des Erzbischofs von Alexandrien, an die Mönche von Theben in schönen Unzialen auf weißem Stuck. Lepsius, Briefe ꝛc. S. 295.

[35] Clem. Alex. Strom. V.

[36] Philostr. V, Ap. 24.

[37] Sharpe l. c. I, 127. Vgl. auch das von uns im I. Teile an betreffender Stelle darüber Mitgeteilte.

[38] Clem. Alex. Strom. III.

[39] Sharpe l. c. II, 252.

[40] Pollio, XXX. tyrann. XXI, cap. 22.

[41] Theodoret, Kirchengesch. II, 14.

[42] Vgl. Sharpe l. c. II, 274. Es ist sehr eigentümlich, daß Sharpe diese Antwort der Bischöfe tadelt und meint, letztere hätten keine Notiz genommen von der Gefahr, die dem Reiche durch eine Revolution Ägyptens drohte. — Die Bischöfe handelten einfach nach ihrem Gewissen und so pflichtgemäß.

[43] So berichten Lucian und Gregor von Tours. Vgl. Letronne, recherches géogr. et crit. sur le livre De mensura orbis terrae p. 9—24.

[44] Nach Plinius, Naturg. VI, 23. 26 ging der Weg vom Mittelmeer bis Koptos auf dem Nil, von da bis Berenice am Roten Meere durch die Wüste und von da zur See.

[45] Makrizi, Geschichte der Kopten, herausgegeben von F. Wüstenfeld, Göttingen 1845, S. 49 ff.

[46] In den Histor.-polit. Blättern, Jahrgang 1880, Bd. 86, S. 81 ff.

[47] Ägypten I, 245.

[48] Lepsius, Briefe ꝛc. a. a. O. S. 295.

[49] Reiseberichte S. 125

[50] Ägypten I, 320.

[51] Näheres darüber in meinen Artikeln: Histor.-polit. Blätter 1880, S. 179 ff.

[52] Makrizi a. a. O. S. 55.

[53] Vgl. zu obigem Makrizi a. a. O. S. 56. 57. 59.

[54] Ebendas. S. 60.

[55] Ebendas. S. 61.

[56] Ebendas. S. 63—70.

[57] Ebendas. S. 71.

[58] Ebendas. S. 77.

[59] Ebendas. S. 81.

[60] Eingehend, mein nach eigener Beobachtung, habe ich dieselben in den Histor.-polit. Blättern 1880, S. 187. 267—282 und 325—334 geschildert.

[61] Näheres darüber in der Zeitschrift Kathol. Missionen. Freiburg, Herder 1882, Nr. 9 S. 190 ff.

Berichtigungen.

S. 2 Z. 13 von unten lies: auf einigen Strecken statt: an einigen Stellen.

S. 9 Z. 16 von oben lies: Bewässerung desselben statt: Bewässerung derselben.

S. 30 Z. 22 von unten lies: (Tum oder Tmu) statt: (Tum ab Tmu).